# Lecionário
# Místico
# Ferial

Dados Internacionais de Catalogação na Publicação (CIP)
(Câmara Brasileira do Livro, SP, Brasil)

Lecionário místico ferial : com textos patrísticos, medievais e modernos / tradução e compilação Diác. Fernando José Bondan. – Petrópolis, RJ : Vozes, 2021.

ISBN 978-65-5713-136-7

1. Advento – Meditações  2. Escritos medievais  3. Lecionários  4. Meditações  I. Bondan, Fernando José.

21-62452                                                                                               CDD-242

Índices para catálogo sistemático:

1. Meditações : Cristianismo    242

Cibele Maria Dias – Bibliotecária – CRB-8/9427

# Lecionário Místico Ferial

Com textos patrísticos, medievais e modernos

Tradução e compilação: Diác. Fernando José Bondan

EDITORA VOZES

Petrópolis

© 2021, Editora Vozes Ltda.
Rua Frei Luís, 100
25689-900 Petrópolis, RJ
www.vozes.com.br
Brasil

Todos os direitos reservados. Nenhuma parte desta obra poderá ser reproduzida ou transmitida por qualquer forma e/ou quaisquer meios (eletrônico ou mecânico, incluindo fotocópia e gravação) ou arquivada em qualquer sistema ou banco de dados sem permissão escrita da editora.

**CONSELHO EDITORIAL**

**Diretor**
Gilberto Gonçalves Garcia

**Editores**
Aline dos Santos Carneiro
Edrian Josué Pasini
Marilac Loraine Oleniki
Welder Lancieri Marchini

**Conselheiros**
Francisco Morás
Ludovico Garmus
Teobaldo Heidemann
Volney J. Berkenbrock

**Secretário executivo**
João Batista Kreuch

*Editoração*: Maria da Conceição B. de Sousa
*Diagramação:* Raquel Nascimento
*Revisão gráfica*: Alessandra Karl
*Capa*: Editora Vozes
*Ilustração de capa*: Bendito G.G. Gonçalves

ISBN 978-65-5713-136-7

Editado conforme o novo acordo ortográfico.

Este livro foi composto e impresso pela Editora Vozes Ltda.

# Sumário

*Prefácio*, 9

**I – Tempo do Advento, 11**
1ª semana do Advento, 13
2ª semana do Advento, 18
08/12 – Solenidade da Imaculada Conceição, 23
3ª semana do Advento, 25
Férias do Advento – 17 a 24/12, 29

**II – Tempo do Natal, 37**
Missa vespertina, 39
Missa meia-noite, 39
Missa aurora, 40
Missa do dia, 42
26/12 – Santo Estêvão diácono e mártir, 43
27/12 – São João Evangelista, 45
28/12 – Santos inocentes, 46
29/12, 47
30/12, 47
31/12, 48

01/01 – Solenidade de Santa Maria, Mãe de Deus, 50
Férias do Natal – Antes da Epifania, 53
Férias do Natal – Depois a Epifania, 59

**III – Tempo da Quaresma, 65**
Quarta-feira de Cinzas, 67
Quinta-feira após as Cinzas, 67
Sexta-feira após as Cinzas, 68
Sábado após as Cinzas, 69

Férias da 1ª semana da Quaresma, 71
Férias da 2ª semana da Quaresma, 77
Férias da 3ª semana da Quaresma, 82
Férias da 4ª semana da Quaresma, 87
Férias da 5ª semana da Quaresma, 92

*Semana santa*, 99
Férias da Semana Santa, 101
Quinta-feira Santa, 104
Sexta-feira Santa, 106

**IV – Tempo Pascal, 109**
Vigília Pascal, Ano A, 111
Vigília Pascal, Ano B, 112
Vigília Pascal, Ano C, 114

Férias da oitava de Páscoa, 117
Férias da 2ª semana do Tempo Pascal, 122
Férias da 3ª semana do Tempo Pascal, 127
Férias da 4ª semana do Tempo Pascal, 132
Férias da 5ª semana do Tempo Pascal, 137
Férias da 6ª semana do Tempo Pascal, 143
Férias da 7ª semana do Tempo Pascal, 148

**V – Tempo Comum, 153**

Férias da 1ª semana, 155

Férias da 2ª semana, 159

Férias da 3ª semana, 163

Férias da 4ª semana, 168

Férias da 5ª semana, 172

Férias da 6ª semana, 177

Férias da 7ª semana, 182

Férias da 8ª semana, 187

Férias da 9ª semana, 191

Férias da 10ª semana, 196

Férias da 11ª semana, 201

Férias da 12ª semana, 205

Férias da 13ª semana, 209

Férias da 14ª semana, 214

Férias da 15ª semana, 218

Férias da 16ª semana, 222

Férias da 17ª semana, 226

Férias da 18ª semana, 230

Férias da 19ª semana, 235

Férias da 20ª semana, 240

Férias da 21ª semana, 244

Férias da 22ª semana, 248

Férias da 23ª semana, 252

Férias da 24ª semana, 256

Férias da 25ª semana, 260

Férias da 26ª semana, 264

Férias da 27ª semana, 269

Férias da 28ª semana, 273

Férias da 29ª semana, 277

Férias da 30ª semana, 281
Férias da 31ª semana, 285
Férias da 32ª semana, 289
Férias da 33ª semana, 293
Férias da 34ª semana, 297

**VI – Festas e solenidades durante o ano, 301**
*Corpus Christi*, Ano A, 303
*Corpus Christi*, Ano B, 303
*Corpus Christi*, Ano C, 304
Sagrado Coração de Jesus, Ano A, 305
Sagrado Coração de Jesus, Ano B, 305
Sagrado Coração de Jesus, Ano C, 306

02/02 – Apresentação do Senhor no templo, 307
24/06 – Natividade de São João Batista, 308
29/06 – São Pedro e São Paulo apóstolos, 309
06/08 – Transfiguração do Senhor, 310
15/08 – Assunção de Nossa Senhora, 311
14/09 – Exaltação da Santa Cruz, 312
12/10 – Nossa Senhora da Conceição Aparecida, 313
01/11 – Todos os santos, 314
02/11 – Todos os fiéis falecidos, 315
09/11 – Consagração da Basílica do Latrão, 316

# Prefácio

Dar continuidade, de certa forma, ao *Lecionário patrístico dominical* é o que almeja este livro. Contudo, não se trata mais apenas de textos patrísticos, mas agora também de escritos medievais e modernos, enriquecendo copiosamente a gama de autores e escritores eclesiásticos. Na escolha dos textos, dei preferência a estes escritores, ampliando no mercado, dessa forma, a oferta de textos pouco conhecidos. A riqueza dos textos falará por si mesma.

Assim como ocorreu no *Lecionário patrístico dominical*, muitos dos textos apresentados são de difícil acesso aos leigos, e com isso pretendemos abrir estes tesouros aos fiéis, clérigos ou não.

As traduções foram feitas a partir das línguas vivas, pois como diácono, preferi servir-me algumas vezes de fontes secundárias e ofertar aos sedentos essas riquezas, do que continuar esperando e privando nosso povo de uma edição crítica que não sei se algum dia virá à luz...

Embora este livro tenha formato de lecionário, nada impede que também seja usado para a *Lectio Divina* ou Leitura orante da Palavra de Deus, onde se seguiria, então, os quatro passos clássicos de Guigo II o Cartuxo: *Lectio, Meditatio, Oratio, Contemplatio:*

a) Em primeiro lugar uma *leitura* silenciosa e atenta do Evangelho do dia. Aqui a pergunta é: "O que o texto diz"?

b) Em segundo lugar a *meditação* propriamente dita, que já vem escrita por algum escritor eclesiástico. A pergunta seria então: "O que o texto me diz"? A meditação não precisa ficar só no texto previamente escolhido, mas permitir que o coração se dilate e medite ainda mais.

c) Depois, segue-se a *oração*. Em que consiste? Em dilatar o coração em preces e suspiros amorosos a partir do que o texto bíblico inspirou. A pergunta aqui seria: "O que o texto me faz dizer a Deus"?

d) Por fim, em quarto lugar, segue-se a *contemplação*. Ela não é algo que se faça, mas é, de certa forma, o resultado das etapas anteriores, porque contemplar é um estado de espírito, e não uma ação. Ela é mais como o fruto dos esforços praticados e da graça de Deus. Como sugestão para a contemplação pode-se escolher um "ramalhete espiritual" – nas palavras de São Francisco de Sales –, um versículo ou pensamento que mais lhe tocou e que você possa, ao decorrer do dia, lançar como gravetos no fogo do amor de Deus, como jaculatórias.

Que a graça de Deus esteja com todos vós!

*Diác. Fernando José Bondan*

# I
# Tempo do Advento

# Segunda-feira
## da 1ª semana do Advento

**Evangelho**: Mt 8,5-11
**Escritor eclesiástico**

O Espírito de Deus se manifestava do mesmo modo, embora com menor força, entre os pagãos que não conheciam ao verdadeiro Deus; mas entre eles também encontrava adeptos. As virgens profetizas, por exemplo, as sibilas, guardavam sua virgindade para um Deus desconhecido – mas ainda assim um Deus – a quem consideravam como o Criador do universo, o todo-poderoso governando o mundo. Os filósofos pagãos, errando nas trevas da ignorância de Deus, contudo buscando a verdade, podiam, através desta busca agradável ao Criador, receber em certa medida o Espírito Santo. Foi dito: *As nações ignorantes de Deus agiram segundo a lei natural e fizeram o que a Ele apraz* (Rm 2,14). A verdade é agradável a Deus a tal ponto que Ele mesmo proclamou pelo seu Espírito: *A justiça irradia da terra e a verdade se inclina desde os céus* (Sl 85/84,12). Assim, o conhecimento de Deus se conservou no povo escolhido, amado por Deus, da mesma forma que entre os pagãos, ignorantes de Deus, após a queda de Adão e até a encarnação de Nosso Senhor Jesus Cristo. Sem este conhecimento, sempre conservado zelosamente pelo gênero humano, como os homens poderiam saber, com retidão e certeza, que tinha chegado àquele que, segundo a promessa feita a Adão e Eva, devia nascer de uma virgem predestinada a destruir a cabeça da serpente?

São Serafim de Sarov. *Colóquio com Motovilov.*

# Terça-feira
## da 1ª semana do Advento

**Evangelho**: Lc 10,21-24
**Escritor eclesiástico**

Cristo vem. O Salvador está para nascer. A Igreja, nestes dias, o espera, o deseja. Por Ele suspira. Então, por que permanecemos tão indiferentes em nossos sentimentos, passando os dias do Advento – tempo de alegria, de espera vibrante – com apatia, pouco dispostos a viver o espírito da Igreja, contentando-nos apenas em aceitá-lo com rituais exteriores e com celebrações superficiais e sem vida? Infelizmente, o apego aos bens terrenos cerceia nosso ânimo. Os prazeres dos sentidos arrebataram nosso coração, reduzindo-o a uma deplorável escravidão. Acreditamos nos bens celestes, mas não os amamos. Damos-lhes crédito exterior, mas não os saboreamos interiormente. Não é estranho o fato de não os desejarmos nem nos interessarmos por eles? Oh, Deus! Chegou o momento propício para quebrar este gelo, elevando bem alto nosso espírito, acolhendo o convite do profeta e sentindo a alegria que procede de nosso Deus: "olha para o Oriente, Jerusalém, e vê a alegria que te vem da parte de Deus" (Br 4,36). Este é o objetivo para o qual deveríamos voltar a atenção de nosso espírito. Alguns, certamente, já experimentam, no dia a dia, como é proveitoso e gratificante aguardar a vinda do Salvador com o coração repleto de amor. Porém, eu que sou indiferente e outros como eu precisamos orar, visando nos persuadir de que até os mais miseráveis pecadores podem participar juntamente com os justos e santos desta espera com alegria pura e sublime.

São Gaspar Bertoni. *Gramática – Meditações cotidianas*[1].

## Quarta-feira
## da 1ª semana do Advento

**Evangelho**: Mt 15,29-37
**Escritor eclesiástico**

Meu Deus, Tu és sempre novo, e o mais antigo; somente Tu és alimento para a eternidade. Hei de viver para sempre, e não por um tempo, e não tenho poder sobre meu ser. Não posso me destruir, mesmo que eu fosse perverso o suficiente para desejá-lo. Devo continuar vivendo, com inteligência

---

1. Especial agradecimento à Congregação dos Sagrados Estigmas pela concessão de uso dos textos traduzidos de São Gaspar Bertoni, mormente ao Pe. Nelton João Pezzini CSS, conselheiro da Província Santa Cruz, São Paulo.

e consciência, para sempre, apesar de mim mesmo. Sem ti "eternidade" seria outro nome para a miséria eterna. Somente em ti tenho o que pode sustentar-me para sempre: somente Tu és alimento de minha alma. Somente Tu és inesgotável, e sempre me ofereces algo novo para conhecer, algo novo para amar. Após milhões de anos, te conhecerei tão pouco que me parecerá apenas estar começando, e encontrarei em ti o mesmo, ou melhor, maior deleite que ao princípio, e então me parecerá estar apenas começando a satisfazer-me de ti, e assim, por toda a eternidade serei sempre uma pequena criança começando a aprender os rudimentos de tua infinita natureza divina. Pois Tu mesmo és a sede e o centro de todo bem, e a única substância neste universo de sombras, e o céu no qual os espíritos bem-aventurados vivem e se regozijam.

Beato John Henry Newman. *Meditações*, XXIII, 2.

# Quinta-feira
## da 1ª semana do Advento

**Evangelho**: Mt 7,21.24-27
**Escritor eclesiástico**

Não creio, meus irmãos, que se encontre aqui um único dentre vós que não possua algum instinto que lhe impulsione para a vida espiritual, e que talvez, apesar de fraco e recém-iniciado, nem por isso seja menos real e positivo. Um homem, por exemplo, que pensa e crê em Deus, um homem que se ocupa de Deus, um homem que reza a Deus, um homem para quem Deus tem alguma importância, ele ocupa certo grau na vida espiritual. Com certeza isso é bem pouco, e este grau não impede que, por vezes, em certa ocasião infeliz, a vida material domine, esgote e até faça desaparecer por completo a vida espiritual. Outras vezes, quando através da ascese da vontade e auxiliado com o socorro do Alto, alguém se esforça e trabalha para progredir na outra vida (a espiritual), se encontra, por assim dizer, em uma situação mediana onde há equilíbrio quase perfeito, onde a medida de vida material é proporcional à vida sobrenatural. Este mediano ou equilíbrio certamente é raro; quase sempre é necessário que a balança se incline, seja para um lado ou para o outro. Isto se alcança quando a pessoa persevera na ascese pessoal, chegando, assim, a um estado em que a vida espiritual é a principal, isto é, um estado em que se vive só para Deus, para a alma e para a salvação; e se persevera neste esforço, também diminui a influência da vida terrenal. Note-se que estas duas vidas são de tal forma hostis entre si, que o que uma ganha a outra perde, e o que uma perde a outra ganha. Este é um dos princípios fundamentais da vida das almas.

Abade Petitot. *Sermão 1º para o Advento*.

## Sexta-feira
## da 1ª semana do Advento

**Evangelho**: Mt 9,27-31
**Escritor eclesiástico**

Ó meu Senhor e meu Bem, consolo dos homens, quão bem podemos te chamar, nesta ocasião, "Luz de nossos olhos", pois os olhos mais luminosos são cegos se não lhes conceder a luz verdadeira! Eia, meus irmãos, amemos muito a Deus, porque embora seja verdade que o conhecimento ensina o que se deve amar, o amor auxilia o conhecimento para que conheça mais, e mais queira conhecer. É claro que a necessidade que um estômago tem de comer desperta o gosto para comer. A fome que alguém tem de Deus e o desejo de amá-lo desperta o conhecimento para que busque e descubra as grandezas de Deus, que deve ser amado. Oxalá, Senhor, eu conhecesse tanto de ti que não conhecesse a mim! Eia, Senhor, recolhe-me em ti, oculta-me neste abismo de teu infinito ser. Que eu me perca para somente encontrar a ti, onde terei eterna e perpétua segurança porque, como és a Luz sem trevas, *dia que não conhece ocaso*, não se deve ter medo nem temores, porque *é na noite que saem todos os animais selvagens, os leões rugem por alguma presa e reclamam de Deus o seu alimento* (Sl 104,19-21). É por isso que Vós dizeis, Senhor, que para o céu não sobem ladrões para *arrombar e assaltar* (Mt 6,19s.), porque não há noite que os acoberte, mas tudo é luz. Por essa segurança convém a mim estar sempre unido, ligado e recolhido em Vós, para que vossa luz me guarde e defenda dos temores noturnos.

São João Batista da Conceição. *O conhecimento interior sobrenatural*, 9,2-3.

# Sábado
## da 1ª semana do Advento

**Evangelho**: Mt 9,35–10,1.6-8
**Escritor eclesiástico**

Mas, aonde irei? Aonde me esconderei de Vós? Porventura não sois Vós meu Pai, e Pai de misericórdias, as quais não têm regra nem medida? Porque, embora eu tenha deixado de ser filho, até o presente não deixastes de ser Pai; e embora tenha agido de forma que possais me condenar, Vós não deixastes de encontrar um caminho para que possais me salvar. Pois, que outra coisa posso fazer, senão lançar-me a vossos pés e pedir-vos misericórdia? A quem chamarei? A quem acudirei senão a Vós? Porventura não sois Vós meu Criador, meu Vivificador, meu Governador, meu Redentor, meu Libertador, meu Rei, meu Pastor, meu Sacerdote, meu Sacrifício? Pois, a quem irei ou aonde fugirei senão a Vós? Se Vós me desprezais, quem me receberá? Se Vós me desamparais, quem me amparará? Reconhecei, ó meu Senhor, esta ovelha desgarrada que se volta para Vós. Se venho chagado até Vós, podeis me curar; se cego, podeis me iluminar; se morto, podeis me ressuscitar; se impuro e cheio de pecados, podeis me purificar. *Aspergir-me eis, Senhor, com hissopo, e serei purificado; lavar-me eis, e me fareis mais branco do que a neve.* Maior é a vossa misericórdia do que a minha culpa; maior vossa piedade que a minha maldade, podeis perdoar mais do que eu pecar.

Frei Luís de Granada. *Manual de orações*, cap. 2, 1ª oração.

# Segunda-feira
## da 2ª semana do Advento

**Evangelho**: Lc 5,17-26
**Escritor eclesiástico**

Para a cura de nossa paralisia espiritual não basta que Jesus nos mande levantar-nos, necessita também que nós o queiramos, a menos que tal paralisia seja simplesmente uma prova da parte de Deus, sem que nós sejamos culpáveis de nada, pois neste caso, basta Ele ordenar para ser obedecido. Mas se em nós aconteceu algo que causou tal enfermidade, ou que contribuiu para ela, então também é necessário que nós colaboremos, de nossa parte, para a cura. Porque não ocorre o mesmo nas enfermidades espirituais e nas corporais. Para curar as corporais, basta que Jesus fale, ou inclusive, que o queira; mas nas enfermidades da alma se necessita, de nossa parte, que queiramos ser curados, pois Deus não força de forma alguma nossa vontade, embora a exorte e a convide. Pois, para a cura de nossas enfermidades espirituais devemos aceitar a sua graça, cooperar com ela e favorecer o bom desejo de Deus. Assim, quando vossos movimentos para Deus pareçam suspensos, estejam preparados e sede dóceis a sua voz. Levantai-vos enquanto vos fale, e caminhem, isto é, retomem as práticas de virtude nas quais encontrastes dificuldade; mortificai vossas paixões e dedicai-vos a vencê-las; e, sobretudo, sejam fiéis em revelar aos vossos diretores o recôndito de vosso coração. Isso impedirá, normalmente, que caiais neste tipo de enfermidades.

São João Batista de La Salle. *Meditações para os domingos do ano*, 71,3,1-2.

# Terça-feira
## da 2ª semana do Advento

**Evangelho**: Mt 18,12-14
**Escritor eclesiástico**

Refere-se no evangelho de hoje que os fariseus e os escribas murmuravam de Jesus Cristo, porque se aproximava dos publicanos e pecadores. Então o Senhor lhes propôs esta parábola: *Qual de vós possuindo cem ovelhas, e tendo perdido uma delas, não deixa as noventa e nove no deserto e vai em busca da que se perdeu até a encontrar? Achando-a, coloca-a sobre os ombros muito alegremente, e, chegando em casa, convoca os amigos e vizinhos, dizendo-lhes: Alegrai-vos comigo, porque achei a minha ovelha que se tinha perdido.* Sob uma figura tão bela quis Jesus Cristo representar a sua própria pessoa e a sua misericórdia para com os pecadores. Todos nós éramos como ovelhas desgarradas, cada um andava errante pelo seu caminho. Então Jesus, solícito pela nossa salvação, desceu do céu a terra para nos reconduzir a seu aprisco e colocar-nos novamente no caminho que conduz à felicidade eterna. Pelo que São Pedro escreve: *Vós éreis como ovelhas desgarradas, mas agora fostes reconduzidos ao pastor e bispo de nossas almas...* Considera como Jesus conclui a sua parábola: *Assim também, vos digo, haverá mais alegria no céu por um só pecador que faz penitência, do que por noventa e nove justos que não precisam de conversão.* São Gregório nos explica a razão disso: "É mais agradável a Deus uma vida fervorosa depois do pecado, do que a vida inocente, mas arrefecida pela segurança".

Santo Afonso Maria de Ligório. *Meditações para todos os dias do ano.*

# Quarta-feira
## da 2ª semana do Advento

**Evangelho**: Mt 11,28-30
**Escritor eclesiástico**

Nosso boníssimo Salvador nos deu o seu Coração, não só para que fosse objeto de nosso culto e adoração, mas também como refúgio e asilo seguro em todas as nossas necessidades. Portanto, recorramos a Ele em todos os nossos assuntos. Busquemos nele consolo em nossas tristezas e aflições. Coloquemo-nos sob sua proteção contra a malícia do mundo, contra nossas paixões e às armadilhas dos demônios. Recolhamo-nos nesse asilo de bondade e de misericórdia, para estar abrigado dos perigos e misérias de que está cheia a presente vida. Salvemo-nos nesta cidade de refúgio, para livrar-nos da vingança da justiça divina provocada pelos nossos pecados, e que mataram o autor da vida. Enfim, que este coração clementíssimo e generosíssimo seja nosso asilo e nosso refúgio em todas as nossas necessidades... Quando desejarmos conhecer, pois, o que Deus nos pede nas diversas circunstâncias, quando empreendamos alguma obra para o seu serviço, ou quando estejamos em alguma dúvida ou perplexidade, recorramos a este bondosíssimo Coração, dizendo a missa em sua honra, se somos sacerdotes, ou comungando se não o somos; e experimentemos os efeitos de sua bondade.

São João Eudes. *4ª meditação sobre o Sagrado Coração de Jesus*.

## Quinta-feira
## da 2ª semana do Advento

**Evangelho**: Mt 11,11-15
**Escritor eclesiástico**

Para repelir e afugentar as densíssimas e negras trevas da ignorância e da morte que o autor das trevas tinha introduzido no mundo, teve que vir à luz que ilumina o mundo inteiro. Contudo, era natural que a esta inefável e eterna luz a precedesse uma infinidade de tochas temporais e humanas. Estou me referindo aos patriarcas da Antiga Aliança. Iluminados e edificados com sua virtude, seu exemplo e ensinamentos, os povos fiéis – dissipado o nevoeiro da inveterada cegueira – foram capazes de conhecer senão em sua totalidade, pelo menos em parte, aquela grande luz que se aproximava. Portanto, foram tochas: mas tochas sem luz própria nem recebida de outra fonte, mas derivada daquela suprema luz que os iluminava. Sobretudo, foram amantes dos preceitos celestiais: alguns antes da Lei, outros sob a Lei, e outros finalmente sob os juízes, os reis e os profetas; anunciadores dos mistérios do nascimento do Senhor, de sua paixão, ressurreição e ascensão. Depois deles, apareceu fulgurante a João, o precursor do Senhor, quem com extrema clareza expôs publicamente as predições de todos os patriarcas e os vaticínios dos profetas. Este homem santo não só foi justo, mas nasceu de pais justos. Justo na pregação, justo em toda sua conduta, justo no martírio... Não existem palavras de sabedoria humana capazes de expressar os dons de santidade e de graça celestial dos quais o precursor do Senhor foi enriquecido.

Santo Odilón de Cluny. *Sermão 10 sobre o admirável nascimento de São João Batista*.

# Sexta-feira
## da 2ª semana do Advento

**Evangelho**: Mt 11,16-19
**Escritor eclesiástico**

Era conveniente à finalidade da Encarnação que Cristo não vivesse de forma solitária, mas sim entre os homens; mas é muito correspondente que aquele que convive com os outros se adapte a seu modo de viver, conforme o apóstolo: *Fiz-me tudo para todos*. Foi muito oportuno, portanto, que Cristo comesse e bebesse acompanhado, como fazem os outros homens. O Senhor na sua vida deu exemplo de perfeição em tudo o que em si pertence à salvação; mas a abstinência nos alimentos e líquidos não pertence diretamente à salvação, segundo o apóstolo: *O Reino de Deus não é comida nem bebida*. E Santo Agostinho afirma: *Não é repreensível o uso de tais coisas, apenas a paixão daquele que delas se utiliza*. Entretanto, as duas formas de vida são lícitas e louváveis, isto é: A daquele que, segregado do convívio dos homens, guarde a abstinência; e a do outro que, vivendo em sociedade, pratique uma vida ordinária. É por isso que o Senhor quis dar-nos o exemplo de uma e outra forma de vida... Expõe São João Crisóstomo que "Cristo, após ter jejuado no deserto, voltou à vida ordinária. Pois era conveniente que, assim como alguém ensina aos outros as coisas que já contemplou, também Cristo, conforme se crê, praticou o mesmo dedicando-se primeiro à contemplação e depois descendo à vida pública e convivendo com os outros homens".

Santo Tomás de Aquino. *Suma Teológica*, III,40,2.

# Sábado
## da 2ª semana do Advento

**Evangelho**: Mt 17,10-13
**Escritor eclesiástico**

O batismo é o fim da Antiga e o começo da Nova Aliança. Pois o primeiro personagem importante foi João, *o maior dentre os nascidos de mulher* (Mt 11,11), que foi o último dos profetas: *Porque os profetas e a Lei tiveram a palavra até João* (Mt 11,13). Mas ele mesmo foi o começo das realidades evangélicas. De fato, afirma: *Começo do evangelho de Jesus Cristo* (Mc 1,1), indicando que foi então quando *apareceu João batizando no deserto* (1,4). Ainda que te lembres de Elias o Tesbita, aquele que foi arrebatado ao céu, tampouco ele é maior do que João. Também Henoc foi transportado, e também ele não é maior do que João. Moisés é o maior legislador, e todos os profetas são maravilhosos, mas não são maiores do que João. Não é minha intenção fazer comparações entre profetas, mas tanto daqueles como de nós disse o Senhor Jesus: *Não surgiu entre os nascidos de mulher um maior do que João* (Mt 11,11), e ele não se refere aos nascidos de virgens, mas de mulheres. E se a comparação se faz entre os conservos e o servo maior, muito maior é a superioridade e a graça do filho frente aos servos. Percebes a que grande homem Deus escolheu como doador desta graça? Foi alguém que nada possuía e era amante da solidão, porém não importunava o trato com os homens. Comia gafanhotos, mas deixava voar a sua alma; saciava a sua fome com mel, enquanto falava palavras de sabedoria e mais doces que o mel. Se vestia com pelo de camelo, enquanto dava em si mesmo exemplo de vida ascética.

São Cirilo de Jerusalém. *Catequese batismal*, 3,6.

# Imaculada Conceição de Nossa Senhora
## 08/12

**Evangelho**: Lc 1,26-38
**Escritor eclesiástico**

Esta é a Mãe de Deus, Maria, cujo nome foi pronunciado pelo próprio Deus e de cujo ventre saiu o Deus excelso feito carne. Nela, Deus construiu para si mesmo um novo e maravilhoso templo, porque ela, ao dar à luz, não perdeu a integridade de seu ventre e Ele, para nascer, não necessitou de semente. Era verdadeiramente Deus quando quis nascer na carne, ainda que sem união carnal, *nem dores de parto*, de forma que sendo Maria verdadeiramente mãe, libertou-se destas coisas próprias das mães, criando de forma maravilhosa, com o seu leite, Àquele ao qual deu à luz sem concurso de varão. Sendo Virgem, concebeu sem semente alguma, permaneceu virgem incólume e, mesmo depois do parto, manteve íntegro o selo da virgindade. Por isso ela é proclamada, com razão, Mãe de Deus, é glorificada sua virgindade, venerada sua maternidade e Deus, unido aos homens e manifestado na carne, entrega-lhe a honra de sua própria glória. Desta forma, se concede verdadeiramente ao sexo feminino a derrogação daquela maldição primitiva, vindo a ser *princípio de salvação* aquela que anteriormente tinha produzido o pecado... Quis o Redentor do gênero humano revelar uma restauração e um novo nascimento distinto do anterior e, assim como antes tomando do barro, tinha formado ao primeiro Adão *de terra virgem e incontaminada*, também agora realizou sua própria encarnação como *com outra terra, que é a virgem pura, totalmente imaculada e eleita singularmente dentre toda a criação*, pois o que pertence à nossa natureza e é um dentre nós, foi formado na virgem de modo novo e, sendo o novo Adão, mostrou ser aquele que configuraria a Adão, de tal modo que o novo fosse o Salvador daquele que é mais ancestral, mediando vários séculos entre eles.

Santo André de Creta. *1º sermão da natividade da Mãe de Deus.*

**Outra:**

É sobre ela (Maria), na verdade, que o Profeta Isaías sob a inspiração do Espírito Santo, muitos séculos antes do seu nascimento e o de seu Filho, disse: *Um rebento sairá do tronco de Jessé, e uma Flor de sua haste. Sobre ele repousará o Espírito do Senhor: espírito de sabedoria e de entendimento, espírito de conselho e de fortaleza, espírito de ciência e piedade, e estará repleto do espírito do temor do Senhor.* A haste da qual brota essa flor é sem dúvida a Virgem Maria; e a flor brotada desta haste é seu filho bendito sobre o qual e no qual repousou a essência de toda a plenitude da divindade. Chegada à ocasião em que esta virgem, digna de conceber tal Filho, foi ela mesma concebida segundo as leis da natureza no seio de sua mãe, como duvidar que a Sabedoria divina que *atinge tudo de uma extremidade à outra* (Sb 8,1), preenchendo e governando todas as coisas, não tenha inundado o céu e a terra e tudo o que eles contêm com uma nova e inefável alegria? Será que não saltaram com uma alegria inestimável, vendo de antemão, por uma misteriosa inspiração de Deus, nesta virgem, a causa de sua reabilitação? Contudo, já que esta concepção é – como vimos anteriormente – o fundamento da morada do Soberano Bem, se ela se maculou com a mancha de algum pecado proveniente da prevaricação original, o que diremos? A voz divina declara a Jeremias: *Antes de te formar no seio de tua mãe, eu já te conheci; antes de saíres de seu ventre eu te santifiquei e te designei como profeta das nações.* O anjo anunciando o nascimento de João Batista afirmou que ele será *repleto do Espírito Santo desde o seio de sua mãe.* Portanto, se Jeremias que devia ser profeta dos gentios foi santificado antes de nascer; se João, precursor do Cristo com a virtude e o poder de Elias, estava repleto do Espírito Santo desde o seio de sua mãe, o que pensar da mulher destinada a ser por excelência a arca da aliança de todos os séculos, o único e mais suave berço do Filho Unigênito do Deus Onipotente? Ousar-se-á dizer que ela foi privada desde o princípio de sua Concepção da graça e da unção do Santo Espírito? A Santa Escritura afirma: *Onde está o Espírito de Deus aí há liberdade.* Foi livre da servidão de todo pecado aquela cujo Santo Espírito devia, por sua presença e operação, fazer um palácio consagrado ao propiciador de todos os pecados no qual e através do qual Deus pessoalmente iria assumir a natureza humana.

Eadmer de Canterbury. *A concepção imaculada da Virgem Maria*, 8-9.

# Segunda-feira
## da 3ª semana do Advento

**Evangelho**: Mt 21,23-27
**Escritor eclesiástico**

É porque, Senhor, Tu querias que o Filho de tua destra, o homem que confirmaste para ti, seja chamado Jesus; isto é, Salvador: porque é Ele que salvará o seu povo de seus pecados, e não há outro de quem recebamos a salvação. Ele nos ensina primeiramente a amá-lo quando nos amou até a morte da cruz; por seu amor e dileção, desperta em nós o amor por Ele, Ele que nos amou por primeiro até o fim... como o declara e prega o servidor do seu amor: "Tu nos amaste por primeiro". De fato, é assim. Tu nos amaste primeiro, para que nós te amemos. Não porque necessites de nosso amor, mas porque nos fizestes, não podíamos ser sem amar-te. É por isso que, tendo falado outrora aos nossos pais pelos profetas, de várias formas e maneiras, nestes últimos dias falou-nos por seu Filho, sua Palavra, por quem os céus foram firmados e cujo sopro produziu toda a sua eficácia... Essa é a Palavra que nos dirigi-as, Senhor, o Verbo onipotente, que, do meio do silêncio que conservava todas as coisas – isto é, do abismo do erro –, veio desde o trono real para destruir energicamente os erros abismais, e confiar suavemente o amor. E tudo o que Ele fez, tudo o que disse sobre a terra, inclusive os opróbrios, as cusparadas, as bofetadas; até mesmo a cruz e o sepulcro, nada disso foi de outro senão da palavra que Tu nos diriges mediante teu Filho, estimulando e suscitando com o seu amor o nosso amor por ti.

Guilherme de Saint-Thierry. *Tratado sobre a contemplação de Deus*, 9-10.

# Terça-feira
## da 3ª semana do Advento

**Evangelho**: Mt 21,28-32
**Escritor eclesiástico**

O amor do filho não busca seu próprio interesse. Penso que é a este que se refere à Escritura: *A lei do Senhor é perfeita, e converte as almas*. Porque é a única apta a arrancar a alma do amor de si mesma e do mundo, e fazer com que retorne para Deus. Nem o temor nem o amor de si mesmo são capazes de converter a alma. Às vezes mudam a expressão facial ou a conduta exterior, mas nunca os sentimentos. Algumas vezes os escravos praticam obras de Deus, mas não as realizam espontaneamente e lhes é muito custoso. Também os assalariados, mas não as praticam gratuitamente, e se deixam levar pela cobiça. Onde existe o amor próprio ali existe o individualismo; e onde há individualismo existem cantos; e onde existem cantos existe lixo e imundícies. A lei do servo é o temor que o invade, a do assalariado é a cobiça que o domina, o atrai e o distrai. Nenhuma destas leis é pura e capaz de converter as almas. A caridade, porém, converte as almas e também as torna livres.

São Bernardo. *Carta sobre a caridade*, 12,34.

## Quarta-feira
## da 3ª semana do Advento

**Evangelho**: Lc 7,19-23
**Escritor eclesiástico**

É algo de admiração que sendo o evangelho de Cristo para todos, como afirma a Escritura: *pregai o evangelho a toda criatura*, apesar disso se diga "evangelho dos pobres". *Aos pobres é anunciado o evangelho*. E que Cristo veio para os pobres, e que para eles são dadas as "boas-novas", e tenha isso por honra, ser pregador de pobres; e eles são os primeiros a receberem o evangelho, e considere isso milagre: ter Evangelho de pobres. Dize-o porque a pobreza é tão grande mal que foi necessário que tivesse tal Pregador, como o foi Cristo, para que se abrasasse a pobreza. E chamasse "evangelho dos pobres" porque eles foram os primeiros que o receberam e ouviram da boca de Cristo, e quiseram ser pobres e angustiados por Ele. E por isso na terra gozavam do céu: *bem-aventurados quando vos perseguirem por causa da justiça, porque deles é o Reino dos Céus. Bem-aventurados os que têm um coração de pobre, porque deles é o Reino dos Céus*! E porque dos pobres se escolhem homens para ministros que o levem pelo mundo, como embaixadores.

São Luiz Bertrão. *Tratado da dignidade dos apóstolos e pregadores apostólicos*, 11, 124.

# Quinta-feira
## da 3ª semana do Advento

**Evangelho**: Lc 7,24-30
**Escritor eclesiástico**

São João devia seu espírito à luz sobrenatural que lhe iluminava, aludida pela frase: *Este é de quem está escrito: Eis que eu envio o meu anjo diante de tua face.* Os profetas receberam mais luz que o resto dos homens. Quem não receberia àquele que é *mais do que profeta*? Ele o era porque profetizou no seio de sua mãe; porque ele mesmo foi profetizado por Isaías e Malaquias, porque fez seus pais profetizarem e porque ensinou ao próprio Cristo (Mt 3,13-16). Parece mais importante profetizar um Messias futuro do que assinalá-lo como atual e, de fato, o seria se Cristo tivesse vindo refulgente de poder e não em forma que não lhe conheciam, quando foi visto, em aparência tão extraordinariamente humilde – até o ponto que pode dizer: *Bem-aventurado àquele que não se escandalizar de mim* –, o anunciou detalhando melhor que qualquer outro profeta seus ofícios, visto que o chamou *Cordeiro de Deus*, *Filho de Deus* e *Esposo*. Os teólogos podem dizer que os profetas receberam tanto mais clarividência quanto mais próximos estavam ao Senhor. Portanto, São João foi o maior de todos eles.

São Roberto Belarmino

# Sexta-feira
## da 3ª semana do Advento

**Evangelho**: Jo 5,33-36
**Escritor eclesiástico**

Tu, ó Deus!, Tu tiras os pecados do mundo; Tu, seu amigo, dizes: *Este tira os pecados do mundo*. Tu, ó Senhor!, tiras os pecados, e tu, João, dizes que Ele o tira; aqui estou eu, ó Senhor!, o que tu, ó João!, dizes: Eis aqui ao Médico e sua testemunha, e eis aqui o enfermo, o servidor do Médico, e sua obra, que reclama ao Médico e sua testemunha. Ó verdadeiro Médico! Rogo-te que me cures. E tu, verdadeira testemunha, suplico-te que peças por mim. Prova-me o que és, agindo em mim; faz tua obra, realiza a tua palavra. Experimentarei o que ouvi, provarei o que creio. Ó Jesus, Bom Mestre! Se cumpres o que ele afirma, faz tua obra em mim. Ó João, que tens mostrado a Deus!, se dás testemunho do que realiza, que cumpra em mim tua palavra. Cura-me, Senhor; a ti cabe curar. Obtém para mim, ó Mestre, aquilo que podes obter! Na verdade, tu és o grande mestre, e tu, João, és grande diante do Mestre. Tu, Jesus, és soberanamente poderoso por ti mesmo, e tu, João, muito poderoso junto dele. Tu és o Deus soberanamente bom, e tu o amigo muito bom daquele que é o Deus eternamente misericordioso e bendito. Assim seja.

Santo Anselmo. *Oração a São João Batista.*

## Férias do Advento
## 17 de dezembro

**Evangelho**: Mt 1,1-17
**Escritor eclesiástico**

De nada adianta reconhecer a Nosso Senhor como filho da bem-aventurada Virgem Maria e como homem verdadeiro e perfeito, se não cremos ser Ele descendente daquela linhagem que no Evangelho lhe é atribuída. Pois Mateus afirma: *Genealogia de Jesus Cristo, filho de Davi, filho de Abraão*; e em seguida vem à ordem de sua origem humana até chegar a José, com quem se encontrava desposada a Mãe do Senhor. Lucas, por seu lado, retrocede pelos graus de ascendência e remonta até a própria origem da família humana, com a finalidade de destacar que o primeiro Adão e o último Adão possuem a mesma natureza... O Espírito Santo ainda não tinha descido à Virgem nem a virtude do Altíssimo a tinha coberto com a sua sombra, para que a Palavra já tivesse se encarnado dentro do virginal seio, de modo que a Sabedoria construísse sua própria casa; o Criador dos tempos ainda não nascera no tempo, fazendo com que a forma de Deus e a de servo se encontrassem em uma só pessoa; e aquele que criou todas as coisas fosse contado entre as suas criaturas. Se o homem novo, *encarnado em uma carne pecadora como a nossa*, aceitou a nossa antiga condição e, consubstancial como era com o Pai, dignou-se também se tornar consubstancial com sua mãe, e, sendo o único que se encontrava livre do pecado, uniu nossa natureza junto de si, a humanidade seguiria eternamente sob o jugo do demônio, e não poderíamos beneficiar-nos da vitória do vencedor, se sua vitória fosse alcançada fora de nossa natureza.

São Leão Magno. *Carta 31*.

## Férias do Advento
## 18 de dezembro

**Evangelho**: Mt 1,18-24
**Escritor eclesiástico**

O próprio anjo nos dá a razão do nome: *Porque salvará a seu povo de seus pecados*. Ó quanta confiança desperta em mim o Vosso nome, bom

Jesus! És Jesus, Senhor; és Jesus: lembra Vosso nome. O nome que teu Pai te impôs é Jesus. Sê Jesus para mim. Sou cativo, confesso; aprisionado nas redes do pecado, condenado com minhas iniquidades, carregado com os grilhões de meus delitos. Reconheço que o sou; porém Vós, Senhor, reconhece também que és Jesus. Acaso pode destinar-se um Salvador se não é para os perdidos e escravos? Se não é o miserável e o cativo quem há de salvar-se por ti, de quem és, então, Salvador? Se eu te neguei, Vós, Senhor, sois fiel e não pode negar-te a ti mesmo. Ó meus irmãos, correi, apressai-vos aos pés do Senhor; não temais, aproximai-vos com confiança! Sabei que se chama Jesus. É Salvador e não pode rejeitar aos que hão de salvar-se. Aquele que perece, não perece porque pecou, mas porque rejeitou esta salvação tão copiosa e tão certa. Tem confiança, invoca o seu nome, *porque todo o que invocar o nome do Senhor será salvo*, se lhe invoca com o coração pleno e verdadeiro. Por isso diz o salmista: Para que *confiem nele todos os que conhecem o seu nome*; porque quem conhece o Vosso nome, se não é tolo e cego, verá claramente que em ti, Senhor, está aberto o caminho da salvação para todos os desafortunados. *Pois Deus não enviou seu Filho ao mundo para que julgue o mundo, mas para que o mundo seja salvo por Ele.* Do ofício Ele tomou o nome, para que também o pecador tomasse do nome a confiança de se aproximar, não ao Juiz nem ao Vingador, mas a Jesus, ao Salvador, ao Propiciador, ao Redentor. *Dar-lhes-ei a salvação porque suspiram.* E por quê? Porque se chama Jesus.

São Tomás de Vilanova. *Sermão 2º na circuncisão do Senhor.*

## Férias do Advento
## 19 de dezembro

**Evangelho**: Lc 1,5-25
**Escritor eclesiástico**

Toda a vida daquele que foi *o maior dentre os nascidos de mulher* é uma sucessão de milagres. E não só a vida de João – profeta antes de nascer e o principal entre os profetas –, mas tudo o que a ele se refere, tanto antes de seu nascimento como depois de sua morte, ultrapassa os verdadeiros milagres. De fato, as predições que dele fizeram os mais ilustres profetas o chamam não de homem, mas de anjo, tocha luminosa, astro radiante portador de luz divina, precursor do Sol de justiça e voz do próprio Verbo de Deus. O que mais próximo e semelhante à Palavra de Deus do que a Voz de Deus? Ao se aproximar a sua concepção, um anjo vindo do céu cura a esterilidade de Zacarias e de Isabel, prometendo-lhes que em sua idade avançada gerarão um filho aqueles que eram estéreis desde a sua juventude, e assegurando-lhes que muitos se alegrariam com aquele nascimento que trará a todos a salvação. Realmente, *será grande aos olhos do Senhor: não beberá vinho nem licor*; também estará *cheio do Espírito Santo já no ventre materno e, converterá a muitos israelitas ao Senhor, seu Deus. Irá adiante do Senhor com o espírito e o poder de Elias*. Como este, permanecerá virgem, como ele habitará no deserto e vai corrigir os reis e rainhas culpáveis; mas superará a Elias, principalmente por ser o Precursor de Deus, pois irá à frente dele. Sendo que o mundo não é digno dele, desde os mais tenros anos viveu habitualmente no deserto, sem aflição, sem preocupações, levando uma vida tranquila[2], vivendo somente para Deus, vendo unicamente a Deus e tornando Deus a plenitude de suas delícias. Viverá, portanto, em um lugar solitário da terra: *viveu no deserto até que se apresentou à Israel*.

São Gregório Palamás. *Homilia 40.*

## Férias do Advento
## 20 de dezembro

**Evangelho**: Lc 1,26-38
**Escritor eclesiástico**

A Santíssima Virgem Maria foi a afortunada a quem se fez esta divina saudação para concluir o maior e mais importante "assunto" do mundo: a encarnação do Verbo eterno, a paz entre Deus e os homens e a redenção do gênero humano. Pela saudação angélica, Deus se fez homem e a Virgem, Mãe de Deus; o pecado foi perdoado, foi-nos dada a graça. Enfim, a sauda-

---

2. *Hésyquia* = do grego. Significa um estado de *tranquilidade, calma, recolhimento, paz interior* e que visa favorecer a contemplação de Deus. Segundo os orientais (ortodoxos), o estado de *apatheia* ou ausência das paixões antecede a *hésyquia*.

ção angélica é o arco-íris, o emblema da clemência e da graça que Deus fez ao mundo. A saudação do anjo é um dos mais belos cânticos que podemos dirigir à glória do Altíssimo. Por isso repetimos esta saudação, para agradecer à Santíssima Trindade seus variados e inestimáveis benefícios. Louvamos a Deus Pai, porque amou tanto o mundo que lhe deu seu Filho único para salvá-lo. Bendizemos ao Filho, porque desceu do céu a terra, porque se fez homem e porque nos redimiu. Glorificamos ao Espírito Santo porque formou no seio da Virgem Santíssima o corpo puríssimo de Jesus, que foi a vítima de nossos pecados. Com este espírito de agradecimento devemos rezar a saudação angélica, acompanhando-a de atos de fé, esperança, caridade e ações de graças pelo benefício de nossa salvação.

São Luís Maria Grignion de Montfort. *O segredo admirável do rosário*.

## Férias do Advento
## 21 de dezembro

**Evangelho**: Lc 1,39-45
**Escritor eclesiástico**

Isabel bem sabia que aquela senhora que vinha a sua casa era a Mãe de seu Senhor, mas não encontrando nada que indicasse que merecesse tal graça, pergunta: *De onde me vem tão grande graça, que a mãe do meu Senhor me venha visitar?* Está muito claro que do mesmo Espírito que recebeu a graça de ser profetiza, também recebeu o grande dom da humildade que tinha, e assim, cheia do espírito profético, soube que vinha a ela a Mãe do Salvador do mundo. No entanto, como estava acompanhada do espírito de humildade, não se achou digna de que tão grande hóspede entrasse em sua casa. *Logo que a tua salvação chegou aos meus ouvidos, a criança pulou de alegria no meu ventre*. Estando a santíssima Isabel iluminada pelo mesmo Espírito Santo de que estava cheia, soube o que significava a alegria do infante que trazia em si: a consciência da visita da Mãe preciosa do soberano Senhor, e de quem ele haveria de ser embaixador e precursor. Foi admirável esta obra do Espírito Santo, porque quando ele é o que ensina, não retarda o conhecimento do que aprende. No mesmo momento em que a saudação de Maria entrou pelos ouvidos da Santa Mãe, também em seu ventre seu filho se alegrou; e no mesmo momento em que a voz entrou corporalmente pelos ouvidos da mãe, também entrou o Espírito Santo em seu coração, e não só abrasou o coração da mãe, mas também o do bem-aventurado filho que estava em seu ventre.

São Beda o Venerável. *Sermão na sexta-feira das quatro têmporas do Advento.*

## Férias do Advento
## 22 de dezembro

**Evangelho**: Lc 1,45-56
**Escritor eclesiástico**

*E Maria disse: Minha alma glorifica o Senhor...* Como santa Isabel foi a primeira que ouviu este doce cântico dos lábios de Maria santíssima, assim também foi a primeira que o compreendeu e com sua infusa inteligência o comentou. Compreendeu nele grandes mistérios dos quais sua autora condensou em tão poucas palavras. O espírito de Maria Santíssima engrandeceu ao Senhor pela perfeição de seu ser infinito; referiu e deu a Ele toda a glória e louvor, como princípio e fim de todas as suas obras, conhecendo e confessando que só em Deus se deve gloriar e alegrar toda criatura, pois somente Ele é todo o seu bem e sua salvação. Confessou a si mesma à justiça e magnificência do Altíssimo em atender aos humildes e depositar copiosamente neles o seu divino Espírito e amor, e quão grandioso é que os mortais vejam, conheçam e ponderem que por esta humildade ela alcançou que todas as nações a chamassem bem-aventurada; e com ela merecerão também esta mesma felicidade todos os humildes, cada um em seu grau. Manifestou também em uma única palavra todas as misericórdias, benefícios e favores que fez com ela o Todo-poderoso e seu santo e admirável nome, chamando-as "grandes coisas", porque nenhuma foi pequena em capacidade e disposição tão imensa como a desta grande Rainha e Senhora.

Ven. Maria de Águeda. *Mística Cidade de Deus*, cap. 17.

# Férias do Advento
## 23 de dezembro

**Evangelho**: Lc 1,57-66
**Escritor eclesiástico**

Ponderarei as grandiosidades que São Gabriel disse do menino para que fosse estimado de todos, e para ensinar a seu pai o modo com que havia de lhe criar para tão alto ofício. 1) A primeira foi, o próprio anjo colocar-lhe seu nome da parte de Deus, o nome que havia de ter, dizendo que se chamasse João, que quer dizer "graça", para significar que ele inteiro seria um retrato de graça, em quem se mostraram as riquezas da divina graça; porque verdadeiramente achou graça diante de Deus, o qual sem seus merecimentos o escolheu e chamou, e lembrou-se de seu nome desde o ventre de sua mãe (Is 49,1). 2) A segunda, que seria grande diante de Deus nas coisas que Deus tem por grandes, que são virtudes e dons de santidade; e assim seria grande na humildade, obediência e paciência; grande na oração e contemplação; e grande no ofício que têm os grandes da casa de Deus. 3) A terceira, que seria muito moderado, sem beber vinho nem frisantes, como homem nazareno, e dedicado totalmente ao serviço divino; e porque as promessas divinas não são vazias, mas cheias, dando torrente bastante para tudo o que prometem. 4) Acrescente a quarta excelência, que seria cheio do Espírito Santo desde o ventre de sua mãe, com a plenitude que pedia a dignidade do ofício para o qual estava escolhido, começando desde o ventre de sua mãe e prosseguindo até a morte.

P. Luís de la Puente. *Meditações*, II,13.

# Férias do Advento
## 24 de dezembro – Matutino

**Evangelho**: Lc 1,67-79
**Escritor eclesiástico**

Era absolutamente necessário que o homem fosse deificado e, tratando-se de uma obra sobrenatural, era igualmente necessário que o exórdio fosse adequado. Para isso Cristo se fez homem: para que o homem, mediante a sua união com Ele, fosse deificado. Mas se a segunda afirmação é tão extraordinária, quanto mais extraordinária é a primeira! Todavia, se a subida ultrapassa todo pensamento, como não a ultrapassará a descida? Lá, aquele que é mortal é ascendido ao céu; aqui, Deus é descido do céu. Aquele que não pode ser contido tornou-se contível e, o Criador da natureza uniu-se a natureza animada; e nasceu de uma Virgem aquele que é indescritível e impalpável, e viveu em um corpo aquele ao qual não convém sequer chamar de incorpóreo, ou mesmo de luz ou de vida, senão em sentido metafórico e analógico. Que discurso seria capaz de perscrutar o milagre? Que coro espiritual poderíamos criar, ou que hino cantar, ou com quais címbalos espirituais e festivos poderíamos oferecer o canto adequado a Deus e demonstrar a alegria por tão jubilosos anúncios? Quando em Israel, após o faraó ter sido submerso pelas ondas e toda potência adversária também ser engolida, eles se reuniram em coro, soaram os címbalos e Maria guiou o coro e o canto e, em razão do milagre elevaram a Deus um hino admirável; então, como não elevaremos a Deus em coro um canto realçado de sons, visto que nos tornamos dignos de maior e mais sublime dom?

Miguel Psellos. *Discurso sobre a saudação a Maria*, 2.

# II
# Tempo do Natal

II

tempo de Natal

# Natal do Senhor
## Missa vespertina da vigília

**Evangelho**: Mt 1,1-25
**Escritor eclesiástico**

Hoje, no evangelho se lê: *Livro da genealogia de Jesus Cristo*. Nestas genealogias, nasce também para nós, segundo o espírito, a Sabedoria. Se desejas, pois, que Cristo nasça em ti, tem em ti e encha-te as genealogias da Sabedoria, isto é, de Cristo. Tem em ti a Abraão, Isaac e os demais mencionados na genealogia de Cristo.

Abraão foi perfeito na fé, Isaac foi o filho da promessa, Jacó viu o Senhor face a face. Tende em vós, portanto, uma fé perfeita e tereis espiritualmente a Abraão. Esperai nas promessas dos bens futuros, desprezai os prazeres dos bens presentes, e tereis a Isaac. Apressai-vos quanto possais à visão de Deus e tereis a Jacó. Do mesmo modo, se sois fervorosos de espírito, tereis a Abraão, se permaneceis gozosos na esperança, tereis a Isaac, se suportais pacientes na tribulação, tereis a Jacó. Assim, se temos espiritualmente todos estes Pais, dos quais hoje fala o evangelho, então se cumprirá o que diz a Escritura: *Sereis cumulados de minhas gerações*.

Santo Elredo de Rieval. *Sermões inéditos*, 22.

# Natal do Senhor
## Missa da meia-noite

**Evangelho**: Lc 2,1-14
**Escritor eclesiástico**

### Calenda de Natal[3]
No ano da criação do mundo,
quando, no princípio, Deus criou o céu e a terra,

---

3. Texto antigo da Liturgia Romana. O mais perto possível do original latino que consta no Martirológio Romano, com atualização de dados históricos.

e, passados centenas de anos chegara o dilúvio;
cerca de vinte séculos depois do nascimento de Abraão,
e treze séculos após a saída do Egito pelos filhos de Israel,
sob a guia de Moisés;
após mil anos, quando Davi foi ungido rei;
na semana sessenta e cinco
segundo a profecia de Daniel;
na olimpíada cento e noventa e quatro;
no ano setecentos e cinquenta e dois da fundação de Roma;
aos quarenta e dois anos do império de Otaviano Augusto;
na sexta idade do mundo,
estando todo o orbe em paz,
JESUS CRISTO, ETERNO DEUS, FILHO DO PAI ETERNO,
querendo consagrar o mundo com seu Advento cheio de piedade e misericórdia,
nove meses após ser concebido pelo Espírito Santo,
(se lê em voz alta)
nasce em Belém da Judeia, feito homem, de Maria Virgem:
Dia do natalício de Nosso Senhor Jesus Cristo, segundo a carne.


## Natal do Senhor
## Missa da aurora

**Evangelho**: Lc 2,15-20
**Escritor eclesiástico**
1) Recorda-te, Jesus, da glória do Pai,
do esplendor divino que deixaste no céu,
ao descer a esta terra, ao exilar-te,
daquela eterna pátria,
para resgatar a todos os pobres pecadores.
Descendo ao ventre da Virgem Maria,
velaste tua grandeza e tua infinita glória.
Do seio maternal

de teu segundo céu
recorda-te!

2) Recorda-te que no dia em que nasceste
os anjos desceram a terra
e em coro cantaram:
"Glória, honra e poder a nosso Deus,
e paz aos homens de boa vontade"!
Após dezenove séculos,
continuas cumprindo sempre tua promessa.
A paz é o tesouro de teus filhos.
Para saborear eternamente
a tua inefável paz,
eu venho a ti!

3) Eu venho a ti, em teu berço
quero, Menino, ficar para sempre,
entre teus panos esconde-me contigo.
Aí poderei cantar em coro com os anjos,
recorda-te das festas destes dias.
Recorda-te, Jesus, dos pastores,
e dos reis magos,
que com alegria seus dons te ofereceram,
coração e homenagem.
Do cortejo inocente
que por ti deu seu sangue
recorda-te!

4) Recorda-te de que os doces braços
de Maria, tua Mãe, preferiste
a teu trono real.
Para sustentar tua vida, meu pequeno Menino,
só tinhas o leite virginal.
A esse festim de amor que tua mãe te dá,
convida-me, Jesus, tu que és meu irmãozinho.

De tua pequena irmã,
que te fez palpitar,
recorda-te!

Santa Teresinha do Menino Jesus. *Poema*,15,1-4.

## Natal do Senhor
## Missa do dia

**Evangelho**: Jo 1,1-18
**Escritor eclesiástico**

No princípio morava
o Verbo, e em Deus vivia,
em quem sua felicidade
infinita possuía.
O próprio Verbo Deus era,
que o princípio se dizia;
Ele morava no princípio,
e princípio não tinha.
Ele era o princípio;
por isso dele carecia.
O Verbo se chama Filho,
que do Princípio nascia;
eia sempre concebido
e sempre o concebia;
dá-lhe sempre sua substância,
e sempre lha tinha.
E assim a glória do Filho
é aquela que no Pai havia
e toda sua glória o Pai
no Filho possuía.
Como Amado no Amante
um no outro residia,
e esse Amor que os une

ao mesmo tempo convinha
com um e com o outro
em igualdade e valia.
Três Pessoas e um amado
entre todos três havia,
e um amor em todas elas
um amante as fazia,
e o amante é o amado
em que cada qual vivia;
que o ser que os três possuem
cada qual o possuía,
e cada qual deles ama
a que este ser tinha.
Este ser é cada uma,
e este somente as unia
em uma inefável união
que dizer não se sabia;
pelo qual era infinito
o amor que as unia,
porque um só amor três têm
que sua essência se dizia;
que o amor quanto mais uno,
tanto mais amor fazia.

São João da Cruz [atribuído]. *Romance sobre o Evangelho: "No princípio era o Verbo"*.

## Oitava do Natal
## 26/12 – Festa de Santo Estêvão, o primeiro mártir

**Evangelho**: Mt 10,17-22
**Escritor eclesiástico**

O Senhor que conhece a fragilidade humana anuncia antecipadamente aos mais fracos o êxito final do laborioso combate, para que com a esperança do Reino eterno, obtenham mais facilmente a vitória sobre o temor da adversidade que enfrentarão no tempo. Por isso o heroico mártir Estêvão alegra-se pelas pedras que chovem sobre ele de todas as partes; recebe com satisfação em seu corpo, qual agradável orvalho, os golpes que caem sobre ele compactos como flocos de neve, e responde aos cruéis homicidas bendizendo e orando que este pecado não lhes seja imputado. Ele conhecia a promessa divina e percebia que sua esperança estava plenamente de acordo com a aparição que o alegrava. Ele ouvira que os perseguidos pela fé seriam acolhidos no Reino dos Céus, e enquanto sofria o martírio viu o que lhe esperava. O objeto de sua esperança torna-se visível a ele, e devido à profissão de fé, corre para alcançá-lo: é o céu aberto, a glória divina do céu espectadora da carreira de seu atleta; é o próprio Cristo que assistia a prova do mártir. O Cristo que preside a luta de pé, simboliza a ajuda que presta ao lutador, e nos ensina que Ele mesmo está presente em favor de seus perseguidos e contra os seus perseguidores. E, neste sentido, cabe maior glória para quem sofre a perseguição pelo Senhor, que poder ter ao seu lado ao próprio juiz do combate? *Bem-aventurados os perseguidos por minha causa*. Nossa vida tem necessidade de uma morada onde fixar-se. Se aqui não temos algo que nos projete para fora, para além da terra, seremos sempre da terra; se, pelo contrário, nos deixamos atrair pelo céu, seremos transportados à outra vida.

São Gregório de Nissa. *Discurso 27*.

**Ou**

Santo Estêvão, bem-aventurado Estêvão, bom, forte soldado de Deus, primeiro da série de seus mártires: Eu soube e creio e abraço com alegria o fato de que tu, ainda nesta terra tiveste santidade tão luminosa que tua venerável face resplandecia como a dos anjos. De fato, quando teus inimigos se enfureciam contra ti, tu, de joelhos, exclamaste em um grito: *Senhor, não leves em conta este seu pecado*. Homem abençoado, quanta esperança dás aos teus amigos pecadores ao escutar que te preocupaste tanto de inimigos arrogantes! *Senhor, não leves em conta este seu pecado*. Como responderá quando é invocado aquele que, provocado respondia desta maneira? Que bondade saberá usar com os humildes agora que é exaltado, aquele que socorria desta forma aos soberbos quando era humilhado? Anda, diga-me, bem-aventurado Estêvão; o que te aquecia o coração para derramar ao exterior tantas bondades juntas? Não existe dúvida de que estavas cumulado de todas, adornado de todas, iluminado por todas. Suplico-te, caritativo Estêvão, pede para que minha alma endurecida se encha de caridade generosa. Faz com que minha alma insensível, por dom daquele que a criou, arda no fogo da caridade.

Santo Anselmo de Cantuária. *Oração a Santo Estêvão*.

## Oitava do Natal
## 27/12 – Festa de São João Evangelista

**Evangelho**: Jo 20,1-8
**Escritor eclesiástico**

Se existe alguém que algum dia se abrasou neste fiel amor do Verbo de Deus; se há alguém que, como diz o profeta, recebeu a doce *ferida de sua seta escolhida* (Is 49,2); se há alguém que foi transpassado pelo dardo amoroso do seu conhecimento, ao ponto de suspirar dia e noite por Ele, de não poder falar nem querer ouvir outra coisa, de não saber nem gostar, pensar, desejar ou esperar mais que a Ele, esta alma afirma com razão: *Estou ferida de amor* (Ct 2,5), e recebi esta ferida daquele de quem fala Isaías: *Ele me fez como seta escolhida e guardou-me em sua aljava*. É conveniente que Deus golpeie as almas com tais feridas, que as traspasse com tais setas e dardos, e que as chague com estas feridas salutíferas, para que também elas – visto que *Deus é amor* –, possam dizer: *Estou ferida de amor*. É verdade que nesta espécie de drama de amor, é a esposa que afirma ter recebido feridas de amor; contudo, uma alma abrasada no amor à sabedoria de Deus pode igualmente afirmar: "Estou ferida de sabedoria"; refiro-me àquela alma que está apta e atenta para considerar a beleza da sabedoria de Deus. E outra alma, considerando o esplendor da força do Verbo de Deus e admirando o seu poder, também pode afirmar: "Estou ferida de poder". Tal é, conforme creio, aquela alma que dizia: *O Senhor é minha luz e salvação, a quem temerei? O Senhor é a força de minha vida, de quem terei medo?* Outra alma que arde de amor pela justiça divina, e que considera atentamente a justiça de seus benefícios e de sua providência, indubitavelmente pode dizer: "Estou ferida de justiça"; e outra que analisa a imensidade da piedade e bondade divinas, se expressa de modo semelhante. Porém todas elas têm em comum esta chaga de amor com a qual a esposa se declara ferida.

Orígenes. *Comentário ao Cântico dos Cânticos*, l.3.

## Oitava do Natal
## 28/12 – Festa dos santos inocentes, mártires

**Evangelho**: Mt 2,13-18
**Escritor eclesiástico**

Nasce um pequeno menino, um grande rei. Os magos são atraídos desde longe; eles vêm para adorar ao que ainda jaz no presépio, mas que ao mesmo tempo reina no céu e na terra. Quando os magos lhe anunciam que nasceu um rei, Herodes se perturba e, para não perder o seu reino, quer matá-lo; se tivesse crido nele, estaria seguro aqui na terra e reinaria sem fim na outra vida. O que temes, Herodes, ao ouvir que nasceu um rei? Ele não veio para te expulsar, mas para vencer ao maligno. Porém tu não entendes estas coisas, e por isso te perturbas e te enraivece, e, para que não escape àquele que tu buscas, mostra-te cruel, dando morte a tantas crianças. Nem a dor das mães que gemem, nem o lamento dos pais pela morte dos seus filhos, nem os prantos e os gemidos das crianças te fazem desistir de teu propósito. Matas os corpos das crianças, porque o medo matou ao teu coração. Crês que, se continuas com tua intenção, poderás viver muito tempo, justamente quando queres matar a própria Vida. Mas Aquele que, Fonte da graça, pequeno e grande, jaz no presépio, aterroriza teu trono. Ele age através de ti, tu que ignoras os seus desígnios, e liberta as almas da cativade do demônio. Ele contou no número dos adotivos àqueles que eram filhos dos inimigos. As crianças, sem sabê-lo, morrem por Cristo; os pais lamentam pelos mártires que morrem. Cristo tornou dignas testemunhas suas aos que ainda não podiam falar. Eis aqui de que forma reina aquele que veio para reinar. Eis aqui que o Libertador concede a liberdade, e o Salvador à salvação.

São Quodvultdeus. *Sermão da Festa dos Santos Inocentes*.

## Oitava do Natal
## 29 de dezembro

**Evangelho**: Lc 2,22-35
Escritor eclesiástico

*Sobre a Galileia dos gentios, sobre o país de Zabulon, sobre a terra de Neftali* – como diz o profeta *brilhou uma grande luz*: Cristo. Aqueles que se encontravam na obscuridade da noite vieram ao Senhor nascido de Maria, o sol de justiça que irradiou sua luz sobre o mundo inteiro. Por isso, todos nós que estávamos nus, porque somos a descendência de Adão, acudimos a revestir-nos dele para acalentar-nos. Para vestir aos nus e para iluminar a quantos vivem nas trevas, vieste, te manifestaste, tu, luz inacessível. Deus não desprezou àquele que expulsou do Paraíso por causa do engano, perdendo, desta forma, a veste que Ele mesmo lhes tinha tecido. Novamente lhes vem ao encontro, chamando com sua santa voz ao inquieto: "Onde estás, Adão? Deixa de esconder-te: te quero ver, mesmo que estejas nu, mesmo que sejas pobre. Não sintas mais vergonha, agora que eu mesmo me fiz semelhante a ti. Apesar de teu grande desejo, não foste capaz de fazer-te Deus, enquanto que eu, agora, me fiz voluntariamente homem. Aproxima-te, pois, e reconhece-me para que possas dizer: Vieste, te manifestas-te, tu, luz inacessível".

São Romano Melodioso. Hino.

## Oitava do Natal
## 30 de dezembro

**Evangelho**: Lc 2,36-40
**Escritor eclesiástico**

Alegre-se a esposa amada por Deus. Eis aqui o próprio Esposo, que avança para nós. A nós, crentes, o Esposo sempre se apresenta belo. Belo é Deus, Verbo junto a Deus; belo no seio da Virgem, onde não perde a divindade e assume a humanidade; belo é o Verbo nascido menino, porque enquanto era bebê, enquanto mamava o leite, enquanto era levado em braços os céus têm falado, os anjos têm cantado louvores, a estrela tem assinalado o caminho aos magos, foi adorado no presépio, alimento para os mansos. Ele é belo, pois, no céu, belo na terra; belo no seio, belo entre os braços de seus pais; belo nos milagres, belo no sofrimento; belo no convidar para a vida, belo no preocupar-se da morte; belo no abandonar a vida e belo no recuperá-la, belo na cruz, belo no sepulcro, belo no céu. Escutai, pois, o cântico sem afastar jamais vossos olhos do esplendor de sua beleza.

Santo Agostinho. *Enarraciones sobre los Salmos*, 44,3.

## Oitava do Natal
## 31 de dezembro

**Evangelho**: Jo 1,1-18
**Escritor eclesiástico**

*Um silêncio sereno envolvia todas as coisas, e ao mediar à noite o seu percurso, tua Palavra onipotente desceu desde o trono real dos céus.* Este texto da Escritura se refere àquele sacratíssimo tempo em que a Palavra onipotente de Deus veio a nós para anunciar-nos a salvação, descendo do seio e do coração do Pai ao seio de sua mãe... Portanto, desceu a nós a Palavra de Deus desde o trono real dos céus, humilhando-se para exaltar-nos, fazendo-se pobre para enriquecer-nos, encarnando-se para deificar-nos... Assim, tudo estava no mais profundo silêncio: De fato, calavam os profetas que o tinham anunciado, calavam os apóstolos que tinham de anunciá-lo. Entre este silêncio que intermediava ambas as pregações, se percebia o clamor dos que já o anunciaram e o daqueles que prontamente o anunciariam. Porque enquanto um *silêncio sereno envolvia todas as coisas, a Palavra onipotente*, isto é, o Verbo do Pai *desceu desde o trono real dos céus*. De forma muito feliz nos é dito que entre o silêncio veio o *mediador entre Deus e os homens*: homem aos homens, mortal aos mortais, para salvar com sua morte aos mortos. E esta é a minha oração: que também venha agora a Palavra do Senhor para nós que o esperamos em silêncio; que escutemos o que o Senhor Deus nos fala em nosso interior. Emudeçam as paixões carnais e o estrépito inoportuno; emudeçam também as fantasias da louca imaginação, para podermos escutar atentamente o que nos fala o Espírito, para escutar a voz que vem do Alto. Pois ela nos fala continuamente com o Espírito de vida, e se faz ouvir sobre o firmamento que paira sobre o ápice de nosso espírito; mas nós, que temos a atenção fixa em outra parte, não escutamos ao Espírito que nos fala.

Julião de Vézelay. Sermão 1 sobre o Natal.

# Solenidade de Santa Maria, Mãe de Deus
## 1º de janeiro

**Evangelho**: Lc 2,16-21
**Escritor eclesiástico**

Desperta, minha lira, tuas canções,
em louvor de Maria Virgem.
Exalta e canta a história
plena de maravilhas,
desta Virgem filha de Davi,
que gerou a Vida para o mundo.

Quem ama dela se admira;
mas quem só questiona, se envergonha e emudece,
não podendo perscrutar a Mãe
que deu à luz conservando a virgindade.
Se evento tão sublime é para ser explicado,
que os sofistas não se atrevam a indagar o seu Filho!

Brincando a criança com a áspide,
esmagou a serpente,
fazendo Eva esquecer[4]
o veneno que nela deixou
o dragão assassino,
que com seu engano a lançara no Sheol.

"Te recebi como o Monte Sinai,
mas sem queimar-me com teu fogo terrível,
porque o ocultaste
para que não me prejudica-se;
assim não me abrasou tua chama
que os serafins sequer podem olhar"[5].

---

4. Cf. Is 11,8; Gn 3,15.
5. Maria é quem fala aqui. A chama se refere à sarça ardente.

És chamado "segundo Adão",
embora seu nome fosse eterno,
porque veio para habitar
no seio da filha de Davi,
e dela se fez homem
sem sêmen e sem dores de parto. Bendito seja seu nome!

Quando Gabriel foi enviado, nela preparou
uma morada para seu Senhor,
e nela a estirpe humana,
pobre e rastejante,
uniu-se a estirpe de Deus,
superior a todo sofrimento.

Santo Efrém. *Carmina Sogyata*, 1,1-6.

**Ou**

Quem será capaz de contar tuas virtudes ou explicar tuas grandezas? Tu és mais alta que o céu e mais profunda que o abismo. Tu levaste em teu ventre imaculado a Deus que não cabe no mundo inteiro. Tu reparaste os danos da primeira mãe; tu procuraste a redenção do mundo perdido; tu fizeste o mundo se comunicar com Deus. Tu superas a toda criatura em santidade e dignidade. Tu juntaste em estreita aliança a terra e o céu; tu nos levas ao (céu) empíreo; tu confirmas a aliança, tu desatas as cadeias da morte. Tu, virgem real, adornada com as joias das virtudes, refulgente na dupla beleza da alma e do corpo; conhecida nos céus por tua glória e beleza, atraíste a ti os olhares de seus habitantes; fizeste o espírito do Rei desejar-te a tal ponto que te enviou um mensageiro celestial. Concebeste, mas sem pecado; estiveste grávida, mas não sujeita (as dores); deste à luz, mas não violada; deste à luz a Deus e concebeste de Deus; não conheceste varão e geraste um Filho. Mãe casta; Mãe incólume; Mãe daquele de quem Deus é Pai. O Filho do amor do Pai é a coroa de tua castidade; a sabedoria do coração do Pai é o Fruto de teu seio virginal. Tu, flor que produziste uma Flor, virgem que produziste ao esposo Virgem, coroa das virgens. O Senhor te amou acima de todo encanto e beleza: Foste feita Mãe do Salvador, sem detrimento do pudor; mereceste gestar ao Senhor de todas as coisas e estando somente Virgem, amamentar ao

Rei dos Anjos; iluminar ao mundo com o esplendor de tuas virtudes, e dar aos corações a claridade da luz de tua justiça; porque sempre irradias esplendor de graça e *nunca foste desfigurada com mancha alguma de culpa.*

Santo Ildefonso de Toledo. *Coroa da Santíssima Virgem*, c.5.

# Férias do Natal
# 2 de janeiro
# (Antes da Epifania)

**Evangelho**: Jo 1,19-28
**Escritor eclesiástico**

*Eu não sou o Cristo*. Confessou o que não era e não negou o que era. Confessou não ser o Cristo, nem Elias, nem profeta. Os judeus esperavam a qualquer momento a chegada do Messias. Por isso ao verem João creram que pudesse ser o Cristo. Não lhes faltavam motivos. Tratava-se de um desconhecido que habitava no deserto e se apresentava de repente. Era grande orador, sábio, educado e prudentíssimo, como se sempre tivesse vivido na cidade. Fala com grande eficácia e dá conselhos oportunos para cada tipo de pessoas. Ao o ouvirem negar que era o Cristo, suspeitaram que pudesse ser Elias, cuja descrição externa parece semelhante à de João e cuja vinda está anunciada por Malaquias (Ml 3,1). Também não é Elias. Talvez seja um novo profeta, daqueles que anunciam o futuro. Nesse sentido, também não é profeta. João diz o que é: *Uma voz que clama no deserto*, segundo a profecia de Isaías. E para que estivessem bem seguros de que ele não era o Cristo, afirma duas coisas: que o Cristo já veio e que é bem maior do que ele. *Mas no meio de vós está alguém que vós não conheceis. A quem não sou digno de desatar a correia da sandália*. Neste ponto deve-se destacar a grande humildade de João e a grande excelência de Cristo. João era muito humilde, e por isso grandioso, porque os santos são tanto maiores quanto mais humildes. Não era necessário que se rebaixasse tanto. Para não parecer maior nem mesmo na idade, acrescenta: *Porque existia antes de mim*. Até no tempo Ele me precede, porque é eterno. Também a grandeza de Cristo aparece, porque se é superior ao maior dos homens, deve ser mais do que homem; que é eterno e que infunde o Espírito Santo em seu Batismo. Tal é o compêndio do presente evangelho.

São Roberto Belarmino. *Comentário ao evangelho do dia.*

## Férias do Natal
## 3 de janeiro
## (Antes da Epifania)

**Evangelho**: Jo 1,29-34
**Escritor eclesiástico**
    *Ecce Agnus Dei*. Levanta, alma perdida, esses teus olhos e olha para Jesus, manso como um *Cordeiro que tira os pecados do mundo*. Percebe que Ele te convida suavemente com o seu amor, os braços abertos, a cabeça inclinada e o coração manifesto. Ouve-o, porque com suma bondade te chama e convida com a sua misericórdia: Ele veio para todos. Vinde a mim todos os que estais carregados, aflitos e atribulados, e em mim encontrareis descanso. Vinde, enfermos de alma e corpo, para buscar a saúde; vinde, cativos do pecado e de satanás, para recobrar a liberdade; vinde, cegos de alma, para recobrar a vista; vinde, mortos para a graça, para recobrar a vida. Pecadores, vinde; justos, aproximai-vos. Eu vos aliviarei, vos alegrarei e vos salvarei. Vinde, não aguardeis a morte, porque então é tempo de justiça, e não de misericórdia. Vamos, pois, a seus pés com um coração contrito e humilhado.
    Santo Antônio Maria Claret. *Sermões de missão*, I,18 – 2º sobre a morte.

## Férias do Natal
## 4 de janeiro
## (Antes da Epifania)

**Evangelho**: Jo 1,35-42
**Escritor eclesiástico**
    André foi à busca de seu irmão Simão e partilhou com ele o tesouro de sua contemplação. Conduziu Pedro ao Senhor; coisa surpreendente. André ainda não é discípulo e já é condutor de homens. Ensinando começa a aprender e adquire a dignidade de apóstolo. *Encontramos o Messias*. Após tantas noites de insônia a margem do Jordão, agora encontramos o objeto de nossos desejos. Pedro foi rápido ao atender este chamado. Era o irmão de André e

adiantou-se cheio de fervor com o ouvido atento. Tomando a Pedro consigo, André leva ao Senhor seu irmão segundo a natureza e o sangue, para que se beneficie de seu ensinamento. É a primeira façanha de André. Fez crescer o número de discípulos, apresentou Pedro, em quem Cristo encontrará o chefe de seus discípulos. Isto é tão verdade que quando, mais tarde, Pedro tenha uma conduta admirável, a deverá ao que André havia semeado. Porém o louvor dirigido a um recai igualmente no outro. Porque os bens de um pertencem ao outro, e cada um deles se glorifica com os bens do outro. Que alegria Pedro buscou para todos quando respondeu rapidamente à pergunta do Senhor, rompendo o silêncio embaraçoso dos discípulos! *Segundo o povo*, disse Jesus: *quem é o filho do homem?* Então, como se fosse a língua dos que tinham sido interrogados, e como se todos respondessem por ele, disse sozinho em nome de todos: *tu és o Cristo, o Filho de Deus vivo*. Em uma frase proclamou ao Mestre e seu desígnio de salvação. Admirável harmonia das palavras. Aquelas que André utilizou para levar a Pedro, as subscreve o Pai desde o céu ao inspirar semelhantes a Pedro. André tinha dito: *Encontramos o Messias*. O Pai disse a Pedro: *Tu és o Cristo, o Filho de Deus vivo*.

Santo Atanásio de Alexandria. *Sermão em louvor de Santo André*, 3-4.

## Férias do Natal
## 5 de janeiro
## (Antes da Epifania)

**Evangelho**: Jo 1,43-51
**Escritor eclesiástico**

No homem existem dois sentidos: um interior e outro exterior, e cada um deles possui seu objeto próprio (de conhecimento): o sentido interior na contemplação da deidade; o exterior, na contemplação da humanidade. Esta é a razão pela qual Deus se fez homem: para beatificar em si ao homem inteiro, para que, tanto se entrar como se sair, pudesse encontrar pasto em seu Criador. Pasto por fora na carne do Salvador e, pasto por dentro na divindade do Criador. Esta entrada para a divindade e esta saída para a humanidade não é senão a subida ao céu e a descida a terra, que se realiza por Cristo da mesma forma que aquela escada da qual fala o Gênesis: *E Jacó viu em sonho uma escada que ia da terra ao céu, e os anjos de Deus subiam e desciam por ela.* A escada significa Cristo; o subir e descer dos anjos designa a iluminação dos varões contemplativos em seus movimentos ascendentes e descendentes. Esta dupla contemplação fica simbolizada também pela leitura interior e exterior daquele livro escrito por dentro e por fora, do qual nos fala o Apocalipse: *Na mão direita do que estava sentado no trono vi um livro escrito por dentro e por fora, selado com sete selos*, e acrescenta: *que ninguém podia abrir nem o ler, nem no céu nem na terra, nem debaixo da terra*; e prossegue dizendo: *o Leão da tribo de Judá conquistou o direito de abrir o livro e levantar seus sete selos.* Portanto, deve-se chamar "doutor" ao que abre o livro e levanta os selos, e este é Cristo, que foi Leão que se ergue e Cordeiro imolado. Portanto, nosso único Mestre é Cristo, em todo tipo de conhecimento, visto que Ele é *o Caminho, a Verdade e a Vida.*

São Boaventura. *Cristo, mestre único de todos*, 14.

## Férias do Natal
## 6 de janeiro
## (Antes da Epifania)

**Evangelho**: Mc 1,7-11 ou Lc 3,23-38
**Escritor eclesiástico**

Jesus, Justo e Inocente, substitui a toda humanidade pecadora, e por sua imolação se tornou *o Cordeiro de Deus que tira o pecado do mundo*; *a propiciação por todos os crimes da terra*. Por isso Ele cumpre *toda a justiça*. Quando meditamos essa profunda palavra de Jesus, humilhemo-nos com Ele, reconheçamos nossa condição de pecadores, e, principalmente, renovemos a renúncia ao nosso pecado já realizada em nosso batismo. O precursor anunciava que este Batismo seria superior ao seu, porque seria instituído por Cristo em pessoa: *Eu vos batizo na água para o arrependimento, mas aquele que vem depois de mim é maior do que eu. Ele vos batizará no Espírito Santo e no fogo.* Aparentemente, o Batismo de Jesus é um Batismo de água como o de João, mas assim que é conferido, a virtude divina do Espírito Santo, que é um fogo espiritual, purifica e transforma interiormente as almas. Por isso renovamos a nossa renúncia ao pecado. Você sabe que o caráter de batizado permanece indelével no íntimo de nossa alma, e quando renovamos a promessa feita no momento de nossa iniciação, uma nova virtude jorra da graça batismal para consolidar nosso poder de resistência a tudo o que conduz ao pecado: as sugestões do demônio, as seduções do mundo e dos sentidos. Este é o preço para podermos proteger a vida da graça em nós. Com isso também testemunharemos a Jesus Cristo a nossa profunda gratidão por assumir as nossas iniquidades e libertar-nos delas. *Ele me amou* – diz São Paulo quando recordava este mistério de caridade infinita –, *me amou e se entregou por mim! Que eu viva por Ele e pela sua glória* e não por mim: pela minha cobiça, pelo meu amor próprio, pelo meu orgulho e ambição!

Beato Columba Marmion. *Cristo nei suoi misteri*, X,1.

Férias do Natal<br>
7 de janeiro<br>
(Antes da Epifania)

**Evangelho**: Jo 2,1-11
**Escritor eclesiástico**

Quando o Senhor era convidado para uma refeição, Ele, em sua cortesia e gentileza, aceitava. Primeiro para satisfazer aqueles que o tinham convidado, depois, para dar oportunidade para que os convidados se convertessem, como diz São Boaventura, para o amor de Deus e à santa pobreza. Ele aceitava o convite de qualquer pessoa e de qualquer condição social. Ele foi às Bodas de seus parentes em Caná da Galileia, que eram pessoas pobres. Foi à casa de Simão o leproso, de Lázaro e Maria, que eram seus amigos. Foi ao banquete de um príncipe dos fariseus, que o convidara meio à contragosto: *Jesus entrou num sábado na casa de um fariseu importante para uma refeição, e as pessoas o observavam.* De fato, eles eram opositores de Cristo. Por fim, o Senhor foi também aos banquetes dos publicanos, como narra o Evangelho. Mas, observa bem porque em todos os banquetes para os quais foi convidado, sempre realizava algo para a salvação de algum dos presentes ou aproveitava para manifestar a sua divindade. No episódio de Caná, no gesto de transformar a água em vinho, manifestou, de fato, ser o verdadeiro Deus. Ao convite de Simeão o Leproso, perdoou a grande pecadora com imensa alegria dos anjos do Paraíso. Na casa do príncipe dos fariseus curou um homem com hidropisia, transportado maliciosamente pelos judeus, buscando observá-lo e encontrar do que acusá-lo. Também aceitou comer a mesa dos publicanos, como diz o Crisóstomo, para oferecer-lhes a salvação e a vida eterna.

Alessio Salo. *Corona celeste*, 158ª meditação.

# Férias do Natal
## 7 de janeiro – ou Segunda-feira
### (Depois da Epifania)

**Evangelho**: Mt 4,12-17.23-25
**Escritor eclesiástico**

Assim como o sol é a alegria daqueles que esperam a aurora, assim me alegra o Senhor; porque Ele é o meu Sol, e seus raios me elevam, e sua luz dissipou toda obscuridade de minha face. Nele adquiri olhos e tenho visto o seu santo dia; e obtive ouvidos e escutei sua verdade. Os conceitos de Sua inteligência foram meus, e fui satisfeito por Ele. Abandonei o caminho errado e tomei o caminho até Ele para receber sua salvação sem dificuldades. Salvação que Ele me concedeu com generosidade, e conforme a sua elevada beleza me formou. Vesti-me de incorrupção por meio de Seu nome, me despojei da corrupção por Sua graça. A morte foi destruída diante de minha face, e o Sheol foi removido de meu vocabulário. Colocou-se de pé a imortalidade na terra do Senhor, deu-se a conhecer a Seus fiéis eleitos, e foi concedido sem restrições a todos aqueles que nele creem. Aleluia.

Odes de Salomão. *Ode 15.*

# Férias do Natal
## 8 de janeiro – ou Terça-feira
### (Depois da Epifania)

**Evangelho**: Mc 6,34-44
**Escritor eclesiástico**

Que bem sei que a fonte irrompe e corre,
embora seja noite.

1) Aquela eterna fonte está abscôndita,
que eu bem sei onde tem sua morada,
embora seja noite.

2) Sua origem não sei, pois não o têm,
mas sei que tudo dela origem têm,
embora seja noite.

3) Sei que nada pode ser tão belo,
e que céus e terra bebem dela,
embora seja noite.

4) Bem sei que solo nela não se acha[6],
e que ninguém pode vadeá-la[7],
embora seja noite.

5) Sua claridade nunca é obscurecida,
e sei que toda luz dela é vinda,
embora seja noite.

6) Sei ser tão caudalosas suas correntes,
que infernos, céus regam e as gentes,
embora seja noite.

7) A corrente que nasce desta Fonte
bem sei que é tão apta e onipotente,
embora seja noite.

8) A corrente que destas duas procede
sei que nenhuma delas o precede,
embora seja noite.

9) Essa eterna fonte está escondida
neste Pão vivo para dar-nos vida,
embora seja noite.

---

6. Significado: não tem fundo.
7. Atravessá-la.

10) Aqui se está chamando as criaturas,
e desta água se saciam, embora a escuras
porque é de noite.

11) Essa viva fonte que desejo,
neste pão de vida eu a vejo,
ainda que seja noite.

São João da Cruz [atribuído]. *Cantar da alma que se regozija de conhecer a Deus pela fé.*

# Férias do Natal
## 9 de janeiro – ou Quarta-feira
## (Depois da Epifania)

**Evangelho**: Mc 6,45-52
Escritor eclesiástico

Como disse muito bem o Abade Poimén, o verdadeiro monge se dá a conhecer nas tentações. Como diz a sabedoria, o monge que se compromete a servir a Deus deve preparar-se para as tentações (Eclo 2,1), a fim de que não se surpreenda nem se perturbe por aquilo que lhe pode acontecer, crendo firmemente que tudo aquilo que lhe acontece corresponde à Providência de Deus. E onde se encontra a Providência de Deus, tudo o que chega é necessariamente bom e de proveito para a alma. Tudo o que Deus faz conosco o faz para nosso crescimento, com amor e bondade... Porque Deus não permite que sejamos tentados acima de nossas forças, tal como afirma o apóstolo: *Deus é fiel, e não permitirá que sejais tentados acima de vossas forças* (1Cor 10,13). Somos nós os que não temos paciência e não queremos sofrer um pouco nem suportar o que nos é ordenado com humildade. Desta maneira as tentações nos debilitarão e quanto mais nos esforçarmos por escapar delas, mais nos abatem, nos desanimam, sem por isso podermos nos livrar delas. Os que nadam no mar e conhecem a arte da natação, mergulham quando vem à onda, e passam ela por baixo, até que se distancie; depois continuam nadando sem dificuldade. Se quisessem enfrentar a onda se chocariam e ela os levaria para longe. Mas, se mergulham por baixo da onda e mergulham, a onda passa sem arrastá-los; poderão continuar nadando quanto queiram e alcançar a meta que almejam. O mesmo acontece com as tentações. Suportadas com humildade e paciência, passam sem causar prejuízo.

São Doroteu de Gaza. Conferência 13 sobre as tentações, 138, 140.

# Férias do Natal
## 10 de janeiro – ou Quinta-feira
### (Depois da Epifania)

**Evangelho**: Lc 4,14-22a
**Escritor eclesiástico**

*O Espírito do Senhor está sobre mim, porque me ungiu; e enviou-me para anunciar a Boa-nova aos pobres, para sarar os contritos de coração, para anunciar aos cativos a redenção, aos cegos a restauração da vista, para publicar o ano da graça do Senhor e o dia da retribuição, para consolar aos que choram* (Is 61,1-2; Lc 4,18).

Porque, enquanto o Verbo de Deus se fez homem, ele era *o filho da raiz de Jessé*; e segundo isso *o Espírito de Deus repousava sobre ele* e era ungido para *evangelizar aos humildes*; porém, enquanto era Deus, não julgava pelas aparências, nem condenava de ouvir: *Não havia necessidade de que ninguém lhe desse testemunho sobre o homem, pois Ele mesmo sabia o que há no homem*. Ele chamou a todos os homens que choravam, concedeu-lhes o perdão dos pecados, aos que tinham sido reduzidos a escravidão, libertando das cadeias àqueles de quem fala Salomão: *O Espírito de Deus desceu*, pois, sobre ele, o Espírito daquele que pelos profetas tinha prometido ungi-lo, para que nos salvássemos, ao recebermos da abundância de sua unção.

Santo Irineu de Lião. Contra as heresias, III, 9,3.

# Férias do Natal
# 11 de janeiro – ou Sexta-feira
# (Depois da Epifania)

**Evangelho**: Lc 5,12-16
**Escritor eclesiástico**

A lepra, enfermidade (considerada) desonrosa e mortal, sempre foi comparada com esta outra desgraça mil vezes mais perigosa que é o pecado. Da mesma forma que o Senhor enviou àqueles leprosos para que se apresentassem diante dos sacerdotes, assim nos envia para que conheçam e curem nossas enfermidades espirituais. São Jerônimo destaca que os sacerdotes da antiga lei não podiam curar a lepra, mas deviam limitar-se a examinar e comprovar a cura, enquanto que na nova lei os atuais sacerdotes têm potestade suficiente para reconciliar, absolver e limpar. Contudo, irmãos, deveria estranhar-nos que entre os cristãos tenha tantos pecadores que não querem aproveitar este sacramento tão salutar, e que, em vez de obedecerem aos insistentes convites de Jesus, que lhes preparou esta fonte de graça para remediar seus males, se empenhem em distanciar-se do santo tribunal. Enfermos são os que, em seu delírio, não sentem sequer o seu mal. É muito frequente pregar sobre os perigos de uma confissão sacrílega, sobre as disposições necessárias para bem confessar-se; mas se prega pouquíssimo sobre a conveniência e necessidade de se confessar. Não falaremos sobre a obrigação de receber este sacramento, obrigação fundada na própria palavra de Cristo, autorizada pela tradição, confirmada pelos séculos e observada pelos fiéis. O que temos que fazer-vos ver é que este sacramento é um dos mais proveitosos para nós, seja quando vivemos no estado de pecado, para o qual é remédio; seja quando vivemos felizmente no estado de graça, e que nos serve de força apta para sustentar-nos. A Providência nos forneceu um meio que apaga o pecado e que preserva de cair novamente nele.

Bourdaloue. *Sermão para o 12º domingo depois de Pentecostes.*

# Férias do Natal
## 12 de janeiro – ou Sábado
### (Depois da Epifania)

**Evangelho**: Jo 3,22-30
**Escritor eclesiástico**

    Senhor meu Deus, meu Criador, meu Redentor, com tal afeto, reverência e louvor e honra, com tal agradecimento, dignidade e amor, com tal fé, esperança e pureza te desejo receber hoje, como te recebeu e desejou tua Santíssima Mãe a gloriosa Virgem Maria, quando o anjo que lhe anunciou o mistério da encarnação, com humilde devoção a ele respondeu: *Eis aqui a serva do Senhor, faça-se em mim segundo a tua palavra.* E como o teu bendito mensageiro João Batista, exímio entre todos os santos, em tua presença cheio de alegria exultou com gozo do Espírito Santo, estando ainda no ventre de sua mãe. E depois, olhando-te quando andavas entre os homens, com muita humildade e devoção dizia: *O amigo do esposo que está com Ele e lhe ouve, alegra-se com júbilo pela voz do esposo.* Pois assim, Senhor, eu desejo ser abrasado de grandes e sacros desejos, e apresentar-me a ti de todo o coração. Por isso, Senhor, eu te dou e ofereço a ti os exuberantes gozos de todos os corações devotos, as vivíssimas afeições, as exuberâncias mentais, as soberanas iluminações, as celestiais visões, com todas as virtudes e louvores celebradas, e que se podem celebrar por toda criatura no céu e na terra, por mim e por todos os meus confiados, para que Tu sejas por todos dignamente louvado e para sempre glorificado. Senhor meu Deus, recebe os meus votos e desejos de te dar infinito louvor e abundante bênção, os quais de forma muito justa te são devidos segundo a imensidão de tua inefável grandeza. Isto te ofereço hoje, e te desejo oferecer cada dia e cada momento, e convido e peço com todo o meu afeto a todos os espíritos celestiais e a todos teus fiéis que te louvem e te deem graças juntamente comigo.

*Imitação de Cristo*, 4,17.

# III
# Tempo da Quaresma

# Quarta-feira de Cinzas

**Evangelho**: Mt 6,1-6.16-18
**Escritor eclesiástico**

Não te enganes irmão: nunca estarás livre do Faraó, nem celebrarás a Páscoa celestial, senão comendo ervas amargas e pão sem fermento. As primeiras são a amargura e a rudeza do jejum, o pão é a alma livre de toda soberba... Jejuar é violentar a natureza, cercear os prazeres do sabor, mortificar a carne, libertar-se das imaginações, purificar a oração, iluminar a alma, expulsar a cegueira; é a porta do arrependimento, humilde suspiro, contrição alegre, morte do palavrório, portador da quietude, guardião da obediência, alívio no sonho, pureza no campo, razão da tranquilidade, perdão para os pecados, porta de entrada aos deleites do paraíso. O jejum é tudo isso, porque a tudo auxilia e dispõe para combater a seu inimigo, a gula...

Minhas filhas (da gula) são a preguiça, a murmuração, a confiança em si mesmos, as vulgaridades e as risadas, a prisão da alma, os gastos excessivos e supérfluos, a soberba, o atrevimento e o apego às coisas mundanas. Também lhes acompanham: a oração impura e todo tipo de infortúnios e adversidades não previstas, antecipação da desesperação, que é o maior de todos os males. Quem me combate é a lembrança dos pecados, mas não consegue me vencer. Meu inimigo constante é a lembrança da morte, mas os homens não possuem nada que possa me destruir. Somente aquele que é habitado pelo Espírito Santo, que reza para Ele, me abandona quando quer; mas aqueles que não conhecem este Espírito divino são meus prisioneiros e se submetem aos meus deleites, porque onde faltam os deleites espirituais não podem faltar os sensuais.

São João Clímaco. *Escada do paraíso*, XIV, 35.37-38.

# Quinta-feira após as Cinzas

**Evangelho**: Lc 9,22-25
**Escritor eclesiástico**

"Renuncie a si mesmo." Este é o espírito da penitência. Efeito deste espírito é a mudança do cristão por inteiro: exteriormente, renunciando a seus pertences; interiormente, renunciando a si mesmo. Renuncia a seus pertences quem deles se afasta: esta é a atitude menos difícil. Renuncia a si mesmo quem deixa de viver segundo a antiga vida carnal de Adão para viver segundo a nova vida espiritual da graça: este é o aspecto mais exigente. Tudo isso se realiza quando a pessoa, por espírito de penitência, é levada a deixar de lado o que antes amava e a amar o que antes punha à parte. O bom penitente e aquele que renuncia autenticamente a si mesmo são, por exemplo, os que antes eram intemperantes e depois se tornaram muito mortificados; antes se entregavam a impurezas, depois se tornaram castos; antes eram avarentos, depois se tornaram profundamente generosos.

"Tome a sua cruz." O verdadeiro seguidor de Cristo a toma nos ombros não por imposição, como o Cireneu, mas por escolha plenamente livre e com total espontaneidade. Não a arrasta só por obrigação ou imposição, mas resignadamente, talvez com lamentações e queixas, porém, louvando a Deus e com alegria interior, alimentando em si mesmo o amor de poder sofrer por Cristo. "E siga-me" é o espírito de amor no seguimento de Cristo. Cada um pode, de acordo com a própria capacidade, atingir esse objetivo; ou ao menos planejá-lo e visualizá-lo para lá chegar progressivamente, conforme o desígnio divino. Estes critérios constituem o início, o crescimento e a meta da santidade.

São Gaspar Bertoni. *A gramática de Pe. Gaspar*, meditação 51.

## Sexta-feira após as Cinzas

**Evangelho**: Mt 9,14-15
**Escritor eclesiástico**

Jejuar é um remédio de males e uma fonte de recompensas, mas não jejuar na Quaresma é um pecado. Aquele que jejua em outra época receberá indulgência; mas o que não o pratica durante a Quaresma será punido. O que não pode jejuar por enfermidade coma com singeleza e sem ostentação. E já que não pode jejuar, deve ser mais caritativo para com os pobres, a fim de redimir com suas esmolas os pecados que não pode curar jejuando.

Irmãos: é muito bom jejuar, porém melhor ainda é dar esmola; mas se podemos praticar ambos, são dois grandes bens. Aquele que pode dar esmola e não jejuar, entenda que a esmola lhe basta sem o jejum; mas não basta o jejum sem a esmola. O jejum sem a esmola não é uma boa obra, a não ser que aquele que jejua seja tão pobre que não tenha nada que doar. Assim, neste caso, lhe basta a boa vontade. Mas quem poderá desculpar-se por dar esmola, quando o Senhor recompensa um copo de água fria? Ademais, o Senhor, por meio do Profeta Isaías, de tal forma exorta e aconselha a prática da esmola, que nenhum pobre que se considere pode desculpar-se. Pois se expressa deste modo: *Sabeis que jejum eu quero? Partir o pão com o faminto, abrigar ao pobre sem guarida* (Is 58,6-7).

Santo Ambrósio. *Sermão 25 para a quadragésima.*

## Sábado após as Cinzas

**Evangelho**: Lc 5,27-32
**Escritor eclesiástico**

Lembra-te, ó Senhor, do povo aqui presente e dos ausentes por motivos justificáveis, e tem piedade deles e de nós, por tua grande misericórdia. Encha seus granjeiros de todo bem; conserva seus matrimônios em paz e harmonia; educa as crianças; instrui a juventude; ampara a velhice; conforta aos pusilânimes; reúne aos errantes. Faz voltar aos que se extraviaram e reintegra-os a tua Igreja Santa, Católica e Apostólica. Liberta aos oprimidos por espíritos imundos; acompanha àqueles que viajam por terra, mar ou ar; assiste as viúvas; defende aos órfãos; liberta aos cativos; sara aos enfermos; e lembra-te, ó Deus, dos que se encontram ante os tribunais, nas prisões, minas, exílios e trabalhos forçados; daqueles que sofrem qualquer pena, necessidade ou adversidade, e de todos os que imploram por tua grande misericórdia; dos que nos amam; dos que nos odeiam, dos que se encomendaram à nossas indignas orações. Lembra-te, Senhor, de teu povo e derrama sobre todos tua copiosa misericórdia, concedendo a cada um o que peça para a sua salvação. E ao que não comemoramos, por ignorância, esquecimento ou devido à grande quantidade de nomes, comemora-o Tu, ó Deus, que sabes a idade e o nome, e conhece a cada um desde o seio de sua mãe. Pois Tu és, ó Senhor, o Auxílio dos desamparados, a Esperança dos desesperados, o Salvador dos atormentados, o Porto dos navegantes e o Médico dos enfermos: sê tudo para todos, ó Tu que conheces de cada homem a sua petição, e de cada lugar a sua necessidade.

Liturgia de São Basílio. *Anáfora.*

# Segunda-feira
## da 1ª semana da Quaresma

**Evangelho**: Mt 25,31-46
**Escritor eclesiástico**

Depois da ressurreição dos mortos, o Filho do homem estará sentado em seu trono de glória; as nações estarão reunidas diante dele; colocará os bons à sua direita, e à sua esquerda os maus; e dirigindo-se aos bons, lhes dirá: *Vinde, benditos de meu Pai...* E os justos se admirarão, pois nunca viram a Cristo em tais necessidades. Porém Ele lhes responderá: *Em verdade vos digo: todas as vezes que o fizestes isso aos meus irmãos mais pequenos, para mim o fizestes.* Em seguida falará aos maus, os separará dele para sempre, os amaldiçoará. Por quê? Porque eles não o amaram na pessoa de seus irmãos. Assim, da própria boca de Jesus, sabemos que a sentença que decidirá nosso futuro eterno estará baseada no amor que tivemos a Jesus Cristo representado em nossos irmãos. Ao comparecer diante de Cristo no dia derradeiro, Ele não nos perguntará se jejuamos muito, se temos vivido em contínua penitência, se temos passado muitas horas em oração; não, mas se temos amado a nossos irmãos e os assistimos em suas necessidades. Por acaso prescindirá dos outros mandamentos? Certamente que não; porém de nada terá servido guardá-los, se não guardamos este de amar-nos uns aos outros, tão agradável a seus divinos olhos, que Ele mesmo o chama "seu mandamento". Por outro lado, é impossível que uma alma seja perfeita no amor ao próximo se nela não existe o amor de Deus, amor que por complemento se estende a tudo o que Deus ama. Por conseguinte, quem verdadeiramente ama a Deus, necessariamente amará ao próximo.

Beato Columba Marmion. *Jesus Cristo, vida da alma*, II, 11,1.

# Terça-feira
## da 1ª semana da Quaresma

**Evangelho**: Mt 6,7-15
**Escritor eclesiástico**

*Pai-nosso*: Confessamos que o Deus e Senhor do universo é nosso Pai. Com isso proclamamos que fomos chamados da servil condição de escravos a de filhos adotivos. Acrescentamos: *Que estais nos céus*. O tempo de nossa vida não é mais do que um desterro, e esta terra, uma morada estranha, que nos separa de nosso Pai. Devemos odiar cordialmente esta separação, suspirando por chegar àquela região celeste onde confessamos que nosso Pai vive. Que nada em nossa conduta nos torne indignos da profissão que fazemos de ser seus filhos e da nobreza de semelhante adoção. Não aconteça que, como a filhos infiéis, nos prive de sua herança, incorrendo em sua ira e na severidade de sua justiça. Uma vez elevados a esta alta dignidade de filhos de Deus, sentiremos nos consumir nessa piedade e ternura que reside no coração de todo filho bem-nascido. Então, já não pensando mais em nossos interesses, nosso único anelo será a glória de nosso Pai, e diremos: *Santificado seja o vosso nome*. Com o qual testemunhamos que sua glória é todo nosso gozo e todo o nosso desejo, imitando àquele que disse: *O que fala de si mesmo, busca sua própria glória; mas o que busca a glória daquele que o enviou, esse é veraz e nele não há injustiça.*

São João Cassiano. *1ª conferência*, Isaac, 18.

## Quarta-feira
## da 1ª semana da Quaresma

**Evangelho**: Lc 11,29-32
**Escritor eclesiástico**

Tu preveniste o desespero de Nínive,
Tu afastaste a ameaça anunciada,
e a tua misericórdia venceu a tua cólera, Senhor.
Tem piedade, também hoje, de teu povo e de tua cidade,
abate os nossos adversários com tua mão poderosa,
pela intercessão da Mãe de Deus,
acolhendo o nosso arrependimento.

O hospital do arrependimento está aberto a todas as doenças morais: vinde, apressemo-nos de ir a Ele e tomar vigor para as nossas almas.
É nele que a pecadora recobrou a saúde

e Pedro foi libertado da negação,
nele que Davi reprimiu o sofrimento de seu coração[8]
e os ninivitas foram curados.
Portanto, não hesitemos, levantemo-nos,
mostremos nossa chaga ao Salvador e deixemo-nos medicar.
Ele acolhe o nosso arrependimento para além de todo desejo.

Nunca é exigida remuneração daqueles que a Ele se dirigem,
pois não poderiam oferecer um presente do mesmo valor da cura.
Também a saúde recuperaram gratuitamente,
mas deram o que podiam dar:
Em lugar de presentes, lágrimas que são,
para o Libertador, objetos preciosos de amor e de desejo.
Testemunhas são a pecadora e também Pedro,
Davi e os ninivitas, pois foi trazendo unicamente os seus gemidos
que se prostraram aos pés do Libertador, e Ele recebeu
o seu arrependimento.

São Romano o Melodioso. *Hino sobre a penitência de Nínive*, proêmio 2.

# Quinta-feira
## da 1ª semana da Quaresma

**Evangelho**: Mt 7,7-12
**Escritor eclesiástico**

Em certa ocasião, ocupado em um trabalho manual, comecei a pensar na atividade espiritual do homem, e repentinamente vieram à minha consideração os quatro degraus espirituais, ou seja: a leitura, a meditação, a oração e a contemplação. Esta é a escada dos monges pela qual se elevam da terra ao céu, composta, na verdade, de poucos degraus, porém de imensa e inacreditável magnitude. Sua parte inferior se apoia na terra, enquanto que a supe-

---

8. Tradução mais livre: "pacificou o sofrimento". Refere-se ao sofrimento de Davi pela morte do filho que ele teve com Betsabé, mulher de Urias (2Sm 12,15-25).

rior penetra nas nuvens e perscruta os arcanos do céu... Realmente, a leitura (do evangelho) é a investigação cuidadosa das Escrituras com a devoção do espírito. A meditação (*meditatio*) é a operação centrada da mente que investiga com o auxílio da própria razão o conhecimento da verdade oculta. A oração (*oratio*) é a fervorosa inclinação do coração a Deus pedindo-lhe que afaste os males e conceda os bens. A contemplação (*contemplatio*) é a elevação do espírito sustentado em Deus, que degusta as alegrias da eterna doçura. Tendo descrito os quatro degraus, nos resta agora ver suas funções: A leitura busca a doçura da vida bem-aventurada; a meditação a encontra; a oração a pede e a contemplação a experimenta, porque o próprio Deus afirma: *Buscai e encontrareis, chamai e vos será aberto*. Buscai lendo e encontrareis meditando, chamai orando e vos será aberto pela contemplação. A leitura coloca na boca porções, a meditação a mastiga e esmiúça, a oração lhe extrai o sabor e a contemplação é a própria doçura que alegra e recreia. A leitura permanece na casca, a meditação penetra na polpa, a oração na petição plena de desejo, a contemplação no gozo da doçura adquirida.

Guigo II o Cartuxo. *Scala Claustralium*, 1-2.

# Sexta-feira
## da 1ª semana da Quaresma

**Evangelho**: Mt 5,20-26
**Escritor eclesiástico**

A justiça dos fariseus consistia em que fosse refreada a mão – ou seja, a exterioridade –, e não o interior. Os judeus acreditavam que não se podia pecar com o pensamento, mas somente com as obras. Porém, a justiça dos apóstolos, pelo espírito do conselho e a graça da misericórdia divina, é muito superior, para que não só seja refreada a mão das más obras, mas também o espírito dos pensamentos perversos. Os escribas e os fariseus – este último nome significa "separados" – são os hipócritas que, escrevendo ante os olhos dos homens, escreveram a injustiça; são também alguns religiosos presunçosos, que se consideram justos a si mesmo e desprezam os demais. Sua justiça consiste no lavar das mãos e dos vasos, na disposição das vestes, na construção de elegantes edifícios (sinagogas) e na grande variedade de instituições e prescrições. Entretanto, a justiça dos verdadeiros penitentes consiste no espírito de pobreza, no amor fraterno, no pranto da contrição, na mortificação do corpo, na doçura da contemplação, no desprezo da prosperidade terrena, na paciente aceitação das adversidades e no propósito da perseverança final.

Santo Antônio de Pádua. *Sermão 6 após Pentecostes.*

## Sábado
## da 1ª semana da Quaresma

**Evangelho**: Mt 5,43-48
**Escritor eclesiástico**

Para amar aos inimigos, no qual consiste a perfeição da caridade fraterna, nada nos anima tanto como a agradável consideração da singular paciência com que aquele que é o *mais belo de todos os filhos dos homens* ofereceu *sua formosa face aos ímpios para ser cuspido*; Ele ofereceu ao vexame dos iníquos aqueles olhos por cujos movimentos se regem todas as coisas; expôs suas costas às chicotadas; submeteu à aspereza dos espinhos aquela cabeça que os principados e potestades adoram; por sua paciência submeteu-se pessoalmente aos opróbrios e aos ultrajes; e com aquela paciência, enfim, suportou a Cruz: os cravos, o traspasse da lança, o fel e o vinagre. Em tudo Ele permaneceu doce, afável e tranquilo. Afinal, como ovelha foi conduzido à morte e, *como cordeiro ante o tosquiador emudeceu e não abriu a boca!* Considera, ó humana soberba, ó arrogante impaciência, o que suportou, quem e como o suportava. Peço que se medite, não que se escreva acerca disso. Quem há que diante desse admirável quadro não se pacifique prontamente em sua cólera? Quem, escutando aquela maravilhosa voz tão cheia de doçura, de caridade e de imperturbável tranquilidade: *Pai, perdoai-os*, não abrasará imediatamente a seus inimigos com todo afeto? Ele podia acrescentar a esta petição algo mais suave e caritativo? Pois Ele acrescentou e, parecendo-lhe pouco pedir, também quis desculpá-los: *Pai, perdoai-os, porque não sabem o que fazem.* Para aprender a amar, o homem não deve se permitir levar pelos impulsos carnais, e para não sucumbir a estes desejos, deve dirigir todo seu afeto à doce paciência da carne de Deus. Descansando assim, mais suave e perfeitamente no deleite da caridade fraterna, também abrasará a seus inimigos com os braços do verdadeiro amor.

Santo Elredo de Rieval. *Espelho da caridade*, 3,5.

# Segunda-feira
## da 2ª semana da Quaresma

**Evangelho**: Lc 6,36-38
**Escritor eclesiástico**

Quanto mais nós mergulhamos na imensidade da bondade divina, tanto mais vamos adquirindo conhecimento de nós mesmos. Começam a se abrir às fontes da graça e às flores magníficas das virtudes. A primeira, a maior, é o amor de Deus e do próximo. Como pode acender esse amor senão na chama da humildade? Porque somente a alma que vê o seu próprio nada acende-se de amor total e se transforma em Deus; e transformada em Deus por amor, como poderia deixar de amar a toda criatura igualmente? A transformação do amor faz amar a toda criatura com o amor que Deus criador ama a tudo o que Ele criou, e faz ver em toda criatura a medida excessiva do amor de Deus. Transformar-se em Deus significa amar o que Deus ama; significa alegrar-se e desfrutar dos bens do próximo, significa sofrer e contristar-se por seus males. E como a alma aberta a estes sentimentos está aberta ao bem e somente ao bem, não se ensoberbece ao ver as faltas dos homens, nem julga, nem despreza. Estes sentimentos lhe impedem o orgulho que nos leva a julgar, e lhe leva a ver não somente os males morais de seu próximo sofrendo-os e tornando-os seus, mas também os males corporais que afligem a humanidade, e pelo amor que a transforma totalmente, os considera como males próprios.

Santa Ângela de Foligno. *Instruções*.

# Terça-feira
## da 2ª semana da Quaresma

**Evangelho**: Mt 23,1-12
**Escritor eclesiástico**

Uma pergunta: Mas como Deus aniquilará o homem por si mesmo? Parece como se este aniquilamento do homem constituísse uma exaltação operada por Deus, porque o Evangelho diz: *Quem se humilhar será exaltado*.

Resposta: Sim e não! Ele deve humilhar-se a si mesmo, e isto não pode ser suficiente a não ser que Deus o faça; e há de ser exaltado, mas não como se o humilhar-se fosse uma coisa e outra o ser exaltado. Pelo contrário: A altura máxima da exaltação justamente consiste nas profundezas da humilhação. Porque, quanto maior for a profundidade da base, tanto mais altas e incomensuráveis serão a elevação e a altura; e quanto mais fundo seja o poço, tanto mais alto é: A altura e a profundidade são uma só coisa. Por isso, quanto mais uma pessoa possa humilhar-se, tanto mais alta será. Este é motivo de Nosso Senhor ter dito: *Se alguém quer ser o maior, que seja o mais humilde entre vós.* Quem quiser ser aquilo, deve chegar a ser isto. Aquele "ser" se encontra tão somente neste "chegar a ser". Quem chegar a ser o mais humilde, já agora é o maior de todos. Desta forma se confirma e se cumpre a palavra do evangelista: *Quem se humilhar será exaltado!*, pois toda a nossa essência não se fundamenta em nada senão num aniquilar-se.

Mestre Eckhart. *Colóquios espirituais*, 23.

## Quarta-feira
## da 2ª semana da Quaresma

**Evangelho**: Mt 20,17-28
**Escritor eclesiástico**

Filho, fala assim em todas as coisas: "Senhor, se te agradar, que isto se realize assim. Senhor, se é para tua honra, faça-se isto em teu nome. Senhor, se perceberes que me é proveitosa ou útil tal coisa, concedei-a a mim, para que a use para tua honra"; mas se souberes que me seria prejudicial e que não aproveitaria para a salvação de minha alma, afasta de mim tal desejo, porque nem todo desejo procede do Espírito Santo, embora pareça a nós justo e bom. É difícil julgar se é o espírito bom ou mau que te move a desejar isto ou aquilo, ou se és movido pelo teu próprio espírito. Muitos que no início julgavam ser movidos pelo bom espírito, ao final se encontraram enganados. Por isso, não deves desejar nada que ao pensamento fosse digno de ser desejável, sem verdadeiro temor de Deus e humildade de coração; e com inteira resignação a podes encomendar-me e dizer: "Ó Senhor, Tu sabes o que é melhor, faça com que se realize isto ou aquilo de acordo com o teu agrado! Dá-me o que quiseres, quanto quiseres e quando o quiseres. Dispõe de mim como te agradar, e como mais te aprouver e for para a tua maior glória".

*Imitação de Cristo*, III, 15,1-2.

# Quinta-feira da 2ª semana da Quaresma

**Evangelho**: Lc 16,19-31
**Escritor eclesiástico**

Existem alguns muito mal-intencionados que, deixando de considerar a Cristo no pobre, olham para quem é seu amigo, ou seu familiar, ou quem em algum momento lhe poderá ser útil, ou que o elogiará por praticar a esmola. Todas estas considerações são de pé torto[9] que logo cai, porque ali falta Cristo, ao qual se deve dirigir a intenção principal, porque Ele é o lenho verde que não se pode corromper nem carcomer por falta alguma. A outra consideração que deves ter será como pé torto de tua escada, porque o direito é Cristo, e o torto é você mesmo: de maneira que deves pensar, quando deres esmolas, que tu pedirás muito a aquele por cujo amor dás pouco. Isso meditava o sábio quando dizia: *O que se faz de surdo ao clamor do pobre, não será ouvido, quando ele mesmo clamar*. E Catão diz: *Como pedirás coisas grandes, não hesites de dar as pequenas*. Também Tobias disse ao seu filho: *Dá esmola de teus bens e não desvies o rosto de algum pobre, pois procedendo assim, Deus também não desviará a sua face de ti*. Ó Pai soberano, como seríamos estimulados e prontos para dar esmola aos nossos próximos se pensássemos que farás conosco assim como nós fizermos com eles! Não quisestes nem conhecer nem ouvir as virgens imprudentes quando viestes, porque elas não tinham o óleo da misericórdia; não ouvistes o rico avarento porque ele não ouviu ao pobre Lázaro; nem ouvirás no dia do juízo aos que disserem ter feito maravilhas em teu nome, porque eles não ouviram aos que pediam por teu amor.

Frei Francisco de Osuna. *Lei de amor santo*, cap. 38.

---

9. Sentido: são falsas e não duram.

# Sexta-feira
## da 2ª semana da Quaresma

**Evangelho**: Mt 21,33-43.45-46
**Escritor eclesiástico**

Embora se possa entender que a vinha é a Igreja, contudo, nós a tomaremos em um sentido moral, aplicando a parábola à vinha do espírito ou a alma cristã, cujo Pai é Deus, cujo encarregado é Jesus Cristo, cujos obreiros somos cada um de nós e cujo dia de trabalho é a vida de hoje até que a morte chegue, hora de receber a diária. A vinha se assemelha a alma em que é a mais fértil das propriedades e na qual mais facilmente se conhece o trabalho ou negligência de seu dono. Uma vinha bem cuidada é um jardim; na vinha do preguiçoso brotam espinhos, folhas atrofiadas, cachos inteiros sem amadurar. A alma cristã que, trabalhada, dá frutos abundantes, se é abandonada não produz mais do que espinhos de desejos desenfreados e de angústias, folhas escassas, isto é, palavras covardes e tíbias, cachos inteiros, ou seja, pouquíssimas boas obras e muito indigestas, como invejas e inimizades, cujas causas são a tibieza, vaidade e a mundanidade. Os cachos não podem amadurecer porque lhes falta o calor da caridade e o cultivo da vida ascética. São uvas que nunca se colocarão na mesa do Senhor. Na alma cultivada, o tronco é a fé, os ramos as suas virtudes, as uvas as boas obras, e o vinho a devoção e a piedade. Por isso, da mesma maneira que o ramo que se separa do tronco não pode dar fruto, as virtudes sem a fé não podem agradar a Deus.

São Tomás de Vilanova. *Sermão sobre a vinha do Senhor.*

# Sábado
## da 2ª semana da Quaresma

**Evangelho**: Lc 15,1-3.11-32
**Escritor eclesiástico**

Quem ignora o esforço necessário para perdoar as injúrias? Uma sincera amizade que renasce, não deve cuidar de aprofundar suas raízes para não ser arruinada novamente? Nós sabemos disso na ordem humana, mas quão pouco o aplicamos a Deus! Fomos amigos; ele já não queria chamar-nos servos (Jo 15,15). Porém, ó amizade mal conservada! Entretanto, quando pecamos, Cristo não quis castigar-nos por nossa ingratidão com uma eterna negação da graça, não quis esquecer a sua misericórdia, e se reconciliou cem, mil vezes conosco no Sacramento da Penitência. Onde está esse afeto redobrado que deves a Ele por isso? Por sua parte, Deus o tem observado com grande fidelidade. Não existe página do Evangelho que não cante as ternuras extraordinárias de seu amor para com os pecadores reconciliados. Quem não conhece a Madalena, a Pedro, a ovelhazinha que o fez abandonar as outras noventa e nove, ao filho pródigo que retorna para a sua casa? Ele o ama mais do que antes. Por quê? Porque se reconciliou com Ele, e Deus quer observar cuidadosamente as leis da amizade que renasce. E tu, pecador, não deves a Ele o mesmo afeto? Escuta o que diz em seu Evangelho referindo-se a Simão o fariseu: *A um homem foi perdoado quinhentos denários, a outro cinquenta, qual dos dois o amará mais?* Já conheces a resposta, como a conheceu o fariseu e a aprovou o Senhor. *Deve amar mais a Deus àquele a quem se perdoou mais pecados*; justa sentença, ditada, não por homens, mas pelo Evangelho. Tu a cumpres, pecador? Tu que retornas aos teus antigos lamaçais, em vez de redobrar teu amor a Cristo e abrir amplamente tuas mãos às misérias dos pobres?

Bossuet. *Sermão 2 do 3º Domingo da Quaresma.*

# Segunda-feira
## da 3ª semana da Quaresma

**Evangelho**: Lc 4,24-30
**Escritor eclesiástico**

Porém Ele, o Senhor, vestido de homem, tendo sofrido pelo que sofria, atado pelo que estava detido, julgado pelo culpável, sepultado pelo que estava enterrado, ressuscitou dentre os mortos e clamou em alta voz:

*"Quem se levantará em juízo contra mim? Que venha enfrentar-se comigo.* Eu libertei ao condenado, eu vivifiquei ao que estava morto, eu ressuscitei ao que estava sepultado. *Quem pode me contradizer?*

Eu, diz, Cristo, destruí a morte, triunfei do inimigo, pisoteei o Hades, atei o forte, arrebatei o homem às alturas dos céus. Eu, diz Ele, Cristo.

Vinde, pois, todas as famílias de homens manchadas pelos pecados: Recebei o perdão dos pecados, porque eu sou o vosso perdão, eu a Páscoa da salvação, eu o Cordeiro degolado por vós, eu vossa redenção, eu vossa vida, eu vossa ressurreição, eu vossa luz, eu vossa salvação, eu vosso rei.

Eu vos levarei às alturas dos céus. Eu vos mostrarei ao Pai que existe desde todos os séculos. Eu vos ressuscitarei por meio de minha destra".

Melitão de Sardes. *Homilia sobre a Páscoa*, 102-104.

# Terça-feira
## da 3ª semana da Quaresma

**Evangelho**: Mt 18,21-35
**Escritor eclesiástico**

O Senhor exige que a reconciliação seja de coração. Não condena só a discórdia gritante, mas também esse ódio íntimo e secreto que não arma a mão para derramar sangue, mas aguça a língua para que acabe com honras, reputações, ou, pelo menos, acenda rancores que não se apagam.

"Eu não odeio o meu inimigo, mas não posso esquecer o que me fez nem quero relação alguma com ele." Estaria contente se Deus dissesse o mesmo a respeito de ti? Isso é perdoar? Portanto, deixemos os costumes hipócritas que nos levam a louvar gentilmente aos que estão à nossa frente e a rebaixar os seus méritos, censurar seu comportamento e torcer suas intenções quando estamos nas costas. Nada disso é perdoar de coração. Se não somos mais sinceros em nosso perdão, o Pai de Cristo agirá do mesmo modo conosco. Não é um pecado sentir certa repugnância ante os que nos têm prejudicado, mas sim fomentá-la com atos conscientes e refletidos. Se, apesar desta aversão, chega um momento em que faças um bem a teu inimigo, terás posto em obra o verdadeiro perdão que te alcançará, o de teu Pai celestial.

Ventura de Láurica. *Sermões.*

# Quarta-feira
## da 3ª semana da Quaresma

**Evangelho**: Mt 5,17-19
**Escritor eclesiástico**

Senhor Jesus, quem escolhe amar-te não fica decepcionado, porque nada se pode amar melhor e com mais proveito do que a ti, e esta esperança nunca declina. Não existe medo de exceder-se na medida, porque em amar a ti não está estabelecida nenhuma medida. Não há que temer a morte, que coloca fim às amizades do mundo, porque a vida não pode morrer. Em te amar não existe ofensa alguma, porque não pode existir, se não se deseja outra coisa que o amor. Não se insinua suspeita alguma, porque Tu julgas conforme o testemunho da consciência que ama. Esta é a suavidade que exclui o temor. Verbo devorador, ardente de justiça; Verbo de amor, Verbo de toda perfeição, Verbo de ternura. Verbo devorador de quem nada pode escapar! Verbo que compendias em ti toda a Lei e os Profetas. Daquele que tem tal amor, a Verdade diz abertamente estas palavras: *Aquele que aceita meus mandamentos e os cumpre, este me ama* (Jo 14,21). Também se deve saber que o amor de Deus não se mede por sentimentos momentâneos, mas pela perseverança da vontade. O homem deve unir sua vontade a vontade de Deus, de forma que a vontade humana consinta tudo o que dispõe a vontade divina, sem querer isto ou aquilo se não é porque sabe ser o que

Deus quer. Isto significa amar a Deus completamente. Com efeito, a própria vontade não é outra coisa senão o amor.

Santo Elredo de Rieval. *Discurso sobre o amor de Deus.*

## Quinta-feira
## da 3ª semana da Quaresma

**Evangelho**: Lc 11,14-23
**Escritor eclesiástico**

O Evangelho deste dia nos relata que Jesus Cristo libertou a um possesso do demônio, e que *o demônio era mudo*, ou seja, que ele impedia de falar a aquele que possuía. Este possesso curado é uma imagem daqueles que são mudos para com seus superiores, e que não lhe abrem o fundo de seu coração. É uma das coisas mais prejudiciais, e normalmente a mais prejudicial para o dirigido, pois assim como não se consegue curar ao doente que não aceita revelar sua moléstia; da mesma forma corre perigo de sofrer muito tempo quem não revela a chaga de sua alma ao seu médico espiritual. Aquilo que ao princípio era só uma pequena dificuldade para o espírito se torna uma forte tentação, por não ter tido a coragem de manifestá-lo a seu diretor. Uma falta silenciada desse modo, lhe segue uma falta maior, e o mal, ao fim, torna-se incurável, por não o ter revelado desde o princípio, quando nada seria mais fácil de remediar... O que normalmente impede de se revelar o interior ao superior é o orgulho ou o respeito humano. O orgulho, porque se tem vergonha de mostrar o fundo da alma, e porque nosso amor próprio padece muito ao ter que confessar certas fraquezas. Então (o demônio) nos fecha a boca, e nos persuade de que falar sinceramente ao superior seria uma desonra para nós, já que poderia, por causa disso, ter más impressões sobre nosso comportamento... O respeito humano, pensando que a respectiva falta afeta ao próprio superior ao qual vai manifestar-se, não sabe como proceder. Teme decepcioná-lo, e às vezes se opta por dizer nada. Mas há algo mais fútil que este motivo ou algo menos fundado que este temor? Pois aqui ocorre justamente o contrário do que se tinha imaginado.

São João Batista de la Salle. *Meditação para o 3º Domingo da Quaresma.*

# Sexta-feira
## da 3ª semana da Quaresma

**Evangelho**: Mc 12,28b-34
**Escritor eclesiástico**

A caridade com o próximo não é aquele amor com o qual amamos ao nosso próximo por si mesmo, ou por seus dotes naturais, ou por certa simpatia de gênio ou de sangue; mas porque é um amor que se origina do amor de Deus. Desta forma, ele só é constatado quando amamos ao próximo em Deus e unicamente por Deus. Estabelecido isso, nada nos mostra tanto a excelência desta virtude e a obrigação de praticá-la como o mandamento imperativo e rigoroso, expressivo e memorável que Deus nos deu. Ele é "imperativo" porque o Senhor lhe impôs como o primeiro, como o maior, como essência de toda a Lei e como um compêndio de toda a nossa perfeição. Ele é "rigoroso" porque nos é ordenado sob pena de morte. Quem não ama ao próximo, disse São João, está morto para Deus: *Quem não ama permanece na morte* (1Jo 3,14b). Mesmo os próprios sacrifícios não são agradáveis ao Senhor, se são realizados por pessoa sem caridade, e o mesmo acontece com todas as outras obras. É um preceito "expressivo" porque nos foi ordenado com expressões muito singulares: *Este é o meu mandamento: amai-vos mutuamente*. Com estas palavras nos esclarece que entre todos os seus mandamentos este é o amado do qual deseja perfeita observância, e por isso acrescenta que nesta mútua caridade conhecerão os seus discípulos. E para estimular-nos a este amor fraterno, nos confirma que todo bem ou mal que fizermos ao nosso próximo o considerará como feito a Ele. Por fim, Ele foi "memorável" pela época em que o renovou. Foi o último dia de sua vida mortal, estando já próxima sua morte para regenerar-nos para uma vida imortal. Então, deixa-nos este testamento do mútuo amor: *Eu vos dou um novo mandamento: que vos ameis uns aos outros como eu vos amei.*

Pe. João B. Scaramelli. *Diretório ascético*, IV, 5.

# Sábado
## da 3ª semana da Quaresma

**Evangelho:** Lc 18,9-14
**Escritor eclesiástico**

Sim, meu Pai, sim, eu Vos amo e Vos amarei eternamente. Nem o mundo, nem o demônio, nem a carne serão suficientes para fazer-me faltar as minhas resoluções. Eu Vos amo, meu Pai, *com todo o meu coração, com toda a minha alma, com todo o meu entendimento e com todas as minhas forças.* Meu Pai, eu me atrevo a pedir-vos uma coisa: que vos digneis selar-me como coisa inteiramente vossa; porém este selo sois vós mesmo, é essa hóstia consagrada que Vós me apresentais, e com a qual Vós me convidais; ela se imprimirá em meu coração. Portanto, vinde, meu Bem, vinde, meu Pai, vinde porque minha vontade Vos ama, meu coração Vos deseja, e minhas potências e sentidos anseiam por Vós.

Ai, meu Pai! Vosso amor me atrai, e minhas faltas passadas me detém. Quero vir e não me atrevo a me decidir, mas já sei o que farei: prostrar-me-ei aos vossos pés como a Madalena, os abraçarei, os beijarei e os regarei com as minhas lágrimas de arrependimento, amor e ternura. Vos direi com o publicano: *Senhor, tende piedade* e misericórdia *desta alma pecadora!* Vos direi com o centurião: *Senhor, eu não sou digno de que entreis em minha morada, mas dizei uma só palavra e serei salvo!* E minha alma ficará sã e salva. Porém, aí, Senhor, meu Pai! Eu sei que vosso amor é imenso, que não rejeita entrar em meu pobre coração; e assim permiti-me, Senhor, que a limpe mais e mais com o arrependimento e a dor de ter-vos ofendido.

Santo Antônio Maria Claret. *Sermões de missão*, II, 7 – 1º colóquio para a Santa Comunhão.

# Segunda-feira
## da 4ª semana da Quaresma

**Evangelho**: Jo 4,43-54
**Escritor eclesiástico**

*Se não virdes sinais e prodígios, não acreditareis.* São Tomás diz que a fé é uma luz do espírito mediante a qual a inteligência adere a uma verdade invisível. Não me digais que isso se opõe a nossa natureza, porque para lhe dar luz suficiente estão os milagres. Então, porque se reprova aos judeus que não creem se não veem milagres? Poderia responder dizendo que a fé se fundamenta nas verdades infalíveis conhecidas pela revelação e que nos ensinaram os profetas, os apóstolos e a Igreja de Jesus Cristo. Ora, a nós não nos faz falta ver os milagres, porque se com uma fé natural acreditamos nos homens em tantas coisas, admitindo, por exemplo, que Roma existe por causa de sua palavra, porque não devemos crer nos santos que viram tais maravilhas e no-las têm contado? Existem pessoas que têm fé porque nasceram de pais cristãos, sem pensar nunca em nada, e essa é uma fé puramente hereditária, fé vazia. Outros creem pedindo que Deus confirme suas palavras com milagres, o que também é ofensivo para o próprio Deus, que merece ser crido sem mais provas que a sua veracidade. Existem igualmente aqueles que pretendem chegar à fé pela razão, como os gregos queriam (1Cor 1,22), e os que exigem um testemunho interior em sua própria alma. Mas a verdadeira fé se satisfaz com os testemunhos que a Igreja oferece e crê em Deus por ser Ele quem é. Maria acreditou sem exigir provas, e os judeus as pedem vez ou outra. Eis aqui porque são repreendidos.

São Tomás de Vilanova. *Homilia para o 20º domingo após Pentecostes.*

# Terça-feira
## da 4ª semana da Quaresma

**Evangelho**: Jo 5,1-3a.5-16
**Escritor eclesiástico**

Quando também o corpo está consumido de trabalhos e debilitado pelas doenças; quando jaz descuidado sem utilizar-se de médicos e remédios, de alimentos e de tudo o que necessita, perceba que com isso aumentam os perigos e os males. Por isso te rogo, que consultes com médicos e peritos e uses de remédios adequados para curar essas enfermidades. Ao sentir faz uns dias, por causa do mau tempo, náuseas e enjoos, usei alguns remédios, e em especial aquele remédio que me enviou minha distintíssima e digníssima Senhora Sinclética, e três dias bastaram para corrigir esta indisposição. Aconselho-te, pois, e te suplico que te trates e procure que novamente nos enviem esse medicamento, pois, tendo novamente sentido o estômago ruim, recorri a ele e prontamente me aliviou. Porque cura as inflamações estomacais e o fluxo dos brônquios e, dotado como está de um calor notável, comunica extraordinário vigor e abre o apetite. Poucos dias foram suficientes para que descobríssemos nele esta virtude.

São João Crisóstomo. *4ª carta a Olimpíades*.

## Quarta-feira
## da 4ª semana da Quaresma

**Evangelho**: Jo 5,17-30
**Escritor eclesiástico**

*Procuravam tirar-lhe a vida, porque não só desobedecia ao Sábado, mas dizia que Deus era seu Pai, fazendo-se igual a Deus.* De fato, Jesus Cristo quis lhes dizer: "Sabei que Deus é meu Pai, e que Ele está em eterno repouso e ação. Diz-se que descansou no sétimo dia, mas este repouso refere-se somente a primeira criação de todas as coisas; mas isto não se aplica a contínua atenção de sua providência. Incessantemente e sem interrupção sua palavra sustenta todas as coisas, seu espírito anima todas as criaturas e a todas conserva em seu poder. Jamais deixou de fazer o bem, tanto no sábado, como nos outros dias. Se neste cessasse de fazer o bem por causa do sábado, este mesmo dia seria para os homens o mais funesto de todos, porque seria o fim do mundo. O mesmo faço eu, sendo seu filho, e por igualdade de direito. Nem ele nem eu estamos sujeitos às leis, aos tempos e aos lugares". Cheios de ódio a Jesus Cristo, porque não era um messias a seu gosto, a seu modo, temendo ser convencidos, em vez de lhe pedirem instrução, sublevaram-se contra Ele para matá-lo. Apesar do perigo que ameaçava este divino Salvador, estava disposto a morrer por nós. Queria ensinar-nos a não ter medo de morrer por Ele.

D. João Antônio Maldonado. *El Evangelio Meditado*, meditación 47,1 passim.

# Quinta-feira
## da 4ª semana da Quaresma

**Evangelho**: Jo 5,31-47
**Escritor eclesiástico**

Enquanto rogais ao Senhor, de quem procede tudo o que é de proveito, vos suplico que leiais a Sagrada Escritura assiduamente e que a reviseis cuidadosamente, pois a meditação atenta e frequente é a mãe do entendimento. Agostinho recorda nos livros "Sobre a doutrina cristã", a respeito de certo servo bárbaro aprendiz em letras que, após muita oração, repentinamente leu um livro que lhe entregaram como se antes houvesse aprendido na escola, com longos estudos. Sobre esse assunto Agostinho afirma: "embora estes tenham sido milagres assombrosos que demonstram que *tudo é possível ao que crê*, nós, entretanto, não devemos pedir com frequência semelhantes coisas, mas sim permanecer na prática habitual do estudo, para que não pareça que, perscrutando com atrevimento as coisas que são do Alto, incorramos antes em uma culpável tentação contra o preceito do Senhor que se encontra no Deuteronômio: *Não tentarás ao Senhor teu Deus*, e que o Evangelho repete: *Esta geração má e adúltera pede um sinal*". Por isso, peçamos que nos sejam abertas as coisas arcanas, e que não nos afastemos em nada da ascese da leitura, pois Davi também – que continuamente se ocupava na lei do Senhor – clamou ao Senhor dizendo: *dai-me a sabedoria para que eu compreenda os teus mandamentos*. Este é o suavíssimo dom desta ciência, que quanto mais se recebe, tanto mais se deseja.

Cassiodoro. *Iniciación a las Sagradas Escrituras,* Prefacio 7.

# Sexta-feira
## da 4ª semana da Quaresma

**Evangelho**: Jo 7,1-2.10.25-30
**Escritor eclesiástico**

Cristo revelou aos apóstolos os sofrimentos e a morte que o esperavam, para mostrar como Ele tinha sempre presente no coração sua Paixão e continuava a saborear internamente suas amarguras, bebendo sem cessar este cálice tão penoso. Deste modo, quando comia e bebia, pregava e conversava, fazia milagres e realizava prodígios, tinha sempre presente no espírito o pensamento da paixão. Em sua gloriosa transfiguração, Ele falava dela com Moisés e Elias, aparentando ser conversa agradável, embora fosse certamente muito dolorosa (Lc 9,30ss.).

Ele fez tudo isso com a finalidade de mover-me com seu exemplo, a fim de que eu também possa ter sempre presente, no espírito, sua Paixão e procure pensar nela, dela falar de boa vontade e fazer dela o pão que se come com todos os outros alimentos. Meu bom Jesus, como não sentir gosto em poder pensar naquilo que Vós sempre pensastes e em poder falar daquilo que tantas vezes falastes?

Meu desejo, ó meu amado bem, é fazer um ramalhete de flores com vossos sofrimentos. Quero colocá-lo diante dos olhos e no peito, recordando-me sempre dele, movendo-me à compaixão e ao amor por Vós, mais que por mim mesmo (Ct 1,13). Não vou unir num só feixe vossos sofrimentos, mas meditar neles um a um, enquanto caminho por esta vida mortal, consolando-me com seu perfume, até que consiga conquistar a vida eterna.

São Gaspar Bertoni. *A gramática de Padre Gaspar* – Meditações cotidianas, 96.

# Sábado
## da 4ª semana da Quaresma

**Evangelho**: Jo 7,40-53
**Escritor eclesiástico**

Deus criou o homem a sua Imagem e Semelhança, dom imenso! Mas o homem, ser intelectualmente livre, foi ingrato com seu Criador, tendo-o ofendido por sua perfídia, sua infidelidade e seu orgulho. O homem quis tornar-se igual ao seu Criador e marchou contra Ele. É um grande pecado lutar contra Deus. Mas, ó infinito dom do amor de Deus pela humanidade! Quando caímos no abismo após ter ofendido o Criador, quando caímos da vida na morte separando-nos de Deus – Ele que é a nossa vida –, e nos deixando corromper pelos pecados, quando a morte eterna nos ameaçava, Deus enviou a terra o Redentor, seu Filho único, que veio revestido de uma carne semelhante à nossa, para nos iluminar, sofrer por causa de nossas faltas e purificar-nos de nossos pecados pela penitência e pela fé nele, a fim de reconduzir-nos para seu Pai, de quem tínhamos nos afastado. Apreciemos esta bênção de Deus em nossa consideração e *não negligenciemos tão sublime salvação* (Hb 2,3)! Recordemo-nos sempre de nossa culpável corrupção e renovemo-nos pelo efeito da graça e dos meios que a Igreja nos oferece. *Todo o que está em Jesus Cristo, é uma nova criatura* (2Cor 5,17). Nós somos dos homens novos ou permanecemos como antes, homens pecadores? Todos os homens são o sopro e a criação de Deus, eles provêm de Deus e retornam a Deus, como sua origem (Ecl 12,7).

São João de Kronstadt (santo ortodoxo). *Minha vida em Cristo*, 1,4.

# Segunda-feira
## da 5ª semana da Quaresma

**Evangelho**: Jo 8,12-20 ou Jo 8,1-11
**Escritor eclesiástico**

Louvamos-te agora, Cristo meu, Verbo de Deus, luz originária de uma luz sem princípio, dispensador do Espírito: uma tríplice luz verdadeiramente se reúne em uma única glória. Tu dissipaste as trevas, tu geraste a luz para criar tudo na luz e condensar a instável matéria em um universo de formas bem ordenadas como agora se encontram. Tu iluminaste o espírito do homem com a razão e a sabedoria, colocando, também aqui em baixo, uma imagem do resplendor do alto, a fim de que veja a luz mediante a luz, e se torne todo em luz. Tu fizeste resplandecer o céu com astros variados; tu ordenaste que a noite e o dia cedam-se mutuamente à passagem, sancionando uma lei de fraternidade e amizade. Com aquela fizeste que terminassem os cansaços da carne submetida a muitas penas, e com este, porém, despertas-te (o homem) ao trabalho e às ações que são do teu agrado, para que, fugindo das trevas, pressurosos dirijamo-nos ao dia, aquele dia que já não se dissipará por uma noite odiosa. Por isso, lança sobre minhas pálpebras um sono suave, para que os lábios que te cantam hinos não tenham que permanecer por muito tempo como mortos e a tua criatura, que tange juntamente com os anjos, não tenha que ficar inerte. Contigo no leito medite santos pensamentos, na noite não tenha que reprovar alguma sordidez ao dia, nem os sonhos me perturbem, desvarios da noite. Mas o espírito, mesmo separado do corpo, se entretenha contigo, ó Deus, Pai, Filho e Espírito Santo, para quem sejam dadas toda honra, glória e poder pelos séculos sem fim. Amém.

São Gregório Nazianzeno. *Carmina*, I, 1,32.

**Ou** Jo 8,1-11

Torna-me digno, meu Senhor, de ver tua compaixão em minha alma, antes que eu saia deste mundo; e de experimentar em mim o consolo naquela hora, junto com aqueles que, em uma boa esperança, deixaram este mundo.

Abre meu coração, meu Deus, por meio de tua graça; purifica-me da comunhão com o pecado e aplaina em meu coração o caminho da conversão.

Meu Deus e meu Senhor, minha esperança e minha glória, meu refúgio poderoso, no qual meus olhos foram iluminados, faz também que eu possa compreender as coisas por tua verdade, Senhor.

Meu Senhor, torna-me digno de saborear a doçura do dom da conversão, por meio da qual a alma se para da escravidão do pecado e de toda vontade da carne e do sangue.

Meu Senhor, torna-me digno de saborear aquela paixão na qual está contido o dom da oração pura.

Santo Isaac de Nínive. *Oração*.

# Terça-feira
## da 5ª semana da Quaresma

**Evangelho**: Jo 8,21-30
**Escritor eclesiástico**

Amigos da cruz, discípulos de um Deus crucificado: o mistério da cruz é um mistério ignorado pelos gentios, rejeitado pelos judeus, menosprezado pelos hereges e maus cristãos. Todavia, é o grande mistério que deveis aprender na prática, na escola de Jesus Cristo. Somente em sua escola o aprendereis. Em vão pesquisarão em todas as academias da antiguidade algum filósofo que o tenha ensinado. Em vão consultareis a luz dos sentidos e da razão. Somente Jesus Cristo pode ensinar-vos e fazer-vos saborear esse mistério por sua graça triunfante. Exercitai-vos, pois, nesta sobre-eminente ciência sob a direção de tão exímio Mestre, e possuireis todas as outras ciências, visto que esta contém a todas em culminante grau. Ela é a nossa filosofia natural e sobrenatural, nossa teologia divina e misteriosa, nossa pedra filosofal que, pela paciência, transforma os metais mais rudes em preciosos; as dores mais agudas em deleites; a pobreza, em riqueza; as humilhações mais profundas, em glória. Aquele dentre vós que saiba levar melhor a sua cruz – mesmo que, por outro lado, seja um analfabeto –, é mais sábio que todos os outros. Escutai ao grande São Paulo que, ao descer do terceiro céu – onde aprendeu mistérios ocultos aos próprios anjos –, exclama que não sabe nem quer saber nada além de Jesus Cristo crucificado.

Alegra-te, pois, tu, que és pobre ignorante; tu, modesta mulher sem talento nem letras; se sabes sofrer com alegria, tu sabes mais do que um doutor da Sorbona que não sabe sofrer tão bem como você!

São Luís M. Grignion de Montfort. *Carta aos amigos da cruz*.

## Quarta-feira
## da 5ª semana da Quaresma

**Evangelho**: Jo 8,31-42
**Escritor eclesiástico**

O pecado primeiramente despoja a alma, não só de Deus, mas também de todas as forças sobrenaturais, e de todas as riquezas e dons do Espírito Santo com os quais ela estava ornada, armada e enriquecida; e sendo privada dos bens da graça, logo é ferida e mutilada nas habilidades e dotes de natureza. Porque, assim como o homem é uma criatura racional, e o pecado uma obra contra a razão, e seja coisa tão natural os opostos se destruírem mutuamente; assim, quanto mais se multiplicam os pecados, tanto mais se corrompem as potências da alma, não em si mesmas, mas nas habilidades que possui para operar. É desta forma que os pecados tornam a alma miserável, enferma, morosa e instável para tudo o que é bom, e inclinada a tudo o que é mau; fraca para resistir as tentações, e pesada para andar pelo caminho dos mandamentos divinos. O pecado também a priva da verdadeira liberdade e senhorio do espírito, tornando-a cativa do demônio, do mundo e da carne, e de seus próprios apetites; e assim ela vive em um cativeiro mais severo e miserável do que aquele da Babilônia e do Egito. Juntamente com isto entorpecem e enrijecem todos os sentidos espirituais das almas, de tal forma que não ouvem as palavras e inspirações de Deus, nem percebem os grandes males que lhes advirão, nem percebem o odor suavíssimo das virtudes e exemplos dos santos, nem degustam quão suave é o Senhor.

Frei Luís de Granada. *Guia de pecadores*, I,5.

# Quinta-feira
## da 5ª semana da Quaresma

**Evangelho**: Jo 8,51-59
**Escritor eclesiástico**

O Senhor não se encoleriza frente aos insultos e não responde com palavras ultrajantes. Que nos sugere essa atitude, senão o silêncio frente as culpas também verdadeiras no momento em que recebemos do próximo insultos e calúnias? Ele confia o juízo ao Pai para estimular-nos com eficácia a ser pacientes. Contudo, assim como os bons se tornam também melhores frente às ofensas, assim os maus se tornam piores mesmo recebendo o bem. As mentes incrédulas, incapazes de compreender as palavras eternas, tomam pedras e tentam lapidar àquele ao qual não conseguiam compreender. O modo como Cristo se comportou frente ao furor daqueles que lhe queriam lapidar está expresso nestas palavras: *Jesus se escondeu e saiu do templo*. Sentimos surpresa ao ver Cristo fugir de seus perseguidores e se esconder, sendo que, se tivesse querido recorrer a seu divino poder, bastaria um gesto de sua vontade e os teria tornado impotentes no mesmo ato em que iam para o lapidar ou lhes teria golpeado fazendo-lhes morrer imediatamente. Entretanto, como tinha vindo para sofrer, não quis exercer esta justiça rigorosa. Que nos ensina nesta circunstância, senão a fugir com humildade da ira dos violentos inclusive quando poderíamos resistir-lhes? Que ninguém, ao receber ofensas, se deixe arrastar pela ira nem responda com o insulto. De fato, segundo o próprio exemplo de Deus, é maior o mérito do que foge da injúria calando-o que o que pensa sair vitorioso respondendo a ela. Em consequência, ao receber uma ofensa tentemos comportar-nos conforme a afirmação de Cristo: Eu não vivo preocupado pela minha honra. Há alguém que se preocupa disso, e é Ele quem pode julgar.

# Sexta-feira
## da 5ª semana da Quaresma

**Evangelho**: Jo 10,31-42
**Escritor eclesiástico**

A paciência é uma virtude que pode suportar com bom coração toda adversidade e toda tempestade de perseguições e injúrias, porque paciência quer dizer "obra de paz" e sem ela ninguém pode ter paz verdadeira e duradoura. Ela é remédio de todas as enfermidades. Porque, ainda que a carne padeça muitos tormentos, apesar disso o espírito verdadeiramente paciente persevera em sua quietude, tranquilidade. Por isso diz o Senhor: *Na paciência de vosso corpo, possuireis vossas almas*, porque a paciência também alivia e mitiga muitas das dores do corpo. Quanto mais impaciente é alguém na alma e mais involuntário, tanto mais é atormentado no corpo, e assim o que tiver mais paciência, gozará na maior perseguição e afronta de maior alegria e sabor divino, porque lhe são agradáveis e dão gosto todas as coisas adversas pela honra eterna de Deus. Verdadeiramente se quiséssemos contemplar as enormes aflições dos santos, sofreríamos não só com paciência, mas com alegria qualquer desgraça, considerando, como eles, as maiores penas como motivo de mais alegria. O glorioso apóstolo de Cristo Santo André, assim como viu a cruz em que seria colocado, não prorrompeu nestas palavras? "Deus te salve cruz, que no corpo de Cristo foste consagrada, e de seus membros como margaridas preciosas adornada, alegre venho a ti, contanto que tu alegre me recebas e tire dentre os homens, e me leves ao meu Mestre..."

João Tauler. *Instituições divinas*, cap. 15.

# Sábado
## da 5ª semana da Quaresma

**Evangelho**: Jo 11,45-56
**Escritor eclesiástico**

Toda a nossa humildade, paciência e boas ações são tão imperfeitas e malfeitas, e tão indignas diante de Deus que, certamente, tudo isso não nos mereceria a salvação se nosso mediador, o Senhor Jesus Cristo, não suprisse pessoalmente ao que nós, por nós mesmos, não levamos a bom êxito. Mas isso que nós deixamos inacabado e como que pela metade é cumprido pela Cruz do Senhor, contanto que não descuidemos de fazer a nossa parte. Ele supre a nossa falta de obediência, Ele que por nós se fez obediente até a morte. Ele conclui o que falta à nossa humildade, Ele que se humilhou até o ultraje da Cruz. Ele completa o que falta à nossa paciência, Ele que suportou voluntariamente ser crucificado por seus servos. Ele finaliza o que falta à caridade, Ele que nos amou e nos lavou de nossos pecados no seu sangue. Ele repara o que falta à misericórdia, aquele que pediu em sua oração o perdão por aqueles que o crucificavam. Ele completa o que falta à abstinência ou ao desprezo do mundo, Ele que, ao invés de deleites, abraçou a Cruz. Ele apaga nossos pecados de negligência e preguiça, Ele que disse precipitando-se à morte: *o que fazes, faze-o depressa*; e *desejei ardentemente comer esta Páscoa convosco antes de sofrer*. Ele absolve-nos dos pecados de glutoneria por seu jejum de quarenta dias. Ele preenche as deficiências de nossa oração, passando por nós noites em oração. Ele expia nosso apego excessivo ao repouso corpóreo, Ele do qual se diz que estava cansado pelo caminho. Acolhemos as críticas sem suficiente paciência? Ele purifica-nos disso, Ele que foi tratado, sem perturbar-se, como possesso, louco, glutão e bêbado. Ademais, não é só da hora sexta até a nona da parasceve que o Cristo carregou sua cruz, mas desde o seu nascimento. Esta cruz que Ele levou toda a sua vida sofrendo a adversidade e, finalmente, levou-a até o fim acolhendo a morte.

Galand de Reigny. *Parabolaire*, 31,1-3.

# Semana Santa

## Segunda-feira Santa

**Evangelho**: Jo 12,1-11
**Escritor eclesiástico**

Maria a santa foi cara a Cristo pela extraordinária grandeza de sua fé, como se lê em várias passagens do Evangelho. Na passagem precedente, enquanto chorava a morte do irmão, ela também fez chorar o Senhor. Moveu à piedade o próprio autor da piedade. Embora Ele estivesse prestes a ressuscitar Lázaro da morte, o Senhor chorou ao ter chorado Maria, mostrando a um tempo a sua ternura e o mérito de Maria. Que o Senhor havia chorado Lázaro, é resultado da sua ternura; que Ele o tinha ressuscitado dentre os mortos é resultado de seu poder. As lágrimas do Senhor nos revelam o mistério da carne que tinha assumido; a ressurreição de Lázaro evidencia o poder de sua divindade. No texto precedente, Maria tinha arrancado do Senhor lágrimas de ternura, mas aqui ela mostra o seu afeto e a sua devoção ao Senhor, tomando uma libra de bálsamo puro para ungir-lhe os pés e para enxugá-los com os seus cabelos. Observa a religiosa devoção e fé desta santa mulher. Os outros se sentavam à mesa com o Senhor; ela ungia os pés do Senhor. Os outros conversavam e dialogavam com o Senhor; ela, no silêncio de sua fé, enxugava os seus pés com os próprios cabelos. Os demais pareciam estar ali para honrá-lo, ela para servi-lo. Mas o serviço prestado por Maria foi mais estimado por Cristo do que a honra dos comensais.

São Cromácio de Aquileia. *Sermão sobre a mulher que ungiu os pés do Senhor*, 1.

## Terça-feira Santa

**Evangelho**: Jo 13,21-33.36-38
**Escritor eclesiástico**

Judas Iscariotes, o traidor do Senhor, perdeu seja a esperança seja a fé, porque nele não tinha permanecido a caridade. Heresias e cismas se difundem quando a fé e a esperança são arrancadas do alicerce. E o que são sem a caridade não só estas, mas também as outras virtudes, aprendei-o com o que Paulo diz: *mesmo que tivesse toda a fé, a ponto de transportar montanhas, se não tiver caridade, não sou nada. Ainda que distribuísse todos os meus bens em sustento dos pobres, e ainda que entregasse o meu corpo para ser queimado, se não tiver caridade, de nada valeria!* (1Cor 13,2s.). A caridade, irmãos, tudo ama, *tudo crê, tudo espera, tudo suporta. A caridade jamais acabará* (1Cor 13,7s.). Portanto, não é sem motivo que o Senhor Deus recomenda o amor ao próximo, porque sabe que somente se consegue observar aquilo que Ele manda. O primeiro dever do amor é reconhecer que nós nascemos por obra de Deus, que somente a Ele devemos a nossa vida, e nada conservar em nosso coração que possa ser submetido ao juízo dos outros. Mas quando, movidos por tal espírito de fé, começarmos a ser por Ele inabitados ou habitarmos nele, como afirma João: *Deus é Amor. E quem ama permanece em Deus e Deus nele* (Jo 4,16); então, finalmente, irmãos, nós o amaremos com a dignidade que merece mediante ele mesmo, porque, operando-se uma mudança, o que é seu torna-se nosso. Portanto, amemos ao próximo com a mesma afeição com o qual amamos a nós mesmos.

São Zenão de Verona. *Discurso*, 1,36,5-7.

## Quarta-feira Santa

**Evangelho**: Mt 26,14-45
**Escritor eclesiástico**

Fala a Mãe de Deus, dizendo: O coração de meu Filho é mais deleitoso que o mel, e mais puro que uma fonte muito pura, porque toda a bondade esparsa neste universo procede dele como de sua fonte, pois ele é melífluo. Na verdade, que há de mais doce para um homem sensato, do que apreciar o amor de Deus para conosco na criação, redenção, labores e doutrina, em sua graça e paciência invencível; pois sua caridade não corre e não passa como a água, mas alastra-se amplamente e perdura, a ponto de seu amor permanecer com o homem até o derradeiro momento de sua vida? Porque se o pecador estivesse às portas de sua total perda e ruína, se dali clamasse com desejo de corrigir-se, seguramente ele seria libertado. Ademais, para alcançar ao coração de

Deus existem dois caminhos: o primeiro consiste na humildade de uma verdadeira contrição, e esta conduz e introduz o homem no coração de Deus e nos colóquios espirituais. O segundo caminho é a meditação da paixão de meu Filho, que expulsa o endurecimento do coração do homem, e o faz correr alegremente ao coração de Deus.

Santa Brígida. *As revelações celestes,* L.IV, CI.

# Quinta-feira Santa
# (Ceia do Senhor)

**Evangelho**: Jo 13,1-15
**Escritor eclesiástico**

Já que se tinha cumprido o que estava escrito, a saber, que Jesus assumiu a forma de servo (Fl 2,7); e já que tinha servido aos apóstolos e, tanto se tinha rebaixado que lavou os seus pés e os secou; e, finalmente, já que os persuadira a que aprendessem e ensinassem a humildade, sancionou outra aliança pela qual se abolisse esta páscoa[10] e se instituísse a páscoa dos povos para a vida eterna. Ao princípio, Jesus tomou em suas mãos pão habitual e o abençoou, o persignou e o consagrou no nome do Pai e no nome do Espírito Santo, e o partiu e distribuiu um a um aos seus discípulos em sua bondade acolhedora. Ao pão chamou seu corpo vivo e o encheu de si mesmo e de seu Espírito, e, estendendo a mão deu-lhes o pão que com sua destra havia santificado: tomai, comei todos daquilo que a minha palavra santificou. O que agora vos dei não o considereis pão; tomai, comei, e não piseis em suas migalhas. O que chamo "meu corpo", o é verdadeiramente. Uma única migalha sua pode santificar a milhões e é suficiente para dar vida a todos os que a comem. Tomai, comei com fé, sem nada hesitar de que isto é o meu corpo, e aquele que o come com fé, come fogo e Espírito; porém, se alguém o come com dúvidas, para Ele se faz simples pão; mas quem come com fé o pão santificado em meu nome, se é puro, puro permanece; se pecador, é perdoado. Mas quem o despreza ou desdenha ou o injuria, tenha certeza que injuria ao Filho, o qual ao pão chamou e tornou realmente seu corpo. Tomai dele, comei todos e comei nele o Espírito Santo, porque verdadeiramente é o meu corpo. *Quem o come, viverá eternamente.*

Santo Efrém. *Sermão na Semana Santa*, 4,3-4.

**Ou**

Quem alguma vez viu banquete tão magnífico no qual os homens se sentavam com o seu criador? Quem jamais viu um banquete tão sublime, no qual simples pescadores tomavam parte juntamente com o oceano? Quem

---

10. Dos judeus.

em época alguma viu banquete tão admirável, no qual estavam juntos à mesa a serpente e o seu Destruidor? Quem em ocasião alguma viu banquete tão inaudito, no qual comia o falcão com as onze pombas? Quem alguma vez viu banquete tão maravilhoso, no qual o míope, o filho das trevas, tomava parte juntamente com a águia?

Ó milagre espantoso! Observa bem, ouvinte, pescadores e arrecadadores de impostos sentam-se com Ele à mesa, enquanto que os anjos e arcanjos estão tremendo ante Ele. Os homens foram feitos comensais de Deus; bem-aventurados apóstolos; de quão alta honra fostes tornados dignos! Comeram a páscoa antiga e deram cumprimento à lei.

Então, Nosso Senhor disse: "Vede agora, com que sublimidade e de que forma vos honrei. Lavei-vos os pés e convidei-vos ao meu banquete. A vós, habitantes da terra, honrei-vos desta forma e fiz com que comessem comigo. Nenhum dos anjos que a mim servem nas alturas do céu se atreveram, desde o dia de sua criação, a contemplar a minha face. Não descobriram a sua face coberta de asas (Is 6,2) para me observarem e me olharem; porque a minha justiça os enche de terror e a minha majestade os faz tremer. Vede, quanto vos amo, a ponto de permitir que comam ao meu lado e, apesar de que sou vosso Senhor, contudo, livremente me faço vosso companheiro. Eu, do qual toda a criação está repleta, por amor vos presenteei o meu Reino".

Cirilonas (poeta sírio). 1º hino sobre a Páscoa.

# Sexta-feira Santa

**Evangelho**: Jo 18,1–19,42
**Escritor eclesiástico**

*Hino à Cruz*
Insígnia triunfal, honrosa e santa,
Chave do Céu, penhor da eterna glória,
Que com Jesus da terra nos levanta.

Sacrário em que ficou viva a memória
Do imenso amor divino, onde se alcança
Dos imigos[11] domésticos, vitória.

Sinal que, após dilúvio, traz bonança,
Por quem o mundo novo é reformado,
E se converte o espanto em esperança.

Ó Cruz, minha saudade, e meu cuidado,
Que sustentar pudeste o doce peso
De nossa redenção, tão desejado!

Ó Cruz onde Jesus sofre estar preso,
Para soltar-me já da culpa antiga,
Porque o passo do Céu me era defeso!

Ó Cruz, pregão da paz, amor, e liga,
Entre a divina e humana natureza,
Árvore vitoriosa, alegre, amiga!

Frei Agostinho da Cruz. *Hino à cruz*, 1-6.

**Ou**

A morte e a paixão de Nosso Senhor são o motivo mais suave e mais violento que pode animar os nossos corações nesta vida mortal. Contempla

---

11. *Imigo*, arcaico. O mesmo que "inimigo".

a Jesus, nosso sumo-sacerdote; contempla-o desde o próprio instante de sua concepção. Considera que nos leva sobre as suas costas, aceitando a carga de resgatar-nos por sua morte e morte de cruz. Ah! Teótimo, Teótimo! A alma do salvador conhecia a todos nós por nossos nomes, mas sobretudo no dia de sua paixão, quando ofereceu as suas lágrimas, suas orações, seu sangue e sua vida por nós, tinha para contigo estes particulares pensamentos de amor: "Pai eterno, tomo sobre mim e carrego todos os pecados do pobre Teótimo, para sofrer tormentos e morte, a fim de que ele se veja livre deles e não pereça, mas que viva. Morra eu contanto que ele viva; seja eu crucificado contanto que ele seja glorificado". O Calvário é, Teótimo, o monte dos amantes. O amor que não se origina na paixão de Jesus é frívolo e perigoso. Desgraçada é a morte sem o amor de Jesus. Amor e morte se encontram de tal modo unidos na paixão de Jesus que não podem estar no coração um sem o outro. No Calvário não se alcança a vida sem o amor, nem o amor sem a morte de Jesus; fora dali tudo é morte eterna ou amor eterno. Vinde, Espírito Santo, e abrasai nossos corações com teu amor. Morrer a qualquer amor para viver no amor a Jesus e para não morrer eternamente.

São Francisco de Sales. *Tratado do amor de Deus*, 12,13.

# IV
# Tempo Pascal

Tempo Passat

# Vigília Pascal
## Ano A

**Evangelho**: Mt 28,1-10
**Escritor eclesiástico**

Enquanto que as outras festividades nos recordam os acontecimentos e os mistérios consumados, e despertam no espírito dos fiéis um júbilo espiritual; a da ressurreição de Jesus Cristo, porém, além de ter isso em comum com as outras solenidades, nos conduz à alegria simultânea do coração e do corpo. Porque Jesus Cristo ressuscitando, nosso homem interior ressuscita com Ele da morte do pecado, e nosso homem exterior encontra um argumento irredutível de sua ressurreição futura. É, pois, com fundamento que ambos estão em júbilo: um ressuscita realmente, e o outro em esperança. Mas nós celebramos verdadeiramente a Páscoa, quando observamos em nossa vida e em nossos costumes aquilo que honramos de misterioso: seja nas coisas, seja ao longo do tempo. É por isso que se celebra a festa pascal durante sete dias com os paramentos brancos: para advertir-nos de conservar sempre em nós, pela pureza do corpo, a alegria da ressurreição. Para ser puros, diz São Paulo, para celebrar a Páscoa e dignos de comer a carne do Cordeiro verdadeiro e imaculado, é mister livrar-se do antigo fermento, da caducidade do pecado, e tornar-se um fermento puro e novo, reencontrando uma vida pura e nova.

São Ives de Chartres. *Homilia para o Dia da Páscoa.*

**Ou**

**Tropário:** Cristo ressuscitou dentre os mortos.
Por sua morte venceu a morte, e restituiu a vida
àqueles que dormiam no sepulcro.

Eis o dia da ressurreição! Que todos os povos exultem de alegria. Sim, é a Páscoa, a Páscoa do Senhor, a passagem da morte à vida, e da terra ao céu, sob a condução do Cristo nosso Deus, ao qual ofertamos os cantos da vitória.

Vinde, provai uma bebida completamente nova; ela não jorra mais milagrosamente da fenda de um rochedo estéril, mas ela é a fonte da imortalidade. É o sepulcro de Jesus que verte sobre nós as águas da graça, e é nele que nós depositamos a nossa esperança.

Que Habacuc, este profeta inspirado, vigie conosco; que ele nos revele à sombra do mistério este anjo radiante que proclama a alta voz: "Neste dia, a salvação do mundo se cumpriu, porque o Cristo ressuscitou por efeito de sua onipotência".

Precede-nos o dia que ainda combate com as trevas e, em vez do vaso de bálsamos, ofertamos o hino de nossos corações ao nosso divino Mestre; então nós perceberemos o Cristo, o Sol de justiça, espargindo a vida na infinitude.

Senhor, vós descestes ao seio da terra, rompendo as portas do inferno, arrancando-lhe sua presa; após o terceiro dia saístes de vosso sepulcro, como outrora o Profeta Jonas do ventre da baleia.

Embora tenhais descido no sepulcro, ó Senhor, triunfastes da potência dos infernos e, vencedor, ressuscitastes e dissestes às santas mulheres: "Alegrai-vos". E pelo benefício da ressurreição, doastes a paz a vossos discípulos e à criatura decaída.

Aquele que preservou os jovens homens na fornalha ardente, fez-se homem, sofre por nós, e pela virtude de sua Paixão reveste a nossa natureza mortal de uma beleza incorruptível. Bendigamos e glorifiquemos o Deus de nossos pais.

Este santo dia, este dia predestinado é para nós o soberano e a imagem do repouso celeste e da bem-aventurança eterna; ele é a festa das festas, ele é o grande dia da vitória das vitórias. O celebremos bendizendo para sempre o Cristo nosso Deus.

Igreja Católica Ortodoxa do Oriente. *Canto do cânon do Dia de Páscoa*, 1-7.

# Vigília Pascal
# Ano B

**Evangelho**: Mc 16,1-7
**Escritor eclesiástico**

(Senhor), jamais as trevas da cólera
Obscureceram a luz da tua misericórdia.
Jamais te sujeitaste a falta alguma;
Tu ultrapassas todas as palavras!

Imagem infinita acima de toda afeição,
Incomensurável amplitude de glória,
Espaço ilimitado de irresistível poder,
Imensidade absoluta,
Inesgotável beneficência de misericórdia!

*É Tu que transformas*, segundo o profeta,
*Em aurora as sombras da morte*,
Tu que desceste voluntariamente ao Tártaro,
Ele que mantinha cativos em seus recônditos as almas,
Onde a própria porta da oração estava trancada;

Tu tens arrancado dali o espólio acumulado das almas exiladas:
Pelo gládio imperioso de tua palavra vitoriosa
Tu tens cortado o laço destruidor da morte,
E dissipado as angústias do pecado.

Volta-te para mim,
Eu que tremo de pavor
No calabouço sem fundo
De minha fossa cheia de lama,
Carregada das cadeias de meus pecados,
Ferido que eu estou e transpassado
Pelas setas e flechas do Acusador!

São Gregório de Narek. *Oração*, 16,1.

**Ou**
Ó Deus! O dia que celebramos é teu por excelência.

Nele quisestes manifestar a todos os seres criados a luz visível, como testemunho da luz eterna; nele fizestes resplandecer a chama que ilumina ao mundo, e a lâmpada que ressuscita as almas à luz.

Este dia, o primeiro da criação, também é o da ressurreição do Senhor: e dando a volta ao ciclo anual em um cálculo preciso, ele é, ao mesmo tempo, o princípio e o fim do mistério santíssimo da solenidade pascal.

Olhai, Senhor, neste tempo favorável e neste dia de salvação, a teus servos que resgataste da cativitade do espírito maligno durante o tempo de tua paixão. Libertaste-os tingindo-os com o sangue de teu Cordeiro, para que não os ferisse a espada exterminadora.

No deserto desta vida caminhas à nossa frente como nuvem que nos cobre com sua sombra durante o dia, e pela noite abranda o ardor de nossas tentações. Como coluna de fogo que com a sua luz preserva-nos das trevas do pecado, nos conduzirás com tua presença salvífica ao lugar de nosso repouso.

Liturgia moçárabe. *Véspera do Domingo de Páscoa.*

# Vigília Pascal
## Ano C

**Evangelho**: Lc 24,1-12
**Escritor eclesiástico**

*Nós não somos filhos da noite e das trevas, mas todos filhos da luz e do dia* (1Ts 5,5); e assim como, no caminho do erro, o velho homem se despojou do homem íntegro e perfeito, e revestiu-se dos ornamentos do reino das trevas, quero dizer das blasfêmias, das desconfianças, da insolência, da glória vã, do orgulho, da avareza, da concupiscência e das demais obras vergonhosas e impuras do reino das trevas; igualmente, mas de forma oposta, todos aqueles que despojaram o velho homem, o homem terrestre, e que Nosso Senhor Jesus Cristo tem libertado dos vergonhosos cárceres do reino infernal, devem revestir o novo homem, o homem celeste segundo Jesus Cristo, para ser novamente unido a Ele, por nossos olhos a seus olhos, por nossa cabeça à sua cabeça, por nossos ouvidos a seus ouvidos, para que tudo em nós seja puro e santo, apresentando a imagem celeste. De fato, Deus nos revestiu dos ornamentos do reino da luz, ornamentos de fé, de esperança, de caridade, de alegria, de paz, de bondade, de humanidade e de todas as outras vestes da luz, da vida, da tranquilidade inenarrável; para que, da mesma forma que Deus é caridade, alegria, paz, misericórdia e bondade, o novo homem torne-se tal por sua graça; e assim como o reino das trevas e do pecado está oculto na alma até o dia da ressurreição, onde todas as trevas do pecado no corpo e na alma serão reveladas, assim o reino da luz e da imagem celeste, que é Jesus Cristo, ilumina misteriosamente a alma e reina interiormente sobre os espíritos dos santos. Entretanto, Jesus Cristo ainda está escondido aos olhos dos homens até o dia da ressurreição, e Ele só é percebido pelos olhos da alma; mas quando seu corpo sagrado for revelado e glorificado em todo o esplendor da glória de Deus, então tudo o que ainda está escondido na alma e no corpo, será manifestado e iluminado com toda a luz de Deus, ao qual seja dada a glória pelos séculos dos séculos. Assim seja.

São Macário do Egito. *Homilia*, 11.

**Ou**
A renovação do mundo
Gera novas alegrias:
O Senhor ressuscita,
E tudo ressuscita com Ele.
Os elementos o servem
E sentem a potência
Do seu criador.

O céu está mais limpo,
E o mar mais calmo,
A brisa sopra mais suave,
Nosso vale tem florescido.
As coisas secas reverdecem,
As frias se reaquecem,
pois a primavera abrandou.

O gelo da morte é dissolvido,
O Príncipe do orbe é destruído,
E é aniquilado
Seu império sobre nós.
Por ter querido possuir
O que não lhe pertencia
Perdeu o seu próprio direito.

A vida triunfa da morte;
O homem já recupera
O que outrora tinha perdido:
A alegria do Paraíso.
O querubim oferece-nos
um caminho fácil retirando
a espada cortante[12].

O Cristo abre os céus
E liberta os cativos
Que a culpa ligara
Sob a ruína da morte.
Frente a tamanha vitória:
Glória ao Pai, ao Filho
E ao Santo Espírito. Amém.

Adão de São Vitor (sequência). *Mundi renovatio*.

---

12. Literalmente: "de dois gumes".

## Oitava da Páscoa
## Segunda-feira

**Evangelho**: Mt 28,8-15
**Escritor eclesiástico**

Que é o mais terrível para o homem? A morte? Sim, a morte. Ninguém pode imaginar a sua morte e seu derradeiro suspiro sem tremer. Como é triste para alguns pais ver morrer a seus filhos queridos, vê-los jazer sem vida diante de seus olhos. Contudo, não temais, irmãos, nem sofrais em demasia. Por sua morte nosso Salvador Jesus Cristo venceu a nossa morte e por sua ressurreição colocou os fundamentos de nossa ressurreição. Semanalmente, todos os domingos celebramos no ressuscitado nossa futura ressurreição e antecipamos a vida eterna, para a qual nossa vida temporal presente não é mais que um estreito e doloroso caminho. Para um verdadeiro cristão, a morte é simplesmente uma espécie de sono até o dia da ressurreição, ou um nascimento para uma vida nova. Portanto, ao celebrar cada semana a ressurreição de Cristo e nossa própria ressurreição dentre os mortos, aprendamos a morrer continuamente ao pecado, a ressuscitar espiritualmente dentre as obras mortas, a enriquecer-nos de virtudes, a não chorar desconsoladamente a nossos falecidos. Aprendamos a enfrentar a morte sem medo, como uma decisão de nosso Pai do céu que, em virtude da ressurreição de Cristo dentre os mortos, tem perdido o seu horror.

São João de Kronstadt. *Minha vida em Cristo*.

## Oitava da Páscoa
## Terça-feira

**Evangelho**: Jo 20,11-18
**Escritor eclesiástico**

*Que a vossa luz brilhe diante dos homens.* "Vós tendes a luz, eu a depositei em vós. Eu mesmo sou a luz, e comunicando-me convosco, vos dei à luz. Ora, esta luz que está comigo, mas que também está convosco, pois a comuniquei, não deve permanecer escondida e trancada embaixo da terra, não deve permanecer oculta aos olhares dentro de vossas casas. É necessário que ela brilhe visivelmente por todas as partes; que não tenha outros limites além dos que minha providência fixa para o vosso estado." Eis o primeiro dever do cristão, e ao qual eu chamo de "testemunho total": Ele consiste em que a vida do cristão deve ser em todos os seus detalhes, no conjunto total, uma magnífica pregação, um comentário vivo do evangelho. Que deverá abraçar todos as suas ações, todas as suas palavras, e implicar todas as suas ações visíveis e dignas de apreço, e em nenhuma delas deve haver algo que não encontre o seu fundamento e a sua justificação no evangelho, e que não seja ao mesmo tempo sua magnífica e viva exposição. Portanto, a vida inteira, não só a vida religiosa, não só a vida moral, mas também a vida social do cristão: sua vida familiar, sua vida no mundo, até sua vida política; tudo deve estar em conformidade, em perfeita harmonia com o preceito: *Que a vossa luz brilhe diante dos homens*, porque em tudo é necessário dar testemunho.

Abade Legrando. *Sermão no 6º domingo depois da Páscoa.*

## Oitava da Páscoa
## Quarta-feira

**Evangelho**: Lc 24,13-35
**Escritor eclesiástico**

Lemos no evangelho que aqueles dois discípulos que caminhavam para Emaús, acompanhavam o Salvador sem o conhecer; e quando o reconheceram, ele desapareceu. Desorientados por sua alegria, diziam um ao outro: "Como se explica que não o tenhamos reconhecido? *Nossos corações não abrasavam de amor quando Ele nos explicava as Escrituras?*" Mil vezes mais felizes que aqueles discípulos somos nós, meus irmãos, já que eles caminhavam acompanhados de Jesus Cristo sem conhecê-lo, mas nós sabemos que aquele que caminha conosco dirigindo-nos, é nosso Deus e Salvador, que caminha conosco para falar à profundeza de nosso coração, onde infundirá uma infinidade de bons pensamentos e santas inspirações. "Meu filho", Ele te dirá, "porque não queres me amar? Porque não abandonas esse maldito pecado que ergue uma muralha de separação entre nós? Ah, meu filho! Aqui tens o perdão: queres arrepender-te?" Porém, o que lhe responde o pecador? "Não, não, Senhor, prefiro viver sob a tirania do demônio e ser reprovado, a implorar-vos o perdão". "Mas", dirá alguém, "nós não dizemos isso ao Senhor". Mas eu contesto porque o dizeis repetidamente, ou seja, cada vez que Deus vos inspira o pensamento de converter-vos. Ah, infeliz! Dia virá em que pedirás o que hoje recusas e, então, talvez não te será concedido.

São João Maria Vianney. *Sermão para o Dia de* Corpus Christi, 2,2.

## Oitava da Páscoa
## Quinta-feira

**Evangelho**: Lc 24,35-48
**Escritor eclesiástico**

Pergunta: Diga-me algo sobre o catolicismo da Igreja Romana e sobre a Revelação que ela nos propõe.

Resposta: Pertencem a ela todos os povos que prestam ao verdadeiro Deus o culto que lhe é devido. Esse povo nasceu em Adão e com Adão. No Paraíso Deus falou a nossos primeiros pais e após o pecado lhes prometeu um redentor. Falou a todos os patriarcas, àqueles que com suas famílias lhe davam o culto devido segundo as cerimônias particulares que lhes eram inspiradas. Abandonados os filhos de Adão a desordem das paixões, uma inundação de águas cobriu toda a terra, e só se salvou Noé e sua família na arca, símbolo da verdadeira Igreja. Os filhos de Noé, tendo-se corrompido pelas abominações da idolatria, Deus escolheu um povo particular em Abraão e em toda a sua descendência. Deus falou a Abraão, a Isaac, a Jacó. Falou às doze tribos de Jacó, deu-lhes por escrito sua palavra. Esta Palavra escrita, esta Escritura Sagrada ela a conservou com fidelidade até a vinda do Messias prometido. A Igreja Romana, fundada por Jesus Cristo e por seus apóstolos, recebeu intacta, incorrupta e sem alteração alguma esta Escritura, e a guarda como o mais precioso de todos os tesouros. Falou Deus aos homens pela boca de seu próprio Filho. Falou-lhes pela boca dos apóstolos. O Espírito Santo lhes falou e fala pela boca dos Padres e Doutores santos.

Beato Francisco Palau y Quer. *Catecismo das virtudes*, lição 37,6.

## Oitava da Páscoa
## Sexta-feira

**Evangelho**: Jo 21,1-14
**Escritor eclesiástico**

Os sete pescadores aqui mencionados representam todos os pregadores evangélicos. Sem a virtude do Salvador, não alcançam sucesso algum e nenhum proveito; porque se a sua graça não fala ao coração, é em vão que suas vozes ressoem aos ouvidos dos ouvintes. Mas quando a manhã chega, isto é, quando, pelo poder do Senhor, aparece a luz celeste, a pesca é abundante. É isso o que aconteceu para a conversão de quase todo o mundo pela pregação dos apóstolos e de seus sucessores. A pesca depende muito dos instrumentos ou meios utilizados. Assim, se diz que os peixes se afastam das redes imundas e fedorentas, onde dificilmente se prendem; ao contrário, eles se deixam pegar facilmente nas redes bem limpas e de bom odor que os atraem. Ora, a Palavra de Deus é a rede de Jesus Cristo; os peixes, eles são todos os pecadores; a barca é a Igreja à direita da qual estão os bens espirituais e à esquerda os bens temporais. Aquele, pois, que prega para adquirir a glória mundana, ou alguma vantagem material, pesca à esquerda com as redes infectadas; então ele consegue muito pouco ou absolutamente nada. Porém, aquele que prega para buscar a glória de Deus e a salvação de seu próximo, pesca à direita com as redes bem preparadas, e seus esforços são recompensados. Não nos surpreendamos: o sábio do Livro dos Provérbios disse: *O Senhor busca os caminhos que estão à direita, mas reprova àqueles que estão à esquerda.*

Ludolfo o Cartuxo. *A grande vida de Jesus Cristo*, VII.

## Oitava da Páscoa
## Sábado

**Evangelho**: Mc 16,9-15
**Escritor eclesiástico**

Este é o dia do Senhor, e nenhum tão glorioso como Ele, e, portanto, é todo de Deus, sem que tenha parte culpa nem pena, deve, conforme a seu estilo, começar pela tarde da dor e acabar pela manhã da alegria. A tarde foi a paixão; a manhã, o dia de hoje. Alegria universal, porque assim como a tarde foi a mais triste e dolorosa que jamais houve, e nela todas as criaturas em sua medida, choraram e se lamentaram por seu criador: o céu, de luto; o sol, recusando ver desnudo ao que lhe vestiu de luz; a terra, abrindo-se com terremotos para tragar, se pudesse, aos verdugos; as pedras partindo-se e rompendo-se, como para repreender a dureza daqueles corações; os anjos, não tendo por suficientes as lágrimas dos homens, chorando eles, assim neste dia todas as criaturas se alegram e cantam suave *aleluia*... Após os nublados obscuros de suas dores e penas, sai este luzente sol com sua dourada cabeleira, cheio de resplendores divinos, lançando de si raios de imortalidade e glória. Alegre-se todo o criado após aquela breve tempestade e furiosas ondas de tristeza. Alegria tanto mais universal quanto que a nós, depois de Cristo, nos cabe a maior parte da glória de sua ressurreição. Depois da noite escura em que, pecando o homem, o sol se pôs além da tarde no paraíso, vivemos entre lágrimas de desterro até o amanhecer, até a manhã da ressurreição.

Frei Alonso de Cabrera. *Sermão no Domingo da Ressurreição.*

# Segunda-feira
## da 2ª semana do Tempo Pascal

**Evangelho**: Jo 3,1-8
**Escritor eclesiástico**

Reconhecemos um só batismo de salvação, visto que uma só é a morte pelo mundo, e uma só é a ressurreição dentre os mortos, cuja figura é o batismo. Por isso Nosso Senhor, ao proporcionar-nos a vida, instituiu em nosso favor a aliança do batismo, que traz em si a figura da morte e da vida: a água significa a imagem da morte, e o Espírito oferece o penhor da vida. O que discutimos nos tem esclarecido pelo fato de que a água está unida ao Espírito. Porque dois são os fins incluídos no batismo: abolir o corpo do pecado, de modo que doravante este não produza frutos de morte; e viver no Espírito, para produzir fruto na santificação. A água traz a imagem da morte, enquanto recebe o corpo como em um sepulcro; ao contrário, o Espírito infunde uma força vivificadora, e renova nossas almas, do pecado de morte à vida original. Isto significa nascer do alto, da água e do Espírito; enquanto a morte, ocorre na água; porém a vida se realiza em nós por obra do Espírito. Nas três imersões e outras tantas invocações se cumpre o grande mistério do batismo, para que seja representada a figura da morte, e os batizados iluminem as suas almas com o conhecimento de Deus. Disso se segue que se há na água uma graça, esta não provém dela mesma, mas da presença do Espírito.

São Basílio de Selêucia, 15,35.

# Terça-feira
## da 2ª semana do Tempo Pascal

**Evangelho**: Jo 3,7b-15
**Escritor eclesiástico**

*Ninguém sobe ao céu, a não ser aquele que desceu do céu, o filho do homem que está no céu.* Estas são, meus irmãos, aquelas "coisas do céu" difíceis de crer, mais difíceis de compreender, dificílimas de explicar. *Se não credes*, diz o Mestre celeste, *quando eu falo das coisas da terra, como crereis quando vos falar das coisas do céu?* Quem vem do céu fala com profundidade das realidades do céu, e quem vem da terra crê com lentidão nas coisas da terra. E quem é capaz de ser mestre nas realidades da terra, não está em grau de ser sequer estudante nas realidades do céu. Mas nós, caríssimos, nós que somos há muito tempo "cidadãos do céu", não devemos ignorar as coisas celestes; de fato, é muito vergonhoso não conhecer a realidade entre as quais se habita, e muito tolo habitar um lugar que se ignora. Ele designa a si mesmo "filho do homem", humilhando-se como de costume. Com efeito, só o Filho de Deus "tem descido do céu" de sua própria vontade e com o seu poder, enquanto o diabo, que foi expulso, caiu do céu; e o anjo bom, obedecendo o poder superior, se tem afastado temporariamente.

Isaac de Stella. *Sermão 42,1-2 na Ascensão.*

## Quarta-feira
## da 2ª semana do Tempo Pascal

**Evangelho**: Jo 3,16-21
**Escritor eclesiástico**

A causa porque é necessário para a alma, para chegar a divina união com Deus, passar esta noite escura de mortificação dos apetites e negação dos gostos em todas as coisas, é porque todos os apegos que possuem nas criaturas são, diante de Deus, puras trevas, das quais estando a alma vestida, não possui capacidade para ser iluminada e possuída da pura e simples luz de Deus, se primeiro não os afastar de si, porque não se pode ligar a luz com as trevas; porque como diz São João: *As trevas não puderam receber a luz.* O motivo é porque dois contrários, conforme nos ensina a filosofia, não podem caber em um único sujeito. E porque as trevas, que são os afetos nas criaturas, e a luz, que é Deus, são contrários e nenhuma semelhança nem ligação possuem entre si, segundo São Paulo ensina aos Coríntios: *Que ligação entre a luz e as trevas?* Daqui se segue que na alma não se pode assentar a luz da divina união se primeiro não se afugentam os seus afetos.

São João da Cruz. *Subida do Monte Carmelo*, I, 4.

# Quinta-feira
## da 2ª semana do Tempo Pascal

**Evangelho**: Jo 3,31-36
**Escritor eclesiástico**

Quem ignora, ainda que não tenha fé, que recebemos dele todo o necessário para a nossa vida corporal? O alimento, a respiração, a visão, tudo procede daquele que sustenta a todo vivente, fazendo despontar o sol sobre bons e maus, e enviando a chuva sobre justos e pecadores? Quem, por ímpio que seja, poderá sequer conceber que a dignidade humana, tão refulgente na alma, pôde ser criada por outro ser distinto ao qual diz no Gênesis: *Façamos o homem a nossa imagem e semelhança*? Quem pode pensar que o homem pudesse receber a sabedoria de outro que não seja justamente o mesmo que a ensina? De quem, senão do Senhor das virtudes, pode receber o dom da virtude que lhe deu ou está disposto a dar-lhe? Com razão, pois, Deus merece ser amado por si mesmo, inclusive pelo que não tem fé. Desconhece a Cristo, mas conhece a si mesmo. Por isso ninguém, nem mesmo o infiel, tem desculpa se não ama ao Senhor seu Deus com todo o coração, com toda a alma e com toda a sua força. Clama em seu interior uma justiça inata e não desconhecida pela razão. Esta o impulsiona interiormente a amar com todo o seu ser a quem reconhece como autor de tudo quanto recebeu.

São Bernardo. *Livro sobre o amor de Deus*, 2,6.

# Sexta-feira
## da 2ª semana do Tempo Pascal

**Evangelho**: Jo 6,1-15
**Escritor eclesiástico**

*Bendito o Reino que vem do nosso pai Davi! Hosana no mais alto dos céus!* No evangelho de João, nós lemos que as multidões, restauradas pelos cinco pães e dois peixes, queriam sequestrar Jesus e proclamá-lo rei, mas Ele, fugindo sobre o monte, escapou de modo que isso não pudesse acontecer.

Agora, porém, vem a Jerusalém onde irá sofrer, e não se esquiva daqueles que o proclamam rei, àquela multidão que lhe dá glória e que, com hinos dignos do Filho de Deus e do rei, o conduz à cidade real, e não silencia as vozes daqueles que cantam a restauração nele do reinado do patriarca Davi, e a reconquista dos dons da bênção primitiva. Por que motivo aquilo que inicialmente recusou fugindo agora o aceita, e agora que está prestes a deixar o mundo através da paixão da cruz, não rejeita esse reino que não queria aceitar quando Ele ainda tinha que restituir a vitória sobre o mundo? Por nenhum outro motivo, se não para ensinar abertamente que Ele é Rei de um império que não é temporal e terreno, mas eterno nos céus e a isso chegará com a vitória sobre a morte, com a glória da ressurreição e o triunfo da ascensão. Por isso, aparecendo aos discípulos após a ressurreição, disse: *Todo poder me foi dado no céu e na terra*, e o que segue.

São Beda. *Comentário ao Evangelho de São Marcos*, III,II, 10.

## Sábado
### da 2ª semana do Tempo Pascal

**Evangelho**: Jo 6,16-21
**Escritor eclesiástico**

Sabendo o Senhor que nos deixamos abater com facilidade, diz aos apóstolos: *Não se perturbe o vosso coração nem se atemorize*. Se desejos desordenados e cobiça te colocam a prova, lê o evangelho e Jesus te diga: *Não se perturbe o vosso coração*. Se o medo te assalta, Cristo te diga: *Não se perturbe o vosso coração nem se atemorize*. Se enquanto navegas neste mar surgem ondas agitadas, se uma obscura tempestade se levantar, Jesus te diga: *Sou eu, não temais*. Quando você enfrenta uma situação de sério conflito, diga primeiro: *Estou pronto e tranquilo; guardarei os teus mandamentos*. Mas porque falar apenas das dificuldades de ordem material? Esteja preparado não só diante das realidades visíveis, mas também daquelas invisíveis. Diz o apóstolo: *combates por fora, temores por dentro*. Tu encontras a guerra mesmo dentro de você. É bom que no teu espírito reinem a paz e uma certa serenidade; mas é melhor que o piloto consiga dirigir o navio no meio da tempestade. Mantém o controle de ti mesmo quando o espírito está perturbado, quando a mente vacila. Por acaso, se pode louvar o valor de um piloto que não enfrentou nenhuma tormenta e que dirigiu a nave sem nunca ter ficado à mercê da tempestade? Eu prefiro elogiar aquele que resiste a fúria dos ventos, que desponta contra as ondas, que não tem medo, seja quando a sua nave está levantada pelas ondas, seja quando é precipitada no profundo. Merece elogio quem governa a si mesmo, que supera a adversidade com a paciência, que a supera com a virtude, que não se exalta em situações favoráveis e não se abate nas adversas. Deve sustentar, também, a guerra contra os espíritos do mal.

Santo Ambrósio. *Comentário ao Salmo 118*, 8,38-39.

# Segunda-feira
## da 3ª semana do Tempo Pascal

**Evangelho**: Jo 6,22-29
**Escritor eclesiástico**

*Fala, Senhor, porque teu servo escuta! Dai-me entendimento, para que conheça os testemunhos de vossa lei. Inclinai o meu coração às palavras da vossa boca, e fazei que elas o penetrem como um orvalho celeste.* Os filhos de Israel disseram outrora a Moisés: *Fala-nos, e nós ouviremos; não nos fale o Senhor, porque talvez morreremos.* Eu não vos rogo assim, Senhor: antes vos suplico humilde e fervorosamente com o Profeta Samuel: *Fala, Senhor, porque teu servo escuta!* Não me fale Moisés nem algum dos profetas. Fala-me Tu, Senhor, luz de todos os profetas. Só vós podeis, sem eles, ensinar-me perfeitamente; já eles sem vós, de nada me servem. Eles podem, muito bem, proferir palavras; mas não podem dar o espírito. Falam de forma admirável; mas silenciando-vos vós, não abrasam o coração. Expõem a letra, mas Tu revelas o sentido; anunciam os mistérios, mas tu desvelas os segredos à inteligência. Proclamam os mandamentos; mas tu ajudas a cumpri-los. Mostram o caminho, mas vós dais a força para percorrê-lo. Eles regam a superfície; mas vós concedeis a fecundidade. Eles clamam aos ouvidos; mas vós é que dais o entendimento. Portanto, não me fale Moisés, mas falai-me vós, meu Senhor e meu Deus, Verdade eterna. Temo morrer e ficar sem fruto, sendo advertido só externamente e não abrasado interiormente. Não me sirva de condenação a palavra ouvida e não vivida; conhecida e não amada; crida e não guardada. *Falai vós, Senhor, pois teu servo escuta, e porque as vossas palavras dão a vida eterna.*

Tomás de Kempis. *Imitação de Cristo*, III, 1-3.

# Terça-feira
## da 3ª semana do Tempo Pascal

**Evangelho**: Jo 6,30-35
**Escritor eclesiástico**

*Ao que vencer, lhe darei de comer da árvore da vida*, isto é, do fruto da cruz *que está no Paraíso de meu Deus*. Também se pode entender o paraíso como a Igreja, já que tudo foi feito figurativamente e precedeu Adão, o qual era sombra do que haveria de vir. E a árvore da vida é a Sabedoria de Deus, o Senhor Jesus Cristo, o qual esteve suspenso na Cruz, aquele que na Igreja e no paraíso espiritual dá aos fiéis o alimento da vida e o sacramento do pão celestial, do qual lemos: *A Sabedoria é vida para aqueles que a abraçam. Aquele que tem ouvidos ouça o que o Espírito diz às Igrejas: Ao que vencer, lhe darei do maná escondido*, isto é, do pão invisível que desceu do céu, que justamente se fez homem para que o homem comesse o pão dos anjos. Como imagem deste, precedeu aquele maná no deserto, e o Senhor garante que aqueles que o comeram, morreram porque permaneceram incrédulos. Não comeram deste maná escondido e singularmente espiritual, que promete aos crentes a imortalidade e do qual o Senhor afirma: *Se não comerdes a carne do Filho do homem e não beberdes do seu sangue, não tereis a vida* eterna *em vós*. Pois aqueles que naquela ocasião puderam se alimentar também espiritualmente daquele manjar, mereceram usufruir da mesma imortalidade, como Moisés e os outros, já que comeram do mesmo manjar espiritual, como ensina o apóstolo. Pois o maná visível não foi um empecilho aos que usavam espiritualmente do manjar corporal; assim como não será de proveito aos homens de agora o maná espiritual do corpo do Senhor, se o recebem indignamente, porque *comem e bebem a própria condenação*.

Primásio de Adrumeto. *Comentario al Apocalipsis*, I, 2.

## Quarta-feira
## da 3ª semana do Tempo Pascal

**Evangelho**: Jo 6,35-40
**Escritor eclesiástico**

Ó Jesus ressuscitado, é mediante vós que nós temos acesso ao Pai, é para vós que devemos encaminhar-nos, e ao trono de vossa graça, para alcançarmos misericórdia. A esperança de nossa imortalidade e de nossa ressurreição está fundada na de Jesus; e nós temos na Santa Comunhão o mui amado e precioso penhor, que é o seu Corpo vivo e glorioso que recebemos nos sepulcros vivos de nossos corpos, aos quais ele imprime uma virtude seminal de sua ressurreição, para que, repletos de confiança digamos com Jó: *Porque eu sei que o meu Redentor vive, e que surgirá finalmente na terra, Então, revestido da minha pele, na minha própria carne verei o meu Deus. Os meus olhos o hão de contemplar, e não os de outro; as minhas entranhas se consomem nesta expectativa*[13]. Ó cara e única esperança, simbolizada pela única oliveira que permaneceu inteira e verdejante no dilúvio! Ó doce consolação entre as misérias desta vida: que nós veremos Jesus em sua carne deificada, que nós contemplaremos as suas chagas sagradas, e desfrutaremos de sua bem-aventurada presença para sempre! Todas as potências de nossa alma são animadas, todas as virtudes vivificadas, e todas as santas disposições renovadas pela Ressurreição de Jesus, e como em uma primavera espiritual o verdor de nossos afetos aparece, as flores dos bons desejos brotam, e todas as coisas devem se renovar em nós.

François Bourgoing. *Les veritez et excellences de Iesus-Christ nostre Seigneur*, I vol.,10,9,2-3.

## Quinta-feira
## da 3ª semana do Tempo Pascal

**Evangelho**: Jo 6,44-51
**Escritor eclesiástico**

Inicialmente, Ele vos chamou mediante uma grande atração interior, e em seguida, vos deu fortes impressões e desejos ardentes de tornar-se perfeito imitador de seu Filho, fazendo-vos experimentar o que o próprio Filho disse outrora: *Ninguém pode vir a mim, se meu Pai não o atrair*. Ele vos tem atraído à solidão, vos tem falado ao coração mediante santas moções que vos doou na vossa infância espiritual, onde, embora possa se ter alguma virtude, comete-se muitas imperfeições, como de presunção, de apego à própria nobreza, de glutoneria e de avareza espiritual. Bebe-se todos esses vícios como

---

13. Cf Jó 19,25-27. Versão da vulgata.

água e sem que ninguém se perceba, porque a embriaguez interior ofusca de tal forma que não se vê nada de mau. Um certo misto das operações divinas e dos sentimentos da natureza turva (o raciocínio) e mostra as coisas do mundo mais perfeitas ao juízo da razão imperfeita. E, no fundo, embora tudo isso não seja culpável, não sendo querido nem buscado, elas são impurezas enormes em matéria de coisas espirituais e das imperfeições que tornam a alma fraca, quando é necessário exercitar grandes atos interiores em vista da pureza de sua fé, pois ela é perturbada nos sentidos. Todavia, se a alma permanecia neste estado, ela não faria um grande percurso no caminho do Espírito. Mas Deus, que vos quer mais perfeita do que sois, vos preveniu por um excesso de sua bondade para fazer-vos avançar em Sua direção...

Santa Maria da Encarnação. *Carta – Avisos para se aperfeiçoar na vida espiritual.*

# Sexta-feira
## da 3ª semana do Tempo Pascal

**Evangelho**: Jo 6,52-59
**Escritor eclesiástico**

Ouviste? É na participação dos mistérios santos e imaculados que consiste a vida eterna! E aqueles que têm a vida eterna são àqueles que o Senhor disse que Ele ressuscitará no último dia. Isso não significa dizer que os outros são abandonados em seus túmulos, mas que aqueles que têm a vida são ressuscitados pela Vida para a vida eterna, e que os restantes são ressuscitados para a morte eterna que é o castigo. Para provar que isso é assim, escuta o que segue: *Aquele que come a minha carne e bebe o meu sangue, permanece em mim e eu nele. Como o Pai que está vivo me enviou e eu vivo pelo Pai, assim aquele que me come também viverá por mim.* Percebes o que Ele disse? O Filho de Deus anuncia claramente que a união que realizaremos com Ele pela Comunhão é tal como a união e a vida que Ele tem com seu Pai. De fato, assim como Ele está unido por natureza a seu próprio Deus e Pai, da mesma forma nós, diz Ele, segundo a graça, comendo a sua carne e bebendo o seu sangue somos unidos a Ele e nele vivemos. Mas, para não nos deixar crer que tudo se resume ao pão visível, justamente para isso afirmou várias vezes: *Eu sou o pão que desce do céu* (Jo 6,50). Ele não diz: "que desceu", pois isso significa o fato de que desceu uma vez. Mas como? Aquele *que desce*, diz Ele, isto é, aquele que desce sem parar e sempre naqueles que são dignos; aquele que se oferta ainda agora a todo momento.

São Simeão o Novo Teólogo. *Traite éthique*, III, 495-515.

# Sábado
## da 3ª semana do Tempo Pascal

**Evangelho**: Jo 6,60-69
**Escritor eclesiástico**

Quando tu lês a divina Escritura, penetra o sentido daquilo que está oculto. *Tudo o que outrora foi escrito, foi escrito para a nossa instrução*. A Escritura denomina a fé *fundamento das coisas que se esperam*; e, quanto aos que não reconhecem que são habitados por Cristo, (o apóstolo) afirmou que não são de fé comprovada. Assim como o pensamento se manifesta através de ações e palavras, da mesma forma, vigiando o que se move no interior de nosso coração, apreendemos aquilo que receberemos na vida futura. É evidente que um coração que se move por compaixão receberá compaixão; e igualmente um coração misericordioso obterá misericórdia. Os movimentos opostos a estes já receberam a resposta inequívoca que merecem. *A lei da liberdade*, ensina *a verdade completa*. A maioria se limita a lê-la mediante um conhecimento intelectual, enquanto poucos nela penetram o sentido à medida da sua observância dos mandamentos. Não busque o perfeito cumprimento desta lei nas virtudes humanas: não se encontra ninguém que nela seja perfeito! O seu perfeito cumprimento está oculto na Cruz de Cristo. A lei da liberdade pode ser lida graças a um verdadeiro conhecimento e compreendida no seu sentido profundo graças a prática dos mandamentos, contudo, só pode ser levada ao seu pleno cumprimento graças a misericórdia do Senhor nosso Jesus Cristo.

Marcos o Monge. *La legge spirituale*, 23-32.

# Segunda-feira
## da 4ª semana do Tempo Pascal

**Evangelho**: Jo 10,1-10 ou 10,11-18
**Escritor eclesiástico**

A terra não tem mais do que horas de consolo e de trégua. Que Jesus vo-lo dê, se essa é a sua vontade. Com todo o meu coração, lhe suplico que vos cumule de graças que santifique a vocês e aos seus filhos... Pedir-lhe que vos console não me atrevo. Ele vos ama mais do que vos possa amar um coração humano, e sabe melhor que nós o que lhe convém. Não sou eu, pobre ovelha!, a dar conselhos a semelhante pastor. Que Ele realize em ti a sua vontade; Ele, que tanto te ama. É isto o que meu coração acredita ser mais conveniente pedir (a Ele) para ti. Minha vida interior é simples. Vejo meu caminho claramente traçado. Todo o trabalho é corrigir-me de minhas inumeráveis faltas e fazer amanhã o mesmo que ontem, porém fazendo-o melhor. É a paz, com uma certa tristeza – proveniente do orgulho e do amor próprio e da covardia – de ver-me ao entardecer da vida tão miserável e tendo produzido tão poucos frutos.

Charles de Foucauld. *Carta a um amigo*, 04/09/1907.

# Terça-feira
## da 4ª semana do Tempo Pascal

**Evangelho**: Jo 10,22-30
**Escritor eclesiástico**

Certa vez vi, seguindo por um caminho, que um homem apascentava alguns porcos e que estava tocando uma trombetinha de som muito ruim, uma música péssima, e tocando-a os porcos vinham saltando e correndo alegremente na direção do homem que tocava a trombetinha. E perguntando o que era aquilo, disseram-me que os porcos seguiam àquele som, porque aquela era a voz com que o seu pastor chamava a sua manada. Ó ovelha! Ó cristão! Tu sabes que um animal irracional, e o mais sem razão que há entre os animais, conhece a voz de seu pastor, e *o asno e o boi conhecem o presépio de seu Senhor*, e tu não conheces a voz de teu Senhor? Está a ovelhinha pastando em um ervaçal que muito gosta, o porco está fossando à vontade, e seu pastor chama, toca a trombeta, e por mais que o porco costume fossar e a ovelha pastar, prontamente, ouvindo a voz de seu pastor, vêm sem demora, deixando tudo. E tu, ovelha; tu, cristão, conquistado pelo sangue do Cordeiro, chama-te o Senhor e não conheces a sua voz. Chama-te um mês, chama-te uma Quaresma e dois anos e quatro e, como má ovelha, estás comendo e fossando em tuas carnalidades, estás em tuas inimizades, estás em tua inveja e ódio, e chama-te teu Senhor e não o ouves. *Minhas ovelhas*, diz o Senhor, *ouvem a minha voz*. Pensais que sois ovelhas de Deus não ouvindo a Deus? Por um lado, vingai-vos, permaneceis em vossas inimizades, e por outro, dizeis: rezemos um pouco. Não sois ovelhas de Deus, andais de um rebanho em outro, não ouvireis a voz do Senhor, e não a ouvindo, não sois dele. Ele não conhece a ovelha que só ouve a palavra, porque aquela palavra lhe apraz.

São João de Ávila. *Sermão na quarta-feira da Semana da Paixão*, 100-120.

## Quarta-feira
## da 4ª semana do Tempo Pascal

**Evangelho**: Jo 12,44-50
**Escritor eclesiástico**

Nesta essência divina na qual as três Pessoas são uma só natureza sem diversidade, se encontram também todas as criaturas segundo seu ideal eterno em sua forma essencial, não em sua forma acidental. São Deus em Deus. É a sua criação temporal que lhes confere sua natureza particular e as distingue de Deus. O espírito dos homens perfeitos pode elevar-se a este abismo da Divindade e a este oceano do inteligível; e também pode submergir-se nele e nadar nas insondáveis profundezas da essência divina, e ali, livre de todos os pensamentos e preocupações ordinárias, permanecer imóvel nos arcanos da Divindade. É então que o homem se despoja da obscuridade de sua luz natural, e reveste-se de uma luz superior. Deus o atrai a simplicidade de sua unidade, na qual perde-se a si mesmo para transformar-

-se em Deus; e isto não por natureza, mas por graça. Assim, colocado neste mar infinito de luz que o cerca, desfruta de uma grande solidão e silêncio, que é a perfeita paz e felicidade. É a maior perfeição a qual pode chegar o espírito do homem. São Dionísio Areopagita[14] chama a este estado "altura desconhecida e luminosa, trevas profundas de um fulgir que ofusca, raio da obscuridade divina": tudo porque a alma une-se a essência divina, submersa naquele oceano de luz, a vê, a contempla e a possui; e neste êxtase descobre o quanto o infinito sobrepuja as luzes de sua razão, o muito que há em Deus, desconhecido a todo intelecto. Apesar disso a alma, feliz através das trevas e da obscuridade, goza de uma luz que lhe manifesta a imensidade e a incompreensibilidade de Deus.

Beato Henrique Suso. *Tratado de la unión del alma con Dios*, cap. 9.

# Quinta-feira
## da 4ª semana do Tempo Pascal

**Evangelho**: Jo 13,16-20
**Escritor eclesiástico**

A humildade é a virtude própria e principal dos cristãos, a qual foi desconhecida dos arrogantes e soberbos filósofos, e acima de todas, esta é a que Cristo nos ensinou mediante palavras e obras, para que andando no caminho de uma vida nova, nos apressemos em segui-lo ao prêmio da suprema vocação, consideração com muita atenção donde peregrinamos, aonde caminhamos, quanto temos andado, e quais auxílios temos para concluir nossa jornada. E se a humildade não precede, não acompanha, e não segue a todas as nossas obras, jamais chegaremos ao fim desejado. Porque alegrando-nos de algumas boas ações que realizamos, a soberba corrompe todas as nossas obras: nelas, também devemos temer a soberba, não aconteça que o que realizamos louvavelmente o percamos pela cobiça e o desejo dos louvores. E se alguma vez o nosso pensamento nos sugere que somos algo (de importante), temos sempre presente a terra, que nos avisa

---
14. O Pseudo-Dionísio.

e recorda-nos de nossa primeira origem. Terra somos, e em terra também nos tornaremos depois. É sobre esse fundamento que se deve construir o edifício das demais virtudes.

Cardeal João Bona. *Principios y documentos de la vida Cristiana*, II, 25.

# Sexta-feira
## da 4ª semana do Tempo Pascal

**Evangelho**: Jo 14,1-6
**Escritor eclesiástico**

Começo por lhe dizer, ó vida vital, doce e amável, vós sempre sois deleitável! Ó doce verdade, verdade que tendes doado para corroborar todas as verdades que vós tínheis anunciado e com a qual tendes provado a nossa falsidade. Verdade com a qual penetrais o coração daquele que possua a humildade. Vida, que doais a vida; verdade que revela o Verbo! Ó caminho que conduzis os cegos, caminho no qual estão muitas veredas que conduzem a alma ao seu alimento, o corpo à sua saúde, o espírito à luz, a vontade à realização dos seus desejos e a memória à extinção de suas lembranças (más)! Mas para nutrir a alma é necessário que ela se torne como uma rola; para aprazer o corpo deve-se tornar como a pomba; para satisfazer à vontade, deve-se assemelhar à águia, e para ilustrar a inteligência, é necessário ser ágil e veloz como o cervo. A rola conduz ao gemido e à lamentação; a pomba à cavidade onde ela deposita seu ninho na essência da divindade; a águia faz chegar a Deus, e o cervo faz correr para a eternidade. Oh! Que essas veredas sejam agradáveis! Oh, que esses caminhos sejam suaves! Como são belas e gloriosas as coisas que se contam de ti, cidade de Deus! Mas quão mais gloriosas ainda, ó Verbo, são as operações[15] que nos contam de vós!

Santa Maria Madalena de Pazzi. *Exclamação*, XI.

---

15. A santa se refere aqui às "operações" que Deus opera nas almas.

# Sábado
## da 4ª semana do Tempo Pascal

**Evangelho**: Jo 14,7-14
**Escritor eclesiástico**

Em primeiro lugar, é obstáculo para a oração o pecado. Isaías afirma: *ainda que multipliqueis vossas orações, não as escutarei, porque vossas mãos estão cheias de sangue.* Em Jeremias também lemos: *nós pecamos, fomos rebeldes, por isso não nos escutastes.* Com frequência, o Deus todo-poderoso não escuta na tribulação a oração daquele que em suas obras desprezou os mandamentos do Senhor; é lógico que não participe nos benefícios daquele a cujas ordens não quis submeter-se. Portanto, aquele que deseje que o Senhor escute as suas orações, procure antes obedecer às suas ordens; o coração se encherá de confiança, e sentirão atendidos os seus pedidos àqueles cuja vida esteja de acordo com o que busca na oração. Outra desvantagem naquele que reza é a dúvida: Confessa-se indigno das bênçãos do céu aquele que recorre com espírito duvidoso. É inadequado que a alma se inquiete entre dúvidas quando reza, tendo tantos motivos para estar seguro de que suas súplicas serão ouvidas. Nós temos no céu a Jesus, o Senhor, mediador dos homens, nosso redentor, nosso irmão: a Ele se dirigem as nossas súplicas; Ele reza em nosso favor com suas palavras, suas afeições, com seu sangue; Ele oferece ao Pai, sempre intercedendo por nós, a humanidade que por nós assumiu; e não poderá rejeitar ao que reza com fé àquele que sempre se apresenta intercedendo por nós.

São Lourenço Justiniano. *Tratado de la oración*, cap. 4.

# Segunda-feira
## da 5ª semana do Tempo Pascal

**Evangelho**: Jo 14,21-26
**Escritor eclesiástico**

Minha filha, como uma Filha da Caridade poderá conhecer que ama devidamente a Deus? "Parece-me, padre, que poderá sabê-lo se sente muitos desejos de lhe agradar." Esse é realmente um grande sinal, minha filha, porque, se ela tem muita vontade de lhe agradar, cuidará muito para não o ofender; e, por sua vez, se mostrará muito atenciosa em realizar aquilo que sabe ser conforme a sua vontade e seus desejos. Uma pessoa que deseja agradar a outra, se esforça por conhecer os seus sentimentos, aceitá-los, antecipar-se a eles, e não deixa passar nenhuma ocasião sem testemunhar-lhe sua submissão e seu acatamento com alegria e brandura. Nisso sente e sabe que ama. Igualmente, a alma que sente em seu interior essa intenção de agradar a Deus e essa fidelidade em não descuidar nada do que pode dar-lhe glória, possivelmente poderá crer, assim, que ama a Deus. Mas as outras (Irmãs), como o poderão saber? Porque com frequência essa intenção interior de agradar a Deus não a conhece senão a alma que a sente, pois é algo que ocorre entre ela e Deus. Minha filha, como se poderá reconhecer que uma Filha da Caridade ama devidamente a Deus? "Parece-me, padre, que poderá reconhecê-lo se guarda os seus mandamentos". Tens razão, minha filha, é o mesmo sinal que Nosso Senhor nos deu quando afirmou: *Se alguém me ama, guardará os meus mandamentos.* Um dos sinais mais autênticos de que se ama alguém, é a obediência aos seus mandamentos. Se tendes alguém cumpridor e desejoso de nada fazer contrário aos mandamentos de Deus, podereis dizer: "Eis aqui uma irmã que ama a Deus como se deve".

São Vicente de Paulo. *Conférence 41 – Sur l'amour de Dieu.*

# Terça-feira
## da 5ª semana do Tempo Pascal

**Evangelho**: Jo 14,27-31
**Escritor eclesiástico**

São Francisco (de Assis) começou, por inspiração divina, a anunciar a perfeição evangélica, pregando a todos a penitência, com simplicidade. Suas palavras não eram vãs nem ridículas, mas cheias da virtude do Espírito Santo, as quais penetravam no íntimo da consciência, de modo a tocar vivamente os ouvintes. Como ele mesmo confidenciou mais tarde, tinha aprendido por revelação divina esta saudação: "O Senhor te dê a paz". No início de suas pregações, oferecia ao povo esta mensagem de paz. Fato surpreendente, que é praticamente um milagre: ele tinha tido, antes da conversão, um precursor no anúncio de paz, o qual percorria frequentemente Assis fazendo a saudação: "Paz e bem! Paz e bem!" Formou-se então a convicção de que, assim como João anunciou a Cristo e se afastou logo que Jesus começou a sua missão; assim também aquele homem, como um segundo João, precedeu Francisco no presságio de paz, e desapareceu com a chegada do santo. Francisco, o varão de Deus, entusiasmado pelo espírito dos profetas e seguindo a sua linguagem, como ecoando o seu precursor, anunciava a paz e pregava a salvação. Muitos, persuadidos por sua palavra, se reconciliavam em autêntica concórdia, enquanto antes tinham vivido hostis a Cristo e distantes da salvação.

*Leggenda dei tre compagni*, 25-26.

## Quarta-feira
## da 5ª semana do Tempo Pascal

**Evangelho**: Jo 15,1-8
**Escritor eclesiástico**

O ramo unido e ligado à videira dá fruto, não por sua virtude, mas por virtude da videira: Ora, nós estamos unidos pela caridade ao nosso Redentor, como os membros à Cabeça; e esse é o motivo porque os nossos frutos e boas obras, haurindo do sangue de Jesus o valor, alcançam a vida eterna. A vara de Aarão estava seca, incapaz de frutificar por si mesma, mas assim que o nome do grande Patriarca foi escrito nela, numa só noite deu folhas, flores e frutos. Nós também somos como varas secas, inúteis e infrutíferas, incapazes de produzir um pensamento só por nós; toda a nossa capacidade é de Deus, que nos fez oficiais idôneos e aptos da sua vontade. Por isso, quando pelo santo amor o nome do Salvador, grande bispo da nossa alma, estiver gravado em nossos corações, logo começamos a produzir frutos deliciosos para a vida eterna. E como as sementes que não produzem senão melões de gosto insípido, dão melões açucarados se, antes de as semear, tivermos o cuidado de as mergulhar em água bem açucarada; igualmente os nossos corações que de si não eram capazes de produzir nem um bom pensamento para o serviço de Deus, se os embebermos na sagrada dileção pelo Espírito Santo que habita em nós, produzem santas ações que tendem e nos conduzem à glória imortal.

São Francisco de Sales. *Tratado do amor de Deus*, XI, 6.

# Quinta-feira
## da 5ª semana do Tempo Pascal

**Evangelho**: Jo 15,9-11
**Escritor eclesiástico**

*Permanecei em meu amor*: Ó Jesus, Jesus, ressurreição dos mortos, vida dos viventes, salvação eterna dos crentes, que sois todo doçura, todo amabilidade, todo deleite para aqueles que vos buscam, que vos trazem em seu coração e que vos encontram; consenti que vosso servo fale com seu Senhor, o homem com Deus, a criatura com seu criador, o vaso com aquele que o fez, àquele que foi redimido com o seu libertador. Portanto, escutai-me, e nada em mim seja causa de algum impedimento. Porque, embora pecador, eu vos amo, vosso amor me dá a audácia de me entreter convosco, vossa caridade atrai a minha alma, vossa ternura a abrasa. Disseste aos seus apóstolos, e entendemos que por eles a nós: *Permanecei no meu amor!* Eu vos suplico, gozo extasiante, doçura como a do mel, bálsamo suave, aroma fascinante, alegria soberana, glória eterna, vida dos santos, encanto dos anjos, Salvador do mundo. Dulcíssimo Jesus, Filho do Deus vivo, incomparavelmente bom, amado e afetuoso, dizei-nos, eu vos suplico: qual o motivo de vosso amor, de vossa caridade tão atraente, que vos leva a prescrever-nos de vos amar e de permanecer em vosso amor? Dizei-o, para que aqueles que não vos amam, o escutem e vos amem; e àqueles que vos amam sejam cada vez mais abrasados em vosso amor. Que vossa voz suave ressoe aos nossos ouvidos. Dizei: *"Como meu Pai me ama, assim eu vos amo*, retribuí-me da mesma forma, amai-me e perseverai no meu amor". É justo, Senhor Jesus, aquilo que dizeis, o que ordenais é reto. A justiça declara ao mundo inteiro que aquele que é amado, deve amar; aquele que é querido, deve retribuir afeto por afeto.

Beato Oglério de Lucedio. *Sermon 13 sur le discours apres la cene 3.*

## Sexta-feira
## da 5ª semana do Tempo Pascal

**Evangelho**: Jo 15,12-17
**Escritor eclesiástico**

Muita consolação me dá, caríssimos irmãos em Nosso Senhor Jesus Cristo, compreender os vivos e eficazes desejos, que de vossa perfeição e seu divino serviço e glória vos dá aquele que, por sua misericórdia, vos chamou a este Instituto e nele vos conserva e dirige em vista do bem-aventurado fim onde chegam os seus escolhidos. E, ainda que em todas as virtudes e graças espirituais vos desejo toda a perfeição, é verdade – como ouvistes de mim em outras ocasiões – que mais particularmente na obediência que em qualquer outra, Deus Nosso Senhor me dá o desejo de ver-vos sobressair, não só pelo singular bem que nela há – que na Sagrada Escritura com exemplos e palavras no Antigo e Novo Testamento se enaltece –, mas porque, como afirma São Gregório, "a obediência é uma virtude que sozinha enxerta na alma as outras virtudes, e enxertadas as conserva"; e enquanto esta florescer, todas as outras florescerão e trarão o fruto que eu em vossas almas desejo, e à qual pede aquele que remiu por obediência, o mundo perdido por falta dela, *feito obediente até a morte e morte de cruz.* Em outras congregações nós podemos tolerar que nos excedam em jejuns, vigílias e outras asceses que, segundo o seu instituto, cada um santamente observa. Contudo, na pureza e perfeição da obediência, com a verdadeira resignação de nossas vontades e renúncia de nossos juízos, muito desejo, caríssimos Irmãos, que se distingam os que nesta Companhia servem a Deus Nosso Senhor, e que nisto se conheçam os verdadeiros filhos dela; nunca olhando a pessoa a quem se obedece, mas nela a Cristo Nosso Senhor, por quem se obedece.

Santo Inácio de Loyola. *Carta aos padres e irmãos de Portugal*, 26/03/1553.

# Sábado
## da 5ª semana do Tempo Pascal

**Evangelho**: Jo 15,18-21
**Escritor eclesiástico**

Sê em toda ocasião pregador do Evangelho. Serás pregador do Evangelho assumindo uma vida evangélica. Demonstra que existe outro mundo. Tu demonstrarás que existe outro mundo desprezando a este mundo. Irmão Hesíquio, devemos compreender que vivemos em um mundo de engano. Se compreendemos que estamos no engano, o erro já não nos seduz. É semelhante aos que estão sonhando: se percebem, enquanto sonham, que estão contemplando um sonho e não a realidade, não se extraviarão seguindo a sua visão; da mesma forma, àquele que conseguiu perceber que neste mundo ele se encontra no erro, não se inquieta pelo amor as coisas. Por conseguinte, amado nosso, sejamos perfeitos antes de sair do corpo. Devemos considerar cada dia como se fosse o último de nossa vida. E como alguém que busca a recompensa de sua vida, deves avaliar diariamente teu lucro, porque neles está teu prejuízo ou teu lucro. Quando chega à noite, centraliza teu pensamento na meditação de tudo o que aconteceu durante o dia: pondera a providência de Deus para contigo, pensa nas dádivas que te concedeu ao longo do dia: o resplendor da lua, a alegria da luz do dia, todas as horas e cada momento, as estações do ano, a percepção das cores, a beleza das criaturas, o percurso do sol, o crescimento de tua estatura, a conservação de tua pessoa, o soprar do vento, a abundância de frutos, os variados recursos a serviço de teu prazer, tua proteção frente às adversidades, e todas as outras coisas boas. Quando tenhas ponderado estas coisas, a admiração para o amor que Deus te manifestou emanará em ti e a ação de graças por suas dádivas arderá em ti. Considera, ainda, se aconteceu alguma coisa que fosse oposto a estas dádivas e pergunta a ti mesmo: Hoje, fiz algo que possa desgostar a Deus? Disse ou pensei algo contrário à vontade daquele que me criou? E se realmente percebes que fizeste algo que lhe desagrada, levanta-te um instante para rezar e agradece-lhe pelos dons que te concedeu para as tarefas do dia inteiro, e suplica por causa de tuas imperfeições. Assim dormirás em paz e sem pecado.

João o Solitário. *Carta a Hesíquio*, 56-61.

# Segunda-feira
## da 6ª semana do Tempo Pascal

**Evangelho**: Jo 15,26–16,4a
**Escritor eclesiástico**

Assim como a cera, a não ser que seja aquecida e amolecida por bastante tempo, não pode receber a impressão do selo, assim também com o homem: se não for provado por sofrimentos e doenças, ele não pode conter o selo da virtude de Deus. Assim o Senhor disse ao nobre Paulo: "Basta-te a minha graça, porque é na fraqueza que manifesto todo o meu poder". E o apóstolo glorifica a si mesmo dizendo: "Por isso, de boa vontade me gloriarei nas minhas enfermidades, para que sobre mim se manifeste o poder de Cristo". O apóstolo, desse modo, chama enfermidades aos ataques dos inimigos da Cruz, que o assaltam constantemente, a ele e a todos os santos deste tempo, para que não fossem enaltecidos – como ele o disse pessoalmente – pela grandeza das revelações (2Cor 12,7). Além disso, graças a humilhação advinda de seus frequentes opróbios, eles perseveravam muito no exercício da perfeição, para guardar santamente o dom divino, enquanto que nós chamamos de enfermidades os maus pensamentos e os males físicos. Realmente, tal como os corpos dos santos que combatiam contra o pecado estavam entregues aos golpes mortais e a vários outros tormentos, assim eles se encontravam bem acima das paixões que têm invadido a natureza humana após o pecado.

Diádoco de Fótice. *Cem capítulos sobre a perfeição espiritual*, c. 94.

# Terça-feira
## da 6ª semana do Tempo Pascal

**Evangelho**: Jo 16,5-11
**Escritor eclesiástico**

Quando o Verbo gerado novamente subiu ao céu, a Promessa do Pai, o Espírito da verdade foi enviado do alto para o seu posto, para trazer consolação aos aflitos da posteridade de Adão, e para fortalecer a tropa escolhida dos apóstolos. Eis porque nós adoramos ao Pai em espírito e verdade.

Hoje foram dissipadas as angústias cheias de dor e de trevas, provindas da descendência de (Eva), a primeira mãe: pois, aqueles que tinham nascido segundo a carne na morte e na corrupção, o Espírito novamente os gera como filhos da luz do Pai celestial. Eis porque nós adoramos ao Pai em espírito e verdade.

Tu que, consubstancial com o Pai e o Filho – processão inefável do Eterno –, fazes hoje manar a água vivificante em Jerusalém: Espírito de Deus, tem misericórdia!

Tu que estás associado ao Pai e ao Filho na criação – por quem as criaturas foram chamadas à vida do (seio) das águas –, hoje tu geras os filhos de Deus das profundezas das águas batismais: Espírito de Deus, tem misericórdia!

Tu que compartilhas a glória do Pai e do Filho, e que perscrutas as profundezas de Deus, Tu hoje fizeste os néscios do mundo possuidores dos mais íntimos arcanos da sabedoria: Espírito de Deus, tem misericórdia!

Tu que és insondável na tua essência, Trindade consubstancial, potência única do três vezes Santo, um só Deus por natureza, nós te glorificamos, Deus de nossos pais!

Tu que és princípio do Filho por geração, ó Pai mais antigo que os séculos!, de quem o Espírito fulgiu indivisível em igualdade: nós te glorificamos, Deus de nossos pais!

Tu, coexistente com o Pai: Filho, luz da luz, claridade inefável; e Tu, Espírito Santo coeterno, igual ao Pai e ao Filho: nós te glorificamos, Deus de nossos pais!

Nérses Snorhali. *Hino do quarto dia de Pentecostes da Liturgia Armênia* (parcial).

## Quarta-feira
## da 6ª semana do Tempo Pascal

**Evangelho**: Jo 16,12-15
**Escritor eclesiástico**

Com a "fé", não me refiro em primeiro lugar ao fato de crer na distinção das adoráveis Pessoas da Essência, nas propriedades de sua natureza ou na portentosa economia que se realizou em nossa humanidade quando (Deus) assumiu a nossa natureza. Designo, em primeiro lugar, a "fé" como a luz inteligível que se eleva pela graça na alma e que, testemunhando ao pensamento, afasta o coração da dúvida mediante a convicção de uma esperança que longe está de toda soberba, e não mediante uma tradição só aceita porque assim se ouviu dizer. Ela (a luz) revela aos olhos espirituais os arcanos mistérios que na alma residem e a riqueza abscôndita da divindade, a qual se oculta aos olhos dos filhos da carne, e se revela no Espírito àqueles que se alimentam na mesa de Cristo, meditando em sua lei. Como foi dito: *Se guardais os meus mandamentos vos enviarei o Espírito consolador, que o mundo não pode receber; e Ele vos guiará à verdade completa*. Assim, Cristo mostrará também ao homem a Santa Potência que o cobre a todo momento. Esta Potência é o próprio Consolador. Pela força desta fé, abrasa cada parte da alma como no fogo, de tal forma que, por causa de sua confiança em Deus, já despreza todos os perigos. Destarte, com as asas da fé, eleva-se acima da órbita da criação visível; e, como se estivesse embriagada, se mantém constantemente no assombro da meditação de Deus.

Santo Isaac de Nínive. *O dom da humildade*, 10.

## Quinta-feira
## da 6ª semana do Tempo Pascal

**Evangelho**: Jo 16,16-20
**Escritor eclesiástico**

Se quereis expulsar de vós a tristeza e viver sempre alegre e satisfeito, o remédio é viver bem e cumprir com os deveres de vosso estado. Quereis nunca estar triste?, diz São Bernardo: vivei bem. Examinai a vós mesmos e tirai as faltas que causam essa tristeza, e assim ela cessará e virá a alegria. A boa vida sempre anda acompanhada de gozo e alegria; assim como a má de pena e sofrimento. Assim como não há maior pena e tormento que o remorso e batidos da má consciência, assim não há maior satisfação e alegria nesta vida que *o teste-*

*munho da boa consciência*; diz o Sábio (Eclo 30,16): *Não há alegria na terra que se possa comparar*. É, diz Pr 15,15, como um banquete perpétuo. Assim como o que está em uma festa se alegra com a variedade dos alimentos e com a presença dos convidados, assim o servo de Deus, que faz o que se deve, se alegra com o testemunho da boa consciência e com o aroma da presença divina, da qual tem grandes prendas e conjecturas em seu espírito; conforme aquilo de São João: *Se nosso coração não nos repreende, podemos aproximar-nos de Deus com confiança*. O Apóstolo São Paulo diz que *a boa consciência* é um paraíso *e uma glória e bem-aventurança na terra*. São Crisóstomo diz que a boa consciência, causada da boa vida, tira e desfaz todas as trevas e amarguras do coração, como o sol quando sai tira e desfaz todos os nublados; de tal maneira que toda abundância de tristeza caindo em boa consciência assim se apaga, como uma centelha de fogo caindo em um lago muito profundo de água.

Alonso Rodriguez. *Exercício de perfeição e virtudes cristãs*, II, 6.

# Sexta-feira
## da 6ª semana do Tempo Pascal

**Evangelho**: Jo 16,20-23a
**Escritor eclesiástico**

Chorai, queridas almas, tremei, passai pela inquietude e agonia. Não façais nenhum esforço para evitar estes temores divinos, estes gemidos celestiais. Recebei no fundo de vossas almas as mesmas ondas que aquele mar de amargura lançou sobre a alma santa de Jesus. Ide sempre adiante, e o mesmo alento de graça que fez correr cossas lágrimas já de secá-las. As nuvens, o sol irradiará a sua luz, a primavera vos cobrirá de flores, e o que segue a vosso abandono vos fará encontrar a variedade admirável que traz em si o curso da ação divina. Na realidade, é coisa muito vã que o homem fique preocupado. Tudo o que nele acontece é semelhante a um sonho, no qual uma sombra segue e destrói a sombra precedente, sucedendo-se naqueles que dormem as imaginações, umas tristes, outras alegres. A alma não é senão o joguete destas aparências que se devoram entre si. O despertar faz ver à alma que nada disso tinha importância alguma, e já não se leva em conta todas essas impressões nem os perigos nem as felicidades do sonho. Em que sentido, Senhor, posso dizer que manténs adormecidos todos os vossos filhos sobre vosso seio durante toda a noite da fé? E que te comprazes em fazer passar por suas almas uma infinita variedade de sentimentos, que no fundo não são mais que santas e misteriosas ilusões? Estas, para aqueles que estão submersos nessa noite e sonho, causam verdadeiros temores, angústias e sofrimentos, que no dia da glória tu dissiparás e transformarás em verdadeiras e sólidas alegrias.

Jean Pierre de Caussade. *L'abandon à la Divine Providence*, 11.

# Sábado
## da 6ª semana do Tempo Pascal

**Evangelho**: Jo 16,23b-28
**Escritor eclesiástico**

O grande Apóstolo São Paulo nos ensina que, para executar santamente todas as nossas ações é indispensável fazê-las em nome de Jesus Cristo; e Nosso Senhor em pessoa nos assegura que o que pedirmos ao Pai em seu nome, nos será concedido. Portanto, para orar santamente, é preciso fazê-lo em nome de Jesus. Mas, em que consiste a oração em nome de Jesus Cristo, nosso Salvador?... É, repito, continuar a oração de Cristo neste mundo; porque, sendo os cristãos todos membros do mesmo corpo de Jesus, segundo as palavras de São Paulo, são seus lugar-tenentes na terra, o representam e, ao agir em seu nome, isto é, com seu espírito, disposições e intenções, desenvolvem e perpetuam sua atividade entre os homens. Exatamente como um embaixador, que tem a representação de seu rei ante outro soberano deve proceder em tudo de acordo com seu chefe, seguindo pontualmente seu espírito, disposições e intenções, assim nós temos de tomar a peito a procuração de Nosso Senhor na terra. Esta é a razão pela qual afirmo que orar em nome de Jesus Cristo é continuar a oração e a súplica de nosso Divino Salvador, com suas mesmas disposições, espírito e intenções; é orar como Ele mesmo orou sobre a terra e como de novo oraria se ainda vivesse no meio de nós. E é assim que o cristão deve orar.

São João Eudes. *Vida e reino de Jesus nas almas cristãs*, I, 5,7.

# Segunda-feira
## da 7ª semana do Tempo Pascal

**Evangelho**: Jo 16,29-33
**Escritor eclesiástico**

Com certeza, foi batizado como homem, porém apagou os pecados como Deus; pessoalmente, não tinha necessidade de purificação, mas se submeteu a ela para santificar as águas. Foi tentado como homem, mas venceu como Deus e nos convida a ter coragem, já que Ele venceu o mundo. Teve fome e, não obstante, alimentou a milhares de pessoas e é o pão vital e celestial. Teve sede, mas bradou: *Quem tem sede, venha a mim e beba*, e prometeu que todos os que nele tivessem fé se tornariam como fontes que sempre jorram. Cansou-se, contudo, é o descanso de todos aqueles que estão cansados e fadigados. Pesou-lhe o sono, porém demonstrou ser leve sobre o mar, repreendeu aos ventos e tornou leve a Pedro que submergia. Paga o imposto, mas o toma do peixe e é rei daqueles que o exigem. É chamado samaritano e endemoniado, contudo, salva alguém que descia de Jerusalém e se enfrentara com ladrões; também os demônios o reconhecem, Ele os afugenta, afoga no mar a legiões de espíritos e vê como se precipita como um raio o príncipe dos demônios. Lançam-lhe pedras, mas não conseguem prendê-lo. Ora, mas escuta (aos demais); chora, mas acalma o pranto. Como homem, pergunta onde colocaram Lázaro, mas como Deus ressuscita a Lázaro. Foi vendido a baixo preço, pois deram por Ele trinta denários de prata, mas resgata o universo a preço muito elevado, visto que para isso derramou o seu sangue.

São Gregório Nazianzeno. *Oratio*, 29,19-20.

# Terça-feira
## da 7ª semana do Tempo Pascal

**Evangelho**: Jo 17,1-11a
**Escritor eclesiástico**

De fato, *Ele é a imagem do Deus invisível* para que a miséria e a fragilidade da condição humana se habituem, algum dia, a partir dali, a ver a Deus

Pai na imagem de Deus; isto é, no Filho de Deus. Na realidade, a fragilidade humana devia ser nutrida, pouco a pouco e por acréscimos sucessivos, mediante a imagem, para chegar a esta glória de um dia poder ver a Deus Pai. Aquilo que é grande, se é imprevisto, é perigoso. Na verdade, também a luz do sol, se chega de forma inesperada depois da escuridão, com seu brilho excessivo, não mostrará o dia aos olhos das pessoas despreparadas, mas antes lhes causará a cegueira. Para evitar que este fato tenha como consequência prejuízo aos olhos humanos, rompidas e dissipadas gradualmente a escuridão, o surgir do astro, que se ergue sem ser percebido, aumentando pouco a pouco sua intensidade, acostuma gradativamente os olhos dos homens intensificando seus raios até que tolerem a contemplação total de seu disco. Da mesma forma Cristo, isto é, a imagem de Deus e Filho de Deus, é visto pelos homens do modo em que podia ser visto. Por isso a fragilidade e a miséria do estado humano são nutridas por meio dela, feita crescer e desenvolvida, para que habituada a observar o Filho possa um dia ver ao próprio Deus Pai tal como Ele é.

Novaciano em *De Trinitate*, de Santo Agostinho, 18,3-6.

# Quarta-feira
## da 7ª semana do Tempo Pascal

**Evangelho**: Jo 17,11b-19
**Escritor eclesiástico**

Piedade, Senhor! Piedade, Cristo! Deus Pai, se fui feito homem a tua semelhança e a imagem do Filho, que, uma vez criado, possa Viver por todos os séculos, porque o Filho me conheceu.

Piedade, Senhor! Piedade, Cristo! Amei ao mundo, porque tu tinhas feito ao mundo; fui feito prisioneiro do mundo, enquanto o mundo inveja aos teus; agora odeio ao mundo, porque agora compreendi o Espírito.

Piedade, Senhor! Piedade, Cristo! Acode em auxílio dos caídos, Senhor, acode em auxílio dos penitentes, porque, por tua santa e divina decisão, meu pecado é mistério de salvação.

Piedade, Senhor! Piedade, Cristo! Conheço, Senhor, teu mandamento; conheço que o retorno está escrito em minha alma; apresso-me, se tu me mandas voltar[16], nosso Salvador, nosso Deus.

Piedade, Senhor! Piedade, Cristo! Faz muito tempo que tenho esta luta, muito tempo que resisto a meu inimigo; contudo, ainda estou em minha carne; nela foi vencido o diabo dando assim, a ti, um grande triunfo e a nós o baluarte da fé.

Piedade, Senhor! Piedade, Cristo! Tenho ao alcance da mão o querer abandonar o mundo e a terra, mas, o querer sem teu concurso é uma asa privada de força; dá-me as asas da fé para que eu voe alto, a Deus.

Mário Vitorino. *Hinos*, II.

## Quinta-feira
## da 7ª semana do Tempo Pascal

**Evangelho**: Jo 17,20-26
**Escritor eclesiástico**

*Pai, enquanto eu estava com eles no mundo, eu mesmo guardava em teu nome, aos que me deste.* O Senhor orou assim a véspera de sua paixão. Contudo, quando chegou o momento de sua separação, sentiu-se quase esmagado pela ternura de seu amor por eles e já não pôde disfarçar a intensidade e a doçura de sentimentos, que até então tinha mantido ocultos. É por isso que se diz no evangelho: *Tendo amado os seus que estavam no mundo, amou-os ao extremo.* Então, foi como se derramasse para seus amigos toda a riqueza de seu amor, antes ainda de derramar como água todo o seu ser por seus inimigos. Nesse momento, depois de tê-los animado por bastante tempo, confiou-os ao Pai: *Pai, disse, eu desejo que todos estes que tu me tens dado possam estar comigo onde eu esteja, para que contemplem a glória que me destes.* Felizes vós, que tendes por advogado ao próprio juiz! Por vós ora ao que devemos adorar. É natural que tudo aquilo pelo qual Cristo reza se realize, porque sua palavra é ato, e sua vontade, eficaz. Que grande segurança para os fiéis! Quanta confiança para os crentes!

Guerrico de Igny. *Sermão sobre a Ascensão*.

---

16. O poeta fala do retorno do pecador a Deus.

# Sexta-feira
## da 7ª semana do Tempo Pascal

**Evangelho**: Jo 21,15-19
**Escritor eclesiástico**

O amor está ao centro, como o coração. Do amor procede, antes de tudo, a imitação. Com efeito, quem não quer imitar ao que ama? Se não amasse a Cristo, não o imitarias, isto é, não o seguirias. Por isso disse Cristo a Simão Pedro, depois de ter provado seu amor: "Segue-me", ou seja, "imita-me". Judas seguia a Cristo só com os pés, enquanto que com seu coração seguia a avidez. A Cristo devemos seguir com todo o nosso amor. Temos de seguir a Cristo em tudo e, especialmente, nos sofrimentos, porque o amigo se revela nas necessidades: *O que não carrega sua cruz e não me segue não é digno de mim*, diz Ele. Pedro seguia a Cristo durante a Paixão, mas de longe, posto que iria negá-lo. Somente um ladrão lhe seguiu até a morte na cruz. Que devemos dizer: que o ladrão seguiu a Cristo até a morte na cruz, ou que Cristo seguiu ao ladrão? Certamente, Cristo seguiu ao ladrão até que este já não pôde escapar, mas quando perdeu a possibilidade de fugir, foi o ladrão o que seguiu a Cristo, e entrou com Ele no paraíso. Portanto, é necessário seguir a Cristo, unir-nos a Cristo.

Guigo II. *Meditazione decima.*

# Sábado
## da 7ª semana do Tempo Pascal

**Evangelho**: Jo 21,20-25
**Escritor eclesiástico**

Acima de tudo, quero que guardes o que é principal neste debate, a saber: que Nosso Senhor Jesus Cristo, como Ele mesmo diz em seu evangelho, submeteu-nos a seu jugo suave e fardo leve. Reuniu a sociedade do novo povo com os sacramentos, poucos em número, fáceis de observar, ricos em significação; assim o batismo consagrado no nome da Trindade, assim a comunhão de seu corpo e sangue e qualquer outro que conste nas Escrituras canônicas. Excetuam-se os sacramentos que sobrecarregavam a servidão do povo antigo, adaptados ao seu coração e aos tempos proféticos, e que também se leem nos cinco livros de Moisés. Tudo o que observamos por tradição, mesmo que não se encontre escrito; tudo o que a Igreja observa em todo o orbe, subtende-se que se guarda por recomendação ou preceito dos apóstolos ou dos concílios plenários, cuja autoridade é indiscutível na Igreja. Por exemplo, a paixão do senhor, sua ressurreição, ascensão aos céus e a vinda do Espírito do céu, se celebram cada ano. Diremos o mesmo de qualquer outra prática semelhante que se observe em toda a Igreja universal.

Santo Agostinho. *Carta a Jenaro*, 1.

# V
# Tempo Comum

# Segunda-feira
## da 1ª semana do Tempo Comum

**Evangelho**: Mc 1,14-20
**Escritor eclesiástico**

Meu Altíssimo Senhor, Deus eterno, Trino em Pessoas e Uno em essência, por ser vós quem sois, autor da graça e da natureza; e porque vos amo e estimo sobre todas as coisas, e porque a ofensa é contra a vossa infinita sabedoria, imensa bondade e Lei santa, pesa-me o íntimo de meu coração e quisera, que me arrancasses da dor de ter-vos ofendido: pêsame as ofensas que a ti dirigi por pensamento, palavra e atos, de cada pecado em particular, mortal e venial, e de todos que me pesam; e proponho firmemente me corrigir, e neste ato de amor, de dor de ter-vos ofendido, de aversão do pecado, de seus efeitos e ocasiões de cometê-lo, quero sempre estar e não mudar. Detesto ao demônio e suas sugestões para a soberba, avareza, luxúria, gula, inveja, ira e preguiça; a todas as raízes, efeitos e operações do pecado. Tudo isso me pesa e me afasto, e espero que o Senhor me perdoará pelos méritos de Cristo Senhor nosso.

Ven. Maria de Ágreda. *Ato de contrição.*

# Terça-feira
## da 1ª semana do Tempo Comum

**Evangelho**: Mc 1,21-28
**Escritor eclesiástico**

Tudo aquilo que tira a paz e a tranquilidade interior vem do demônio. Deus tem unido a felicidade e a santidade, de modo que a sua graça não só santifica a alma, mas também a consola e enche de paz e doçura. As sugestões do diabo fazem tudo ao contrário, ou no início, ou ao menos no final; e se reconhece a serpente pela sua cauda, isto é, pelas consequências da sua obra e pelo termo ao qual ele conduz. Todas as proposições hipotéticas ou condicionais, que são boas somente para causar perturbação, vem do demônio. Por exemplo: "Se em certa ocasião Deus me abandonasse, que faria?" etc. Na verdade, não há necessidade de responder a estas proposições, nem pararmos em pensamentos deste tipo, que o inimigo nos sugere para tirar a nossa confiança em Deus e para lançar-nos na inquietude e no desânimo. Vamos confiar em Deus, que é fiel, e que não falhará com aqueles que, tendo-se dado completamente a Ele, tentam apenas agradá-lo em tudo.

Louis Lallemant. *Dottrina spirituale*, IV, 4,2.

# Quarta-feira
## da 1ª semana do Tempo Comum

**Evangelho**: Mc 1,29-39
**Escritor eclesiástico**

Não se pode negar que se realizaram muitos milagres para afirmar este grande e benéfico milagre: que Cristo ressuscitou e subiu ao céu com sua carne. Estão consignados nas veracíssimas Letras, que recolhem a realidade do milagre e a verdade que insinuaram. Os milagres se manifestaram para transmitir a fé, e a fé que transmitiram manifestou-os com maior clareza. Se leem aos povos para que creiam neles, porém, não seriam lidos se já não os cressem. Também agora se fazem milagres em seu nome, seja por seus sacramentos, seja pelas orações ou as relíquias dos santos; contudo, sua fama e sua glória não se difundem como a daqueles. O cânon das Sagradas Letras, que convinha estar fixado, faz que aqueles milagres sejam anunciados por toda parte e fixem na memória de todos os povos. Ao contrário, estes não são conhecidos além dos lugares em que se realizam, e somente a cidade inteira os conhece. Com frequência nas cidades, sobretudo se são grandes, poucos os conhecem, e os demais os ignoram. Acrescentai que os fiéis que os contam aos fiéis de outras regiões não trazem avalizada sua autoridade por um reconhecimento que não deixa lugar à dúvida.

Santo Agostinho. *La ciudad de Dios*, XXII, 8,1.

# Quinta-feira
## da 1ª semana do Tempo Comum

**Evangelho**: Mc 1,40-45
**Escritor eclesiástico**

É verdade, Senhor, e não podes divergir do teu nome. Como poderias ter nome de Salvador se não te dignas salvar? Como te poderias chamar piedoso se aos que te imploram piedade lhes mostras somente juízo? Não há em Deus ficção nem engano. Tu és tal como és chamado. Chamas-te Jesus porque és Jesus. Aproxima-se de Jesus o pecador, porque para isso se chama Jesus: *para salvar a seu povo de seus pecados*. Se está imundo, Ele é o que limpa os pecados e o que purifica as almas. Por que estremeces? Não existe nada áspero e amargo, nada soa terrível no nome de Jesus: tudo é doçura e suavidade. Ouve a esposa dos Cantares: *Teu nome é como unguento derramado*. Diz "unguento", não vinagre; diz "derramado", não tirado. Machucam-te as feridas da culpa, te atormentam os estímulos da consciência? Portanto aproxima-te. O unguento está derramado, recebe-o, unge-te e cessará *a peste*, porque o unguento, como diz São Bernardo, ilumina, alimenta e unge. Isso mesmo realiza o nome de Jesus: Ilumina, quando o anunciamos; alimenta, quando se medita nele; unge quando o invocamos.

São Tomás de Vilanova. *Sermão 2º na circuncisão do Senhor*.

# Sexta-feira
## da 1ª semana do Tempo Comum

**Evangelho**: Mc 2,1-12
**Escritor eclesiástico**

Bendize, ó minha alma, ao Senhor, e tudo o que há dentro de mim bendigam seu santo nome. Bendize, ó minha alma, ao Senhor, e no esqueças as mercês que Ele te fez. Porque Ele se compadece de todas as tuas maldades e cura todas as tuas enfermidades. Ele libertou tua vida da morte, e te coroa com misericórdia e misericórdias. Ele cumpre todos os teus bons desejos, e renovar-se-á tua juventude assim como a da águia. O Senhor usa de misericórdia e faz justiça a todos os que padecem ultraje. Ele ensinou os seus caminhos a Moisés, e aos filhos de Israel a sua vontade. Misericordioso e piedoso é o Senhor, generoso de coração e muito piedoso. Não se irritará eternamente, nem para sempre ameaçará. Não fez conosco segundo os nossos pecados, nem nos deu o que merecíamos segundo as nossas maldades. Quão grande é a altura que existe do céu até a terra, tanto exaltou sua misericórdia sobre aqueles que o temem. Quanto dista o Oriente do Ocidente, tanto Ele afastou nossos pecados de nós. Assim como o pai se compadece de seus filhos, assim o Senhor se compadece daqueles que o temem: porque Ele conhece a massa da qual somos feitos. Lembrou-se de que éramos pó, e que o homem é como o feno, e que seus dias passam como a flor do campo.

Frei Luís de Granada. *Tratado de algumas orações devotas*, 4ª oração.

## Sábado
## da 1ª semana do Tempo Comum

**Evangelho**: Mc 2,13-17
**Escritor eclesiástico**

Oxalá, Deus misericordioso, que baixa agora mesmo um raio dessa imensa luz em que habitais, e penetrando até o mais recôndito das consciências dos pecadores que me ouvem, lhes manifestasse o deplorável e horroroso estado de sua alma! Ah! Eles não poderiam permanecer nele nem um só instante. Seus olhos se tornariam em duas fontes de lágrimas, gemeriam e clamariam ao céu, pedindo que as tirasse de estado tão terrível, e seus gemidos e seus clamores penitentes chegariam ao trono de vossa infinita misericórdia, e vossa infinita misericórdia arrancaria suas almas de estado tão lastimoso e as faria voltar à vossa amizade e vossa graça.

Que felicidade, Senhor, para estas almas pecadoras! Que alegria para as almas justas! Que consolo para o ministro de vosso Evangelho eterno! Que honra para a vossa divina Palavra! Que glória para vós, Deus misericordioso, *que não quereis a morte do pecador, mas que se converta e viva*! Que alegria para todo o céu, onde existe *mais alegria por um pecador que se converte, do que por noventa e nove justos que não necessitam de conversão*!

Santo Antônio Maria Claret. *Sermões de missão*, I,17 – 1º sobre o pecado mortal.

# Segunda-feira
## da 2ª semana do Tempo Comum

**Evangelho**: Mc 2,18-22
**Escritor eclesiástico**

Senhor, tu desmascaras a insídia farisaica que torna espúria e ilusória a minha prática espiritual. Tu queres que ela ganhe em interioridade e profundidade e, exiges que o único ponto de referência seja o Pai, que vê no oculto e cuja recompensa é a única que devo esperar.

Senhor Jesus Cristo, tu nos deste exemplo de humildade em todas as tuas ações e nos ensinaste a evitar a vanglória. Defende-me, interior e exteriormente das insídias da soberba, de forma que eu não dê nenhum apoio ao inimigo de minha alma. Que eu não busque na prática da esmola, da oração e do jejum, nem em nenhuma boa obra o louvor dos homens e o favor do mundo, mas as realize com pureza de coração, pela glória de Deus e a edificação do próximo, e nunca busque a inútil glória terrena. Não buscando a recompensa aqui embaixo, poderei obter a verdadeira recompensa no mundo futuro e não serei vítima de forma alguma das penas eternas.

Ludovico de Saxônia

# Terça-feira
## da 2ª semana do Tempo Comum

**Evangelho**: Mc 2,23-28
**Escritor eclesiástico**

Correi todos unidos como a um só templo de Deus, como a um só altar, a um só Jesus Cristo que procede de um só Pai, que esteve em um só Pai e só a Ele voltou. Não vos deixeis enganar por doutrinas estranhas nem por contos antigos que não servem para nada. Porque, se até hoje continuamos vivendo segundo a lei judaica, confessamos não ter recebido a graça. Com efeito, os santos profetas viveram segundo Jesus Cristo. Justamente por isso foram perseguidos, inspirados que foram por sua graça para convencer plenamente aos descrentes de que há um só Deus, o qual se manifestaria a si mesmo mediante Jesus Cristo, seu Filho, que é sua Palavra que se originou do silêncio, e que agradou em tudo àquele que lhe tinha enviado. Contudo, se aqueles que se criaram na antiga ordem das coisas vieram a uma nova esperança, já não guardando o sábado, mas considerando o domingo como o princípio de sua vida, pois nesse dia também amanheceu a nossa vida graças ao Senhor e a sua morte, como nós poderemos viver sem aquele a quem os próprios profetas, discípulos seus já no espírito, esperavam como a um mestre? E, por isso, o mesmo a quem esperavam, uma vez chegado, ressuscitou-os dentre os mortos.

Santo Inácio de Antioquia. *Carta a los magnésios*, cap. 6, 1-9, 2.

# Quarta-feira
## da 2ª semana do Tempo Comum

**Evangelho**: Mc 3,1-6
**Escritor eclesiástico**

As práticas exteriores da piedade são úteis, *mandatum quidem bonum*, mas as tornamos infrutuosas quando não são acompanhadas com este espírito de fé e de amor, sem o qual a carne de nada serve. Com efeito, meus irmãos, todo o culto exterior se refere a renovação do coração como a seu fim principal. Toda ação de piedade que não vise estabelecer em nosso interior o Reino de Deus, é vã; toda prática santa que existe simultânea com nossas paixões é antes um sarcasmo da virtude que a virtude mesma... Neste sentido, toda a religião está no coração, e Deus não se manifestou aos homens, não formou uma Igreja visível na terra, não estabeleceu a majestade de suas cerimônias, a virtude de seus sacramentos, a variedade de suas práticas e todo o aparato de seu culto senão para conduzir os homens aos deveres interiores do amor e da graça e para se formar um povo santo, puro, inocente, espiritual, que pudesse glorificá-lo por toda uma eternidade... Religião que se limitasse somente a exterioridades e que não corrigisse o coração e suas afeições, seria indigna do Ser supremo; não lhe tributaria a principal glória e a única homenagem que Ele deseja.

Massillon. *Sermón el miércoles de la 3ª semana de Cuaresma*.

# Quinta-feira
## da 2ª semana do Tempo Comum

**Evangelho**: Mc 3,7-12
**Escritor eclesiástico**

Jesus, Sabedoria do Pai eterno, dai-me a graça de buscar e de saborear as coisas do alto e os bens celestes, a fim de que eu possa sentir a doçura que existe em vos possuir.

Jesus, Verbo do Pai, fazei que eu escute com fruto vossa divina palavra.

Jesus, nosso Redentor, sejais meu protetor e meu refúgio, a fim de que por vosso auxílio eu possa esperar ser salvo.

Jesus nosso irmão primogênito, dai-me a graça de ser herdeiro convosco na morada de nosso Pai celeste.

Jesus, Filho de Deus, que vos fizeste homem por mim, não permitais que eu encontre dificuldade em ser humilhado por vós.

Jesus, meu Criador, criai em mim um coração puro, e renovai este espírito reto e inocente que vós me tínheis dado.

Jesus, minha verdadeira vida, que minha alma somente viva por vós; porque meu supremo bem é viver e morrer por vós.

Cardeal Bona. *Prières à Jesus-Christ notre Rédempteur*.

# Sexta-feira
## da 2ª semana do Tempo Comum

**Evangelho**: Mc 3,13-19
**Escritor eclesiástico**

Primeiro Jesus Cristo deu aos seus doze discípulos o nome de "apóstolos", isto é, embaixadores; porque deviam ser seus embaixadores junto aos homens, para anunciar-lhes a abençoada aliança que Deus fazia com eles, e ensinar-lhes o que deviam fazer para participar dela. Apostolado e missão que devem perpetuar-se até o fim dos tempos, e sem os quais todos serão intrusos na casa de Deus, e tudo o que fizessem, sempre ilegítimo. Sim, tal é o privilégio da Igreja Católica, isto é, que a missão daqueles que hoje em dia nos ensinam, suba por uma sucessão ininterrupta até os apóstolos, e destes a Jesus Cristo... Depois Jesus Cristo os escolheu para que estivessem com Ele, e, por assim dizer, sob sua mão, também para poder enviá-los a pregar quando e aonde julgar mais adequado... Tal é ainda a atribuição daqueles que abraçam a vida apostólica: eles devem estar em uma completa dependência de seus superiores, sempre prontos para ir anunciar o Reino de Deus aos povos ao qual serão destinados.

Maldonado. Meditación ,79,3.

## Sábado
## da 2ª semana do Tempo Comum

**Evangelho**: Mc 3,20-21
**Escritor eclesiástico**

    O Senhor sempre volta a levantar aos que fixam nele o seu olhar. A vida de Cristo encerra em si mesma a fonte das mais suaves doçuras para o espírito. Ele é o único caminho para conhecer a majestade do Pai. Para concluir, a vida do Salvador é o atracadouro seguro para a nossa perigosa peregrinação terrena. A vida de Cristo vivifica. Qual orvalho fecundo, purifica e transforma os que se unem a ela, os torna concidadãos dos santos, admite-os a fazer parte da família de Deus. É uma vida que suscita amor e ternura; é uma vida suave que faz as delícias do coração: quem a tenha degustado, por pouco que seja, acha insípido e enfadonho tudo o que não faz recordar dela. A vida de Cristo é um consolo contínuo, a melhor companhia, fonte de alegria, de alívio e consolo. A vida de Jesus é um caminho plano e fácil pelo qual se chega a contemplar ao Criador.

Guigo du Pont. Della contemplazione, II, 3-4.

# Segunda-feira
## da 3ª semana do Tempo Comum

**Evangelho**: Mc 3,22-30
**Escritor eclesiástico**

Por isso, se fazem pouco caso do dom, a quem ultrajam e ofendem a própria vida, e assim mesmo pensam que é pouco digno de honra quem lhes concede esta graça, não se ocultará que não limitam sua ingratidão a uma pessoa, mas que por meio do Espírito Santo estendem a blasfêmia à Santa Trindade. Pois assim como a graça provém, sem separação alguma, do Pai por meio do Filho e do Espírito, assim também a blasfêmia, por sua vez, volta-se ao Deus de todas as coisas, distribuindo-se entre as pessoas a partir do Filho. Porque, se ao rejeitar a um homem enviado, se rejeita ao que o envia, tal é a relação que media entre tal homem e o que o enviou, que diremos sobre a grandeza da condenação que ameaça àqueles que atentam contra o Espírito? Talvez por isso o Legislador pronunciará uma sentença sem perdão sobre tal blasfêmia; pois toda a divina e santa natureza juntamente é injuriada na vontade do que blasfema. Porque, assim como quem recebe com espírito religioso ao Espírito, no mesmo Espírito descobre a glória do Unigênito, e o que vê ao Filho vê a imagem do invisível, e mediante a imagem fica impresso em seu conhecimento seu arquétipo; da mesma forma, indubitavelmente quem o menospreza e (insulta), quando se encoraja contra a glória do Espírito, estende sua blasfêmia, por motivo de sua comunhão, com o Pai e o Filho.

São Gregório de Nissa. *Sobre el Espíritu Santo*, n. 20.

# Terça-feira
## da 3ª semana do Tempo Comum

**Evangelho**: Mc 3,31-35
**Escritor eclesiástico**

Todo bom coração que está formado no divino amor da devoção a Maria, sente-se disposto a cumprir a vontade de Deus e a seguir as práticas que lhe são agradáveis. As que se seguem em honra de Maria, lhe agradam e ganham o seu coração e o de sua divina mãe: a oração, a meditação, as santas leituras, formam as delícias de um coração entregue ao serviço de Maria. Os sentimentos que experimenta se manifestam por meio de amorosas práticas com Jesus e com Maria; e em suas relações com o próximo, o devoto de coração imaculado não deixará escapar nada que possa ofendê-lo. Identificado este coração com Jesus e Maria, sempre produz pensamentos, afetos e obras, que lhes são agradáveis: isto é o que eu chamo ter um bom coração. O amor, portanto, que professamos a esta terna mãe, consiste no exercício das práticas de devoção que tem por objeto glorificá-la, e servem ao mesmo tempo para formar o interior do cristão.

Nicolas Malo. *Meditación*, 18 de mayo.

## Quarta-feira
## da 3ª semana do Tempo Comum

**Evangelho**: Mc 4,1-20
**Escritor eclesiástico**

Após o bom trabalho do campo, devemos semear em seguida a boa semente para que produza fruto. Ademais, o cultivador que semeia seu campo deve, ao ir lançando a semente, escondê-la e afundá-la na terra, senão os pássaros virão para comê-la e ela se perderia. Depois de tê-la escondido, terá de esperar da misericórdia de Deus a chuva e o crescimento do grão. Porque, poderá fazer todos os trabalhos de limpar, remover a terra e semear, mas se Deus não manda a chuva sobre seu semeadouro, todo o trabalho será em vão. É assim que devemos agir. Se fazemos algum bem, o escondamos por humildade e coloquemos nas mãos de Deus nossa fraqueza, suplicando-lhe olhar os nossos esforços, que de outra forma seriam inúteis. Também pode acontecer que, após ter regado e feito germinar a semente, a chuva não cai no tempo devido e o broto seca e morre. Porque o grão germinado, como a semente, precisa de chuva de vez em quando, para crescer. De maneira que não podemos permanecer tranquilos. Sucede às vezes que, depois do crescimento do grão e da formação da espiga, o gafanhoto, o granizo ou outra praga destroem a colheita. O mesmo acontece com a alma. Embora tenha trabalhado para purificar-se de todas as paixões e se tenha aplicado a praticar todas as virtudes, deve sempre contar com a misericórdia e a proteção de Deus por temor de ser abandonada e morrer.

São Doroteu de Gaza. Conferências, XII, 135-136.

# Quinta-feira
## da 3ª semana do Tempo Comum

**Evangelho**: Mc 4,21-25
**Escritor eclesiástico**

Para convencer-vos da necessidade que temos do lume divino para orientação de nossa conduta interna, basta ler o Salmo 118 que nos demonstra a cada momento. *Dai-me*, diz Davi, *a inteligência, ó Senhor, para que eu compreenda os vossos mandamentos*. E noutro lugar: *Dai-me a inteligência e viverei*. Afim, porém, de penetrar bem nesta necessidade, é fundamental em primeiro lugar saber que o pecado original tem estranhamente obscurecido a razão humana; em segundo lugar que a razão mesma, mais iluminada, não basta por si só para conduzir-nos na via da graça, via da qual Deus se está reservando o segredo. A sua intenção é que nós caminhemos sempre em espírito de fé e porque não nos ilumina, exceto na medida em que progredimos; e só o que a necessidade o exige. Ele não quer que levemos o nosso olhar à frente de nós, e nem ao nosso redor, mas sempre nos dá luz suficiente para convencer-nos que não é possível nos perder seguindo-o, ainda que estivéssemos apertados a caminhar entre as mais densas trevas.

Jean Nicola Grou. Del lume divino.

# Sexta-feira
## da 3ª semana do Tempo Comum

**Evangelho**: Mc 4,26-34
**Escritor eclesiástico**

Esse Reino é Jesus Cristo, dizem os Santos Padres: São Hilário, Santo Agostinho e São Gregório. É o próprio Jesus Cristo, o qual, não só é a via que conduz ao céu, mas ainda a verdade e a vida que consiste a felicidade dos céus. Na verdade, Ele tem sido a menor das sementes pela humildade da carne, e a maior das árvores pela ressurreição, até o ponto de ter eclipsado a grandeza, e renome e a glória de todos os santos, de todos os patriarcas, de todos os profetas. Sobre os mais fortes ramos deste tronco divino, isto é, sobre os apóstolos, todas as nações, querendo, como os habitantes do ar, elevar-se sobre a corrupção terrestre, vieram apressadamente para pousar e para buscar um sólido apoio nos verdadeiros bens do céu, e um abrigo contra os ventos das falsas doutrinas, contra as tempestades das tentações infernais... Portanto, nesta parábola o Filho de Deus quis apresentar-nos a imagem mais semelhante das vicissitudes e das características de sua Igreja, e predizendo-os com uma só palavra no evangelho deste dia, quando afirmava que logo seriam pregadas em seu nome a penitência e a remissão dos pecados em todas as nações da terra.

Ventura de Láurica. *33ª homilia sobre las parábolas de Jesucristo.*

# Sábado
## da 3ª semana do Tempo Comum

**Evangelho**: Mc 4,35-41
**Escritor eclesiástico**

Não nos é difícil examinar a diversidade de naturezas em Cristo. Na verdade, um é o nascimento ou a natureza em que, segundo frase de São Paulo, *nasceu de uma mulher, nasceu sujeito à lei,* e outra pela qual, no princípio, estava junto de Deus; uma é a natureza pela qual gerado da Virgem Maria, viveu humilde na terra, e outra pela qual, eterno e sem princípio, criou o céu e a terra; uma é a natureza na qual se afirma que foi presa da tristeza, que o cansaço lhe subjugou, que teve fome, que chorou, e outra pela qual curou paralíticos, fez caminhar os aleijados, deu visão ao cego de nascimento, acalmou com seu império as impetuosas ondas, ressuscitou mortos. Assim sendo, é mister que aquele que deseje trazer o nome de cristão com coerência e sem dano pessoal, professe que Cristo, em quem reconhecemos duas naturezas, é simultaneamente verdadeiro Deus e verdadeiro homem. Desta forma, uma vez assegurada à verdade das duas naturezas, a fé verdadeira não confunda nem divida a Cristo, verdadeiro nos sofrimentos de sua humanidade e verdadeiro nos poderes de sua divindade; pois na unidade de pessoa não tolera divisão e a realidade da dupla natureza não admite confusão. Nele não subsistem separados Deus e homem, visto que Cristo é ao mesmo tempo Deus e homem. Na verdade, Cristo é o mesmo Deus que com sua divindade aniquilou a morte; o mesmo Filho de Deus que não podia morrer em sua divindade, morreu na carne mortal que o Deus Imortal tinha assumido; e este mesmo Cristo Filho de Deus, morto na carne, ressuscitou, pois morrendo na carne, não perdeu a imortalidade de sua divindade.

São Fulberto de Chartres. *Carta 5*.

# Segunda-feira
## da 4ª semana do Tempo Comum

**Evangelho**: Mc 5,1-20
**Escritor eclesiástico**

E se alguém pergunta: por que Cristo fez o que os demônios lhe pediam, permitindo-os entrar na manada de porcos? Eu responderia que não o fez para favorecê-los, mas com uma variada providência. Em primeiro lugar, para ensinar àqueles que tivessem sido assim liberados de semelhantes malignos tiranos, quão graves ruínas causam estes inimigos. Em segundo lugar, para que todos aprendessem que os demônios não podem nem mesmo entrar nos porcos sem a permissão de Cristo. Em terceiro lugar, que se os demônios permaneciam naqueles homens, realizariam coisas mais terríveis que nos porcos, o de não serem libertados de sua desgraça por meio daquela grande providência de Deus. Porque, não há quem não saiba com toda clareza que os demônios odeiam ao homem mais que os animais selvagens. De forma que eles não perdoaram aos porcos, mas prontamente os despenharam; muito mais teriam feito com os homens se não os tivesse refreado, nessa mesma poderosa tirania que exercem, o cuidado de Deus, para que não fizessem coisas ainda mais prejudiciais. Fica, pois, manifesto, que a providência de Deus se estende a todos; e se não se estende a todos do mesmo modo, também isto é um excelente gênero de providência, pois se acomoda a como há de ser útil para cada um.

São João Crisóstomo. *Homilia XXIII sobre São Mateus*.

# Terça-feira
## da 4ª semana do Tempo Comum

**Evangelho**: Mc 5,21-43
**Escritor eclesiástico**

Ademais, o Senhor nos tem proporcionado uma compreensão e uma doutrina especiais sobre a revelação e a obra dos milagres, assim: "É de conhecimento que antes de agora fiz milagres, muitos, nobilíssimos e maravilhosos, gloriosos e grandes, e o mesmo que fiz, o faço e o seguirei fazendo no tempo futuro". É de conhecimento que antes dos milagres há dores, angústia e tribulação, e isso é assim para que possamos conhecer nossa fraqueza e a maldade na qual o pecado nos tem feito cair, e para tornar-nos humildes e fazer-nos invocar o auxílio e a graça de Deus. Seguem-se depois grandes milagres, e isto pelo poder, a sabedoria e a bondade sublime de Deus, que revela sua virtude e as alegrias do céu na medida em que isso é possível nesta vida transitória, a fim de reforçar a nossa fé e aumentar a nossa esperança na caridade. Esta é a razão pela qual lhe compraz ser conhecido e honrado nos milagres.

Santa Juliana de Norwich. *Libro dele rivelazioni.*

## Quarta-feira
## da 4ª semana do Tempo Comum

**Evangelho**: Mc 6,1-6
**Escritor eclesiástico**

Eis que a Virgem está grávida, significa que a virgem conceberá sem comércio humano, porque se esse comércio tivera lugar como qualquer um, ela não seria mais virgem. A virtude de Deus descendo sobre a virgem cobriu-a com sua sombra, e a fez conceber sem violar a sua virgindade. Neste tempo, o anjo de Deus enviado a virgem lhe anuncia a boa nova com estas palavras: Eis que vós concebereis do Espírito Santo e que vós gerareis um filho, e esse filho será chamado filho do Altíssimo, e lhe dareis o nome de Jesus, porque Ele salvará o seu povo dos seus pecados. É isto o que nós temos aprendido daqueles que têm contado a vida de nosso Salvador Jesus Cristo, e nós o cremos, porque, como dissemos, o Espírito profético anunciou o seu futuro nascimento pela boca de Isaías do qual temos falado.

São Justino. *Primeira apologia*, 33.

# Quinta-feira
## da 4ª semana do Tempo Comum

**Evangelho**: Mc 6,7-13
**Escritor eclesiástico**

O espírito religioso não está na aparência exterior, nem no feitio do hábito e do corpo, mas no espírito de humildade, e na ocupação interior com Deus. Mas porque a fraqueza da natureza humana não consegue guardar sempre um mesmo rigor, acontece que decai pouco a pouco, e acaba buscando as comodidades próprias; disto se segue que todas as Ordens, ainda que instituídas mui santamente, afastando-se dos primeiros fervores e primitiva pureza, acabam por cair, por alguns, quase imperceptíveis graus a um modo de viver humano e político. Por isso existem muitos religiosos como clérigos totalmente fingidos, eclesiásticos na verdade do hábito, mas nos costumes piores do que os filhos deste século. Todo seu espírito está no aparato de palavras e cerimônias, em buscar as dignidades, em ganhar o favor dos grandes, e em amontoar riquezas. Usam de mil ardis para conseguir seus fins distorcidos, e preferem sua utilidade própria ao bem público da Igreja. Habitam na casa de Deus, mas são em tudo dessemelhantes ao Pai celestial, e se chamam servos de Deus, sem guardar seus mandamentos: vivem uma vida livre de cuidados e sustentando-se do patrimônio de Cristo.

Cardeal Bona. *Vida Christiana*, P. I, 41.

# Sexta-feira
## da 4ª semana do Tempo Comum

**Evangelho**: Mc 6,14-29
**Escritor eclesiástico**

A castidade nos aproxima da natureza incorpórea dos anjos. A castidade é o aposento de Cristo. A castidade é escudo celestial do coração. A castidade é abnegação da natureza humana e voo maravilhoso do corpo mental e corruptível para o imortal e incorruptível. Casto é o que com um amor venceu outro amor; o que, com o fogo do Espírito, venceu o da carne. Abstinência é um termo geral que se aplica a todas as virtudes, porque toda virtude se pode chamar abstinência e freio do vício oposto. Casto é o que nem em sonhos altera de algum modo seu estado, e o que permanece insensível a presença de qualquer corpo ou figura. Isto rege a perfeita castidade: devemos olhar, com a mesma simplicidade, tanto os corpos animados como os inanimados, tanto os racionais como os irracionais. Aquele que trabalha por alcançar a castidade não deve pensar que o conseguirá com seu próprio esforço – ninguém vence a sua própria natureza. Só com o auxílio dele o conquistará, pois é sabido que o fraco é vencido pelo mais forte.

São João Clímaco. *La santa escala*, 15º escalón.

# Sábado
## da 4ª semana do Tempo Comum

**Evangelho**: Mc 6,30-34
**Escritor eclesiástico**

O verdadeiro pastor é aquele que, por sua bondade, seu zelo e sua oração, é capaz de buscar e de trazer ao bom caminho as ovelhas racionais que estão perdidas.

Um bom piloto salva o seu barco e um bom pastor vivifica e cura as suas ovelhas enfermas. Quanto mais fielmente as ovelhas sigam ao pastor e façam progressos, tanto mais responderá por elas ante o Senhor da casa.

O pastor deve jogar as pedras de suas palavras às ovelhas que permanecem atrás por negligência ou por gula; isto também é indício de um bom pastor.

Quando as ovelhas, como consequência do ardor do sol, ou melhor, do corpo, começam a ter a sua alma cheia de lerdeza, o pastor olha para o céu e as vigia mais. Com frequência, nesses momentos de calor, muitas delas chegam a ser presa dos lobos. Elas também inclinam a cabeça de sua alma para a terra, como se vê que normalmente fazem as ovelhas no tempo do calor, veremos que cumprem as palavras: *Um coração contrito e humilhado, ó Deus, não o desprezas*.

São João Clímaco. *La santa escala* – Carta ao pastor, passim.

# Segunda-feira
## da 5ª semana do Tempo Comum

**Evangelho**: Mc 6,53-56
**Escritor eclesiástico**

Também expressa que sua beleza é digna de admiração nas duas naturezas de Cristo: em uma por seu amor e na outra pela graça. Que formoso és para teus anjos, Senhor Jesus, em tua condição divina, desde o dia de teu nascimento, entre esplendores sagrados, antes da aurora, reflexo da glória do Pai e imagem de seu ser, espelho sem mancha da majestade de Deus! Que belo és, meu Senhor, para mim, nesta nova situação de tua beleza! Desde que te rebaixaste, despojando-te da irradiação natural de tua luz inesgotável, resplandeceu mais a tua bondade, brilhou mais o teu amor, refulgiu mais intensamente a graça. Com que caridade avança a constelação de Jacó, que bela é esta flor que brota do tronco de Jessé, que luz tão agradável nos tem visitado nas trevas, nascida do alto! Que espetáculo tão surpreendente é tua concepção do Espírito mesmo para os poderes celestiais, teu nascimento duma Virgem, a inocência de tua vida, a profundidade de tua doutrina, a glória de teus milagres, a revelação de teus mistérios! Como emerges rutilante do coração da terra depois do ocaso, Sol de justiça!

São Bernardo. *Sermão 45,6,9 sobre o Cântico dos Cânticos.*

# Terça-feira
## da 5ª semana do Tempo Comum

**Evangelho**: Mc 7,1-13
**Escritor eclesiástico**

O Senhor nos ordena que honremos a nossos pais. E porque este vocábulo "honrar" tem enorme significação, nos é ordenado aqui que não só lhes tenhamos uma obediência pequena, mas que lhes tenhamos um grande respeito e acatamento, como a instrumentos a quem Deus escolheu para dar-nos o ser neste mundo. E assim devemos apreciar e nos contentar com eles, de qualquer descendência e condição que forem, como de coisa dada e escolhida da mão de tal Senhor, e para tão grandes fins e efeitos. Devemos socorrê-los em suas necessidades e dificuldades, se porventura sobrevirem sobre eles, suportá-los com amor e paciência, se alguma vez nos forem difíceis e trabalhosos. Porque nesta honra que aqui nos é pedida, se contém um singular agradecimento que devemos ter com nossos pais, e uma paga igual do que por nós fizeram. Eles nos geraram e depois de Deus nos deram o ser, criaram--nos e sustentaram-nos com muito trabalho e cuidado e com muito sofrimento de nossa infância e de nossas ignorâncias e arrependimentos. Razão é que recebam de nós igual ou maior benefício, se maior o pudesse existir que o ser que deles recebemos. Por isto convém que como eles nos amaram, os amemos, como tiveram grande cuidado de nós, assim o tenhamos deles, que os sustentemos como nos sustentaram, e que tenhamos sempre na memória quantas coisas suportaram de nós e com quanto amor e paciência.

Frei Luís de Granada. *Doctrina Christiana*, II, 5.

## Quarta-feira
## da 5ª semana do Tempo Comum

**Evangelho**: Mc 7,14-23
**Escritor eclesiástico**

Um grande ancião (sábio) estava com seus discípulos em um lugar onde se encontravam ciprestes de diferentes tamanhos, pequenos e grandes. Ele disse a um de seus discípulos: "Arranca este cipreste". A árvore era muito pequena e em seguida o irmão o arrancou só com uma mão. Logo o ancião lhe mostrou outro cipreste maior que o anterior dizendo-lhe: "Arranca também aquele". O irmão o arrancou sacudindo-o com suas duas mãos. Então o ancião lhe apontou outro maior, que o irmão mal pode arrancar. Indicou-lhe logo outro maior ainda: o irmão o sacudiu muito e não pôde arrancá-lo senão a custo de muito esforço e suor. Finalmente o ancião lhe mostrou outra árvore maior ainda e desta vez o irmão nem mesmo com muito trabalho e suor pôde arrancá-lo. O ancião, vendo sua impotência, ordenou a outro irmão levantar-se e ajudá-lo. De dois conseguiram arrancá-lo. "Assim acontece com as paixões, irmãos", disse então o ancião. "Quando são pequenas podemos reprimi-las facilmente, se queremos. Mas se descuidamos porque nos parecem pequenas, se introduzirão em nós e quanto mais se endureçam mais difícil de arrancá-las. E se lançaram raízes profundas, não conseguiremos nem mesmo com esforço desfazer-nos delas; será necessário o auxílio dos santos que, próximos de Deus, vigiam por nós.

São Doroteu de Gaza. *Conferência*, XI, 115.

## Quinta-feira
## da 5ª semana do Tempo Comum

**Evangelho**: Mc 7,24-30
**Escritor eclesiástico**

Quando um pobre vem pedir esmola, vós a dais porque a necessita, sem investigar as causas mais ou menos legítimas de sua pobreza. Para onde levará a discussão? Trata-se de um pobre e vós o reconheceis como tal, exercitando a caridade. Então, procedei do mesmo modo convosco. A fraqueza e a indigência espiritual são condições da humildade a respeito de vós mesmos. Tomai com mansidão a vossa impotência, e isso mesmo vos dará paz, a qual vos unirá de forma suficiente com Deus. Mansidão perfeita seria dar graças a Deus pela própria miséria que glorifica as inefáveis grandezas divinas; sentir as menores graças e bendizê-lo como se fossem imensos favores que vos concede sem merecê-los. Temos necessidade dessa mansidão no serviço de Deus, em todas as operações interiores, em todo o comércio espiritual com Deus, principalmente na oração e nas relações diretas com Ele. Vos colocais, por exemplo, a fazer a meditação e acontece de não terdes nem pensamentos, nem afetos, nem meio de tê-los. Pois dizei: Nada posso, meu Deus; contudo, ficarei a vossos pés, porque não é por ser imbecil que se expulsa a um filho da casa paterna. O cachorro tem direito a recostar-se a porta e a recolher as migalhas que vão caindo ao chão.

São Pedro Julião Eymard. *Obras eucarísticas*, 5ª serie, La dulzura 4.

# Sexta-feira
## da 5ª semana do Tempo Comum

**Evangelho**: Mc 7,31-37
**Escritor eclesiástico**

São Gregório diz: Todos os elementos prestam testemunho a seu autor, todos reconheceram ao Deus do céu e, ao vê-lo nascer, lhe enviaram imediatamente uma estrela; reconhece-lhe o mar, e oferece aos seus pés caminho sólido; reconhece-lhe a terra, e treme na sua morte; reconhece-lhe o sol, e oculta os seus raios; reconhecem-lhe as pedras, e em seu último suspiro se racharam; reconhecem-lhe as sepulturas, e devolvem os mortos que retinham. Portanto, os elementos insensíveis o reconheceram e o proclamaram Deus e, apesar disso, o pecador endurecido recusa-se a escutá-lo. Não há nada mais surdo do que o pecador: nem as pedras, nem os mortos, nem o próprio nada. Deus morre lançando um brado poderoso da Cruz, e os judeus não o ouvem. As pedras, porém, se rompem, fazendo elas o que os corações deviam fazer. Ó coração do homem, mais duro que as rochas! Grita o Senhor dizendo: Lázaro, sai para fora, e um cadáver de quatro dias sai da tumba. No próprio dia do juízo, os mortos ouvirão a voz de Deus e receberão a vida.

São Tomás de Vilanova. *Sermão 1 no 2º domingo depois do Pentecostes.*

# Sábado
## da 5ª semana do Tempo Comum

**Evangelho**: Mc 8,1-10
**Escritor eclesiástico**

Por que, meus irmãos, Ele instituiu os sacramentos? Não é, porventura, para curá-la (a alma) quando tem a desgraça de contagiar-se com as pestilências do pecado, ou para fortalecê-la nas lutas que deve suportar? Vede a quantos ultrajes Jesus se expôs por ela! Com que frequência são violados os seus preceitos! Quantas vezes são profanados os seus sacramentos, quantos sacrilégios se cometem ao recebê-los! Mas não importa, meus irmãos; sabendo Jesus todos os insultos que devia receber, pelo amor das almas não pode conter-se... melhor dito, meus irmãos, Jesus Cristo amou e ama tanto a nossa alma que, se preciso fosse, morreria segunda vez, com satisfação. Vede quão diligente Ele se mostra em acudir em nosso auxílio quando estamos oprimidos pela pena ou pela tristeza; olhai os cuidados que toma em favor daqueles que o amam; olhai a multidão de santos a quem Ele alimentou milagrosamente. Ah! Meus irmãos, se chegássemos a compreender o que é uma alma, o muito que Deus a ama, e quão abundantemente a recompensará durante toda a eternidade, nos portaríamos como se portaram os santos.

São João M. Vianney. *Sermón Domingo noveno después de Pentecostés.*

# Segunda-feira
## da 6ª semana do Tempo Comum

**Evangelho**: Mc 8,11-13
**Escritor eclesiástico**

Jesus podia realizar sinais e prodígios no céu. Muitas vezes os fariseus lhe pediram prodígios desta espécie, para dar uma prova de seu poder. Mas Ele sempre recusou, tratando-os de geração depravada e adúltera, e remetendo-lhes ao sinal de Jonas figura de sua ressurreição. Teria sido indigno de sua parte dar semelhantes sinais para satisfazer a maligna curiosidade de seus rivais, e mais ainda para dar celebridade a seu nome, e adquirir para si uma fama vã. Os milagres que escolheu são de pura beneficência; não têm outro objeto que o alívio das necessidades e das enfermidades humanas: limpar os leprosos, curar os enfermos, dar vista aos cegos, audição aos surdos, o uso dos membros aos coxos e paralíticos, libertar aos possessos, ressuscitar aos mortos. Realizou estes milagres como sem plano e acidentalmente: não os anuncia; não prepara para eles o espírito dos circunstantes para causar-lhes maior impressão. Simplesmente os realiza, sem aparato, sem ostentação.

Jean Nicola Grou. *El interior de Jesus y de Maria*, cap. 26.

# Terça-feira
## da 6ª semana do Tempo Comum

**Evangelho**: Mc 8,14-21
**Escritor eclesiástico**

Quanto não teve que sofrer Jesus Cristo destes espíritos tão rudes e tão pouco familiarizados com as coisas espirituais (os apóstolos)! Contudo, tratou-lhes sempre com doçura e bondade, sem jamais perder a confiança, por não ter conseguido alcançar a cura de seus erros. Sabia que chegaria este momento, e o esperava com paciência. Assim como a sua graça já tinha seu tempo marcado para operar sobre seus corações, tinha também destinado outro, não para exercitar sua virtude nesta parte, mas para ensinar-nos a exercitar a nossa em ocasião semelhante. Não diminuiu as instruções que lhes dava, mesmo que de suas lições não recolhessem fruto algum, e apesar de ter previsto que nada produziriam. Quando lhe falam de ocupar os primeiros postos no seu reino, lhes propõe o cálice da humilhação que devem beber. Quando disputam entre si quem era o maior, isto é, o mais favorecido por ele, chama a uma criança, coloca-a no meio deles e lhes diz que aquele que se fizer como esta criança, será o maior no Reino dos Céus. Em qualquer causalidade lhes pregava a humildade, dando-lhes nela em sua própria pessoa os mais relevantes exemplos.

Jean Nicola Grou. *El interior de Jesus y de Maria*, cap. 28.

## Quarta-feira
## da 6ª semana do Tempo Comum

**Evangelho**: Mc 8,22-26
**Escritor eclesiástico**

4) Quão grande é o dom lançado ante nossos olhos cegos!
Pois embora todos nós temos um par de olhos cada um,
quão poucos são os que veem o dom,
em que consiste e de quem vem!
Tem misericórdia, Senhor, dos cegos, porque ouro é o único que veem!

5) Jesus, que abriste os olhos de Bartimeu!
Abriste aqueles olhos que ficaram cegos contra a sua vontade,
abre, Senhor, os olhos que nós cegamos querendo,
para que tua graça transborde!
O barro que fizeste outrora ensina que Tu és o Filho de nosso Criador.

6) Quem como Tu, que ofereceste uma honra tão grande à nossa face?
Pois cuspiste na terra, e não na face, honrando assim a nossa imagem.
Mas em nosso caso, Senhor nosso, cospe-nos em nossa face,
e abre os olhos que nossa liberdade fechou.
Bendito Aquele que deu ao entendimento esse olho que nós cegamos!

7) Quem não se surpreenderá de Adão, e de como seus olhos se abriram!
No caso de Adão, aquela abertura lhe trouxe muito prejuízo,
mas a nós muito nos auxilia a abertura dos olhos,
desses olhos que o Maligno tinha fechado.
Bendito Aquele que fechou alguns olhos e abriu outros, sempre para ajudar!

Santo Efrém (diácono). *Hino sobre o jejum*, 6,4-7.

## Quinta-feira
## da 6ª semana do Tempo Comum

**Evangelho**: Mc 8,27-33
**Escritor eclesiástico**

Este tão magnânimo Senhor, não por necessidade, mas por caridade, sendo nós seus inimigos e traidores, teve por bem inclinar os céus de sua grandeza e descer a este lugar de desterro, e vestir-se de nossa mortalidade, e tomar sobre si todas as nossas dívidas, e padecer por elas os maiores tormentos que jamais se padeceram nem padecerão. Por mim, Senhor, nasceste num estábulo, por mim foste reclinado em um presépio, por mim circuncidado ao oitavo dia, por mim desterrado no Egito; e por mim finalmente perseguido e maltratado com infinitas formas de injúrias. Por mim jejuaste, velaste, caminhaste, suaste, choraste, e provaste por experiência todos os males que tinha merecido minha culpa, não sendo tu o culpado, mas o ofendido. Por mim finalmente foste preso, desamparado, vendido, negado, apresentado ante tribunais e juízes; e ante eles acusado, esbofeteado, difamado, cuspido, escarnecido, açoitado, blasfemado, morto e sepultado.

Frei Luís de Granada. *Guia de pecadores*, cap. 4.

# Sexta-feira
## da 6ª semana do Tempo Comum

**Evangelho**: Mc 8,34–9,1
**Escritor eclesiástico**

*Quem não toma a sua cruz e me segue, não é digno de mim.* Contudo, talvez possa dizer-me: "Como um homem pode levar continuamente a cruz e como poderia continuar vivendo, uma vez crucificado?" Vou explicar-te a razão em poucas palavras: Aquele que está suspenso no patíbulo da cruz não se apega às coisas presentes, não se preocupa com seu futuro, não se deixa dominar pelo desejo de possuir e nem sequer tem sentimentos de soberba, de competição e de inveja; não lhe causam sofrimento as injúrias que agora recebe e não se lembra das que recebeu no passado. Resumindo: embora ainda se sinta vivo no corpo, está convencido de que já está morto para o mundo, e agora dirige o olhar de seu coração para a meta, uma meta que não duvida em alcançar o mais rápido possível.

São João Cassiano. *Instituciones*, 4,35-36.

# Sábado
## da 6ª semana do Tempo Comum

**Evangelho**: Mc 9,2-13
**Escritor eclesiástico**

Sabendo o Senhor o escândalo que sua morte havia de causar no coração dos discípulos, quis antecipadamente fortificar a sua fé, e prevenir este escândalo. Assim, não se satisfez em assegurar-lhes que depois da morte ressuscitaria, mas quis que vissem em sua transfiguração um indício daquela glória e daquela majestade que tem no céu. A claridade e beleza em que Jesus Cristo se deixou ver sobre o Tabor, passou da divindade para a sua humanidade, e da alma ao corpo, por uma emanação que a Ele lhe era conatural, mas que tinha como represada para poder sofrer. Apareceram ali Moisés e Elias, um como legislador e o outro como príncipe dos profetas, para manifestar que eles tinham sido legados de Cristo, e que em Cristo se cumpriam todas as figuras da Lei e todos os oráculos dos profetas. Era a mesma voz do Pai que se deixou ouvir no Jordão, quando o Senhor foi batizado por São João. Esta vez a voz acrescenta: *ouvi-o* como a meu Verbo divino em quem estão todos os tesouros de minha ciência e sabedoria. Acreditai nele, obedecei-lhe, servi-o como a mim mesmo, fazendo o que vos disser por mais árduo e difícil que vos pareça.

Santo Antônio Maria Claret. *El Santo Evangelio de nuestro Señor Jesucristo segun san Mateo*, comentário ad loc.

# Segunda-feira
## da 7ª semana do Tempo Comum

**Evangelho**: Mc 9,14-29
**Escritor eclesiástico**

É bom e salutar visitar aos órfãos e as viúvas, particularmente aos pobres e as que têm muitos filhos. Também é bom e conveniente que os irmãos em Cristo visitem aos que estão atormentados por maus espíritos, realizando por eles, como convém, orações agradáveis a Deus, ou seja, não baseadas num discurso elegante e bem preparado: os que agem assim se assemelham a um bronze que ressoa ou a um címbalo que retine, e com todas as suas palavras não ajudam aos que exorcizam. De fato, não agem com fé reta e segundo o ensinamento do Senhor, que disse: *Este tipo de demônios não pode ser expulso senão com a oração e o jejum*. Ele fala de uma oração incessante, atenta, isto é, a oração que suplica e invoca a Deus com alegria de coração, com suma vigilância e castidade, sem ódio nem malignidade. Vamos, portanto, ir ver o irmão ou a irmã enferma e os visitemos como convém, sem desejo de lucro, sem barulhos nem fuxicos, sem revestir-nos de uma falsa piedade e sem soberba, mas com o espírito bondoso e humilde de Cristo. Os exorcismos se desenvolvem em meio a jejum e oração, não com alardes de doutrina, não com discursos elegantes e estudados, mas dando verdadeiras provas de ter recebido de Deus a graça da cura.

Pseudo-Clemente. *As vírgenes*, 12.

# Terça-feira
## da 7ª semana do Tempo Comum

**Evangelho**: Mc 9,30-37
**Escritor eclesiástico**

A ciência do amor! Sim, estas palavras ressoam docemente nos ouvidos de minha alma! Não desejo outra ciência. Depois de ter dado por ela todas as minhas riquezas, me parece, como a esposa do Cântico dos Cânticos, que ainda não dei nada... Compreendo muito bem que, fora do amor, não há nada que possa fazer-nos gratos a Deus, que esse amor é o único bem que desejo. Jesus se agrada de me mostrar o único caminho que conduz a esta fogueira divina. Esse caminho é o abandono da criancinha que dorme sem medo nos braços de seu pai... *O que for pequenino, que venha a mim*, disse o Espírito Santo pela boca de Salomão. Esse mesmo Espírito de amor disse também que ele *perdoa e se compadece dos pequenos*. E, em seu nome, o Profeta Isaías nos revela que no último dia *o Senhor apascentará como um pastor a seu rebanho, reunira os cordeirinhos e os abraçará contra o seu peito*. Como se todas essas promessas não bastassem, o mesmo profeta, cujo olhar inspirado já se fundia nas profundezas da eternidade, exclama em nome do Senhor: *Como uma mãe acaricia seu filho, assim vos consolarei, vos levarei nos braços e sobre os joelhos vos acariciarei*.

Santa Teresinha do Menino Jesus. *História de uma alma*, cap. 9.

## Quarta-feira
## da 7ª semana do Tempo Comum

**Evangelho**: Mc 9,38-40
**Escritor eclesiástico**

O Espírito Santo, que com a vocação (dos gentios) os santifica e os torna agradáveis a Deus, é a substância dos dons de Deus. Quem o possui plenamente realiza todas as coisas segundo a razão: ensina retamente, vive de maneira irrepreensível, confirma realmente e de modo perfeito com sinais e prodígios quanto crê. Na verdade, tem em si mesmo a força do Espírito Santo, que lhe confere um tesouro e a razão da plenitude de todos os bens. Se tem dito que este Espírito foi derramado por Deus sobre todos os homens para que aqueles que o recebam possam profetizar e ter visões. A efusão do Espírito é a causa do profetizar e do conhecer o sentido e a beleza da verdade.

Dídimo el Ciego. *Tratado sobre el Espíritu Santo*, 46.

# Quinta-feira
## da 7ª semana do Tempo Comum

**Evangelho**: Mc 9,41-50
**Escritor eclesiástico**

Julgai por isto, quão profunda seria a aflição que Jesus sentiu no Horto das Oliveiras, prevendo o prejuízo que os homens escandalosos não cessariam de fazer até o fim do mundo, a tantas almas pelas quais Ele ia sacrificar a sua vida. São Leão não temia chamar de "homicida" ao que dá escândalo, e é um homicida mais terrível e mais ímpio que qualquer outro, visto que arranca, não a vida do corpo, mas a da alma, que é infinitamente mais preciosa que aquela; por isso ele faz o Salvador perder todas as lágrimas, todos os sofrimentos, e todos os trabalhos que experimentou para resgatá-la. São Paulo também diz que aquele que com seu mau exemplo faz cair *a seus irmãos no pecado, ele peca também contra Jesus Cristo*. "Ai!" Exclamava gemendo Santo Ambrósio, "aquele que ocasione a perda de uma alma tira do Senhor o fruto de trinta e três anos de penas e fadigas".

Santo Afonso Maria de Ligório. *La Hora Santa*, julio.

# Sexta-feira
## da 7ª semana do Tempo Comum

**Evangelho**: Mc 10,1-12
**Escritor eclesiástico**

Por que, qual razão existe para usar a coação contra a mulher, enquanto se é indulgente com o marido, ao qual se deixa em liberdade? Com efeito, se uma mulher tivesse consentido em desonrar o tálamo nupcial, ficaria obrigada a expiar seu adultério, penalizando-a legalmente com duríssimas sanções; por que, pois, o marido que tivesse violado com o adultério a fidelidade prometida a sua mulher fica absolvido de toda condenação? De maneira alguma posso aprovar esta lei, estou em completa desconformidade com a referida tradição. Os que sancionaram esta lei eram homens, e por isso foi promulgada contra a mulher; e considerando que puseram aos filhos sob o pátrio poder, deixaram ao sexo frágil na ignorância e no abandono. Onde está, portanto, a equidade da lei? Um é o criador do homem e da mulher, ambos foram formados do mesmo barro; uma mesma é a imagem; única a lei; única a morte, uma mesma a ressurreição. Todos fomos gerados igualmente do homem e da mulher: um e idêntico é o dever que têm os filhos para com seus progenitores. Com que cara exiges, pois, uma honestidade com a qual tu não correspondes? Como pedes o que não dás? Como podes estabelecer uma lei desigual para um corpo dotado de igual honra? Se te focas na culpabilidade: pecou a mulher, mas também Adão pecou. A serpente enganou a ambos, induzindo-os ao pecado. Não se pode dizer que um era mais fraco e o outro mais forte. Preferes salientar a bondade? A ambos Cristo salvou com sua paixão. Ou será que se encarnou só pelo homem? Não, também pela mulher. Padeceu a morte somente pelo homem? Proporcionou também à mulher a salvação mediante a sua morte.

São Gregorio de Nacianzo. *Sermón 37 sobre Mateo.*

# Sábado
## da 7ª semana do Tempo Comum

**Evangelho**: Mc 10,13-16
**Escritor eclesiástico**

Ninguém ignora a grande dignidade e mérito que tem o ministério de instruir as crianças, principalmente as pobres, auxiliando-as a conseguir a vida eterna. De fato, a solicitude por instruí-los, principalmente na piedade e na doutrina cristã, redunda em bem de seus corpos e de suas almas e, por isto, aqueles que a isso se dedicam exercem uma função muito semelhante à dos seus anjos custódios. Ademais, é um grande auxílio para que os adolescentes, de qualquer gênero ou condição, se afastem do mal e se sintam suavemente atraídos e estimulados a prática do bem. A experiência demonstra que, com esta ajuda, os adolescentes chegam a melhorar de tal modo seu comportamento que já não parecem os mesmos de antes. Enquanto são adolescentes, são como brotos de plantas que seu educador pode inclinar na direção que lhe apraz, enquanto, se espera seu endurecimento, já sabemos a grande dificuldade ou, às vezes, a total impossibilidade de dobrá-los. A adequada educação das crianças, principalmente dos pobres, não só contribui para o aumento de sua dignidade humana, mas é algo que merece a aprovação de todos os membros da sociedade civil e cristã.

São José de Calasanz. *Memorial al Cardenal M.A. Tonti.*

## Segunda-feira
## da 8ª semana do Tempo Comum

**Evangelho**: Mc 10,17-27
**Escritor eclesiástico**

O amor às riquezas não nos separa menos de nosso próximo que de Deus. Não há paixão que perturbe tanto a sociedade civil como o interesse: esta paixão é a origem de diferenças, disputas, processos, ódios e divisões; não só se litiga e se disputa com todo o ardor contra os estranhos, e com frequência por uma bagatela, mas se faz contra um pai, contra uma mãe, contra um irmão, contra uma irmã, que chegam a ser inimigos irreconciliáveis por uma insignificante parte de bens que cada um se atribui. O espírito do cristianismo é um espírito de paz, de união e de caridade; pede que façamos o bem a todos quanto nos for possível; pede que amemos os outros como a nós mesmos, do modo como Jesus Cristo nos amou.

P. Pinamonti. *El camino del cielo allanado*, 26.


## Terça-feira
## da 8ª semana do Tempo Comum

**Evangelho**: Mc 10,28-31
**Escritor eclesiástico**

Bem-aventurado aquele que sabe o que é amar a Jesus e desprezar a si mesmo por Jesus. Convém deixar um amor por outro, porque Jesus quer ser amado sobre todas as coisas. O amor da criatura é enganoso e inconstante: o amor de Jesus é fiel e duradouro. Aquele que se apega à criatura cairá com o que cai; o que se abraça a Jesus se afirmará nele. Mesmo que todos te desampararem, ama-o e tenha-o por amigo. Ele não te desamparará, nem te deixará perecer no fim. Alguma vez, serás desamparado pelos homens, quer queiras ou não. Vivendo ou morrendo, apega-te fortemente a Jesus e encomenda-te a sua fidelidade, porque somente Ele pode ajudar quando todos te faltarem. Teu amado é de tal condição, que não quer admitir consigo mais nada: Ele só quer ter teu coração, e como rei sentar-se em seu próprio trono. Se soubesses desprender-te de toda criatura, Jesus moraria de boa vontade contigo. Quanto confiares nos homens fora de Jesus, tanto perderás. Não confies nem te firme sobre a cana movediça: *porque toda carne é feno, e toda sua glória cairá como flor do campo.*

Tomás de Kempis. *Imitação de Cristo*, II,7.

# Quarta-feira
## da 8ª semana do Tempo Comum

**Evangelho**: Mc 10,32-45
**Escritor eclesiástico**

A primeira coisa a aconselhar sobre este ponto, é de reprimir vigorosamente e constantemente os desejos, as preocupações de vanglória que nascem tão espontaneamente do coração humano. Se deverá, pois, repelir, assim que se perceba, todo desejo de ser admirado ou estimado, de passar por hábil, amável, inteligente, piedoso etc. Não nos deteremos nesses sonhos infantis onde imaginamos conversas e acontecimentos nos quais a gente se dá sempre o papel principal[17]. Não nos deteremos mais ao desejo de ser buscado, consultado, nem mesmo de ser aprovado. Por fim, é necessário lutar contra um sentimento bem comum à alma vaidosa e que, muitas vezes influência sobre a sua conduta: "o que se vai dizer, o que pensará de mim?" Não seria melhor dizer com São Paulo: *Pouco me importa o julgamento das criaturas, eu só quero me preocupar em agradar a Deus.*

Auguste Saudreau. *Les degrès de la vie spirituelle*, III, 2,3.

---

17. Lit.: bonito.

## Quinta-feira
## da 8ª semana do Tempo Comum

**Evangelho**: Mc 10,46-52
**Escritor eclesiástico**

Amai ao Senhor, luz da vida. Amai esta luz, assim como a amava com desejo infinito àquele que fez chegar a Jesus o seu grito: *Filho de Davi, tem piedade de mim*. Enquanto Jesus passava, o cego gritava desse jeito. Tinha medo de que passasse o Messias e não lhe curasse. E, com que força gritava! Mesmo enquanto a turba lhe fazia calar, ele continuava gritando. Ao final, venceu sua voz sobre aqueles que se opunham a ele, e ele reteve o Salvador. Enquanto a multidão fazia estrépito e queria impedi-lo de falar, Jesus se deteve, fez que o chamassem e lhe disse: *Que queres que eu faça por ti?* Ele respondeu: *Mestre, que eu recobre a visão*. Amai, portanto, a Cristo. Desejai aquela luz que é Cristo. Se aquele cego desejou a luz do corpo, quanto mais deveis desejar vós a luz do coração! Elevemos a Ele o nosso grito, não tanto com a voz do corpo como com o nosso reto proceder. Tentemos viver santamente, demos às coisas do mundo as suas justas dimensões. Que o efêmero seja nada para vós... Que nossa própria vida seja um grito lançado até Cristo. Ele se deterá, porque, de fato, Ele está aqui, imutável.

Agustín de Hipona. *Sermón*, 349, 5.

## Sexta-feira
## da 8ª semana do Tempo Comum

**Evangelho**: Mc 11,11-16
**Escritor eclesiástico**

Depois de pecarmos temos remorsos de consciência, bons desejos para o futuro, formamos projetos de penitência e de fervor, damos nossa palavra, nos empenhamos com promessas, formamos infindos propósitos, mas estas são outras tantas belas folhas a cuja sombra repousamos, entregando-nos ao poder de nossas paixões, lisonjeando-nos de praticar depois uma vida totalmente diferente e toda santa. Mas Jesus, que deseja ardentemente a nossa salvação, não se alimenta dessas folhas, que só lhe causam amargura, e lhe fazem experimentar um grande desgosto por nós. Ele queria encontrar em nós uma conversão verdadeira, uma penitência sincera e um coração puro, cheio de caridade para o próximo e de amor para com Ele. Ele queria encontrar um espírito recolhido, aplicado a Ele; penetrado de reconhecimento por seus benefícios e atento a meditar sua santa Lei. Queria encontrar uma vontade submissa e que continuamente estivesse trabalhando para conformar-se em tudo a sua. Ah! Se nós nos esforçássemos em saciar a fome que Ele tem de nossa santificação.

Maldonado. *Meditación*, 241,1,2.

## Sábado
## da 8ª semana do Tempo Comum

**Evangelho**: Mc 11,27-33
**Escritor eclesiástico**

Sobre este fato (dos vendilhões), comparando-o com o passado, deve-se ponderar que, a primeira vez Cristo expulsou do templo os negociantes com palavras e chicotes de cordas; mas a segunda com palavras e grandes milagres que ali fez, deixando os açoites para as suas costas, significando-nos que Deus tem duas maneiras de purificar seu templo espiritual: um, com castigos; outro, com benefícios. O primeiro usou na lei velha, que era lei de temor; o segundo na lei nova, que era lei de amor. E se nenhum dos dois servir, o templo será destruído como o de Jerusalém, castigando-o Deus com o último castigo da eterna condenação. Na primeira vez Ele disse: *Não façais da casa de meu Pai uma casa de negociação*, dando a entender que o templo não deve ser casa de negociação profana, mas divina; nem se deve vir a Ele para negociar com homens, mas para negociar com Deus nosso próprio negócio, que é o de nossa salvação, pedindo-lhe com sacrifícios e orações.

Luís de la Puente. *Meditaciones de la via iluminativa*, III, 10.

# Segunda-feira
## da 9ª semana do Tempo Comum

**Evangelho**: Mc 12,1-12
**Escritor eclesiástico**

O Pai plantou uma vinha e a arrendou a alguns lavradores para que lhe entregassem os frutos na estação apropriada. Depois, enviou a seus servos para pedir os frutos da vinha. Os lavradores, contudo, insultaram-nos e até os mataram e se negaram a entregar os frutos. Então o pai de família disse: *Enviarei a meu único Filho, talvez a ele respeitem*. Porém os lavradores o mataram e o lançaram fora dela. A vinha foi plantada quando se depositou a lei no coração dos judeus. Enviou-se os profetas a pedir os frutos, isto é, a vida reta, mas foram ultrajados e assassinados. Enviou-se também a Cristo, mas também o mataram, isto é, mataram também ao próprio herdeiro, e assim perderam a herança. Seu plano criminoso voltou-se contra eles. Mataram para possuir, mas como tinham assassinado, perderam a posse. Contudo, *a pedra descartada pelos construtores tornou-se a pedra angular*. A pedra angular é Cristo, cabeça da Igreja. Por que Ele é pedra angular da Igreja? Porque, por um lado, chamou os judeus à fé e, por outra, aos pagãos, e uniu mediante a graça de sua paz, por assim dizer, duas paredes que iam em sentidos opostos; se encontraram nele, pedra angular, visto que precisamente *Ele é nossa paz. Ele fez dos dois povos um só.*

Agustín de Hipona. *Sermones,* 87, 1s., passim.

# Terça-feira
## da 9ª semana do Tempo Comum

**Evangelho**: Mc 12,13-17
**Escritor eclesiástico**

Esta é a imagem da qual o Pai dizia ao Filho: *Façamos os homens a nossa imagem e semelhança*. O Filho de Deus é o pintor dessa imagem; e porque tal e tão grande é o pintor, sua imagem pode ser obscurecida pela negligência, porém não pode ser destruída pela maldade. A imagem de Deus, na verdade, permanece sempre em ti, ainda que sobreponhas *a imagem do terrestre*. Esta pintura tu mesmo a pintas para ti; pois quando te ofusca a luxúria, introduziste uma cor terrena, e se te abrasas com a avareza, misturaste outra cor; e quando a cólera te torna cruel, adiciona uma terceira cor. A soberba agrega outra tinta e outra a impiedade, e assim, através de cada uma dessas espécies de maldade, como reunindo diferentes cores, tu mesmo te pintas esta *imagem do terrestre* que Deus não fez em ti. Por isso, devemos suplicar àquele que diz por meio do profeta: *Eis aqui que eu dissipo como uma nuvem as tuas rebeldias e como um nublado os teus pecados*. Quando tenha apagado de ti todas estas cores, extraídas das tintas da maldade, então resplandecerá em ti a imagem que foi criada por Deus. Vês, pois, como as divinas Escrituras introduzem expressões e figuras que conduzem a alma ao conhecimento e a purificação de si?

Orígenes. *Homilía 14,4 sobre el Génesis*.

## Quarta-feira
## da 9ª semana do Tempo Comum

**Evangelho**: Mc 12,18-27
**Escritor eclesiástico**

Ricos e poderosos, venham aqui e considerai qual é a transformação que se opera em tudo que é nosso, e qual seu paradeiro final... És, Senhor, a esperança de todos e a vida dos que morrem, ainda que para ti não estejam perdidos os que morrem, mas adormecidos... Pois, segundo isto, meu Deus, que me purifiques com a tua graça das máculas com que me sujou minha depravada natureza, não vão fechar-me a entrada de glória prometida à virtude. O nascimento de nosso Rei invicto comoveu o orbe inteiro, e, admirado, correu atrás dele. Ressuscitou aos mortos, deu vista aos cegos, limpou os leprosos, venceu a morte e o demônio e assegurou a liberdade de nossa estirpe. Ele mesmo, morto e sepultado, saiu do sepulcro cheio de glória e claridade para voltar ao céu, à destra de seu Pai. Quando chegue a hora, descerá segunda vez ao mundo com grande majestade, rodeado das hostes dos espíritos celestiais. Então cumprirá a promessa feita no Evangelho e realizará a sua ascensão triunfante aos céus e dará para sempre a herança íntegra da bem-aventurança eterna.

Santo Efrém. *Canto Fúnebre*, 41.

# Quinta-feira
## da 9ª semana do Tempo Comum

**Evangelho**: Mc 12,28b-34
**Escritor eclesiástico**

Acaso não prometes também um prêmio aos que guardam os teus mandamentos, mais preciosos que o ouro fino, mais doces que o mel de um favo? Certamente que sim, e um prêmio grandioso, como diz São Tiago: *A coroa da vida que o Senhor prometeu aos que o amam*. E o que é esta coroa da vida? Um bem superior a quanto possamos pensar ou desejar, como diz São Paulo, citando ao Profeta Isaías: *Nem olho viu, nem ouvido ouviu, nem o homem pode pensar o que Deus tem preparado para aqueles que o amam*. Na verdade, é muito grande o prêmio que a observância de teus mandamentos proporciona. E não só aquele mandamento, o primeiro e maior, é proveitoso para o homem que o cumpre – não para Deus que o impõe –, mas também os demais mandamentos de Deus aperfeiçoam ao que os cumpre, o embelezam, o instruem, o ilustram, o tornam definitivamente bom e feliz. Por isto, se julgas retamente, compreenderás que foste criado para a glória de Deus e para a tua eterna salvação, compreenderás que este é o teu fim, que este é o objetivo de tua alma, o tesouro de teu coração. Se chegas a este fim, serás feliz; se não o alcanças, serás um desventurado.

São Roberto Belarmino. *Sobre la elevación de la mente hacia Dios*, grado 1.

# Sexta-feira
## da 9ª semana do Tempo Comum

**Evangelho**: Mc 12,35-37
**Escritor eclesiástico**

  Pois se é certo que as Escrituras hão de perecer, seu fruto deve durar eternamente. Os que são doutos e perspicazes podem, na verdade, explicar de forma clara e luminosa os escritos divinos, seja porque os retém na memória, seja por causa da lucidez de sua inteligência e de seu espírito, seja também por sua habilidade escolástica, mesmo sem o auxílio da graça e da caridade divina; porém, não podem saborear o fruto suave que ali se esconde sem estarem penetrados pelo amor divino. Por isso este reino da Escritura se mostra aos que amam a Deus, a fim de que vivam segundo as Escrituras e se tornem aptos para degustar seu fruto e sua suavidade, não só na vida presente, mas também na futura. Pois as virtudes, a consolação interior, a esperança da vida eterna constituem esse reino de Deus oculto nas Escrituras, mas que se manifesta aos amantes de Deus, e não pode ser degustado, pese a ciência, a inteligência e a perspicácia, sem a caridade de Deus por estranhos que ignoram e desdenham as delícias desse amor.

Juan Ruysbroeck. El reino de los amantes de Dios, cap. 40.

# Sábado
## da 9ª semana do Tempo Comum

**Evangelho**: Mc 12,38-44
**Escritor eclesiástico**

  Recordemos também aquela viúva, que se esquecendo de si mesma e preocupada unicamente pelos pobres, pensando somente no futuro, deu tudo o que tinha para viver, como testemunha o próprio juiz. *Os outros* – diz – *lançaram daquilo que tinham de sobra*; porém esta, mais pobre talvez do que muitos pobres – já que toda a sua fortuna se reduzia a duas moedas –, mas em seu coração mais admirável que todos os ricos, posta sua esperança somente nas riquezas da eterna recompensa e ambicionando para si somente os tesouros celestiais, renunciou a todos os bens que procedem da terra e à terra retornam. Lançou o que tinha, para possuir os bens invisíveis. Lançou o corruptível, para adquirir o imortal. Aquela pobrezinha não menosprezou os meios previstos e estabelecidos por Deus em vista da consecução do prêmio futuro; por isso o legislador também não se esqueceu dela, e o árbitro do mundo antecipou sua sentença: no Evangelho ele elogia aquela que coroará no juízo.

São Paulino de Nola. *Carta 34.*

# Segunda-feira
## da 10ª semana do Tempo Comum

**Evangelho**: Mt 5,1-12
**Escritor eclesiástico**

Aquele que for tão humilde, que tiver nítido conhecimento de como nada é por si mesmo, e amar com grande amor seu próprio desprezo, dando de coração honra a Deus: este será *pobre de espírito* / Aquele que se encontrar livre, não só do desejo de vingança, mas também da agitação da ira, entregando-se suave e afável aos rixosos de seus insultadores, como se não tivesse sido insultado: este será *manso* / Aquele que fugir dos prazeres da vida presente, e tomar a lamentação por canto, abraçando as dificuldades com maior agrado do que os mundanos aos seus prazeres: este é o que *chora* bem-aventurado / Aquele que tiver maior desejo do alimento espiritual, que àqueles gulosos do alimento corporal: este tem *fome e sede de justiça* / Aquele que tiver os males alheios por seus, à semelhança da mãe que está mais doente e chorosa com a doença de seu filho unigênito, que o próprio filho que sofre o mal: este é o bom *misericordioso* / Aquele que tiver uma perfeita pureza de coração, a qual é perfeita santidade: a este lhe cabe a *sexta palavra* / Aquele cujos movimentos (interiores) estiverem tão calmos, que não se ergam contra a razão, e que a vontade siga com muito amor a de Deus, e depois tiver grande desejo e esforço por ver esta paz nos outros: a este lhe convém a *sétima palavra* / Aquele que sofrer por defender a virtude, a verdade e a justiça, e tiver vontade de padecer até dar a própria vida: a este lhe convém a oitava *bem-aventurança* / Aquele que tiver cumprido estas palavras alcançou o cume da perfeição, tal como nesta vida se pode alcançar.

São João de Ávila. *Reglas de Espíritu*, 5.

# Terça-feira
## da 10ª semana do Tempo Comum

**Evangelho**: Mt 5,13-16
**Escritor eclesiástico**

Depois de ter exortado, oportunamente, a seus apóstolos, Jesus os consola novamente com seus encorajamentos[18]. Visto que os preceitos que lhes tinha dado eram muito elevados e estavam infinitamente acima da Lei antiga, para evitar que acabassem assombrados e perturbados e dissessem: "Como poderemos cumprir estas grandes coisas"?, afirma imediatamente isto: *Vós sois o sal da terra*. Com estas palavras lhes mostra que era necessário dar-lhes aqueles grandes preceitos. Em resumo, disse que esse ensinamento lhes será confiado não só para sua vida pessoal, mas também para a salvação de todos os homens. "Não vos envio", parece dizer, "como foram enviados os profetas em outros tempos a duas cidades, ou a dez, ou a vinte, ou a um povo em particular, mas vos envio a terra, ao mar, ao mundo inteiro, a este mundo que vive na corrupção". Ao dizer *vós sois o sal da terra*, dá a entender que a essência dos homens se tornou insípida e se corrompeu pelos pecados. Por isso exige sobretudo a seus apóstolos aquelas virtudes que são necessárias e úteis para converter a muitos.

São João Crisóstomo. *Homilia sobre el evangelio de san Mateo 15,6.*

## Quarta-feira
### da 10ª semana do Tempo Comum

**Evangelho**: Mt 5,17-19
**Escritor eclesiástico**

Todo o Antigo Testamento não é senão um pequeno esboço dos inumeráveis e inescrutáveis caminhos dessa obra divina; nele não há senão o necessário para chegar a Jesus Cristo. O Espírito divino manteve todo o resto escondido nos tesouros de sua sabedoria. E de todo esse mar da ação divina, ele não faz aparecer senão um filete de água que, chegando a Jesus, se perdeu nos apóstolos e se abismou no Apocalipse; de sorte que o resto da história dessa ação divina que consiste em toda a vida mística que Jesus conduz nas almas santas até o fim dos tempos, apenas é o objeto de nossa fé. Tudo o que está escrito é ainda mais evidente. Nós estamos nos séculos

---

18. Lit.: louvores.

da fé, o Espírito Santo não escreve mais os evangelhos senão nos corações; todas as ações, todos os momentos dos santos são o evangelho do Espírito Santo; as almas santas são o papel, seus sofrimentos e suas ações são a tinta. O Espírito Santo, pela pluma de sua ação, escreve um evangelho vivo; e somente poderemos lê-lo no dia da glória onde, após ter saído do prelo desta vida, será publicado.

Jean Pierre de Caussade. L'Abandon à la Providence divine, cap. 11.

## Quinta-feira
## da 10ª semana do Tempo Comum

**Evangelho**: Mt 5,20-26
**Escritor eclesiástico**

Portanto, a oblação da Igreja que o Senhor afirma ser oferecido por todo o mundo, é um sacrifício puro e aceito por Deus; não porque Ele tenha necessidade de nosso sacrifício, mas porque quem o oferece recebe glória no momento mesmo de oferecê-lo, se sua oblação é aceita. Ao oferecer ao Rei a nossa oblação, rendemos-lhe honra e mostramos-lhe afeto. Isto é o que o Senhor, querendo que o fizéssemos com toda simplicidade e inocência, ensinou a oferecer, dizendo: *Se ao apresentar a tua oblação ante o altar te lembras que teu irmão tem algo contra ti, deixa a tua oblação diante do altar, primeiro vai-te reconciliar com teu irmão e retorna em seguida para apresentar a tua oferenda.* O apropriado é, pois, oferecer a Deus as primícias de sua criatura, como disse Moisés: *Não te apresentarás com as mãos vazias na presença do Senhor teu Deus.* Assim, nas mesmas coisas com as quais o ser humano mostra gratidão, Deus reconhece seu agradecimento e recebe a honra divina.

Santo Irineu de Lião. Contra las herejías, IV, 18,1-2.

# Sexta-feira
## da 10ª semana do Tempo Comum

**Evangelho**: Mt 5,27-32
**Escritor eclesiástico**

Em matéria de castidade, temos de temer até um olhar, porque pela vista entra o veneno da impureza. *Guardai-vos bem*, dizia Moisés, *de não deixar vossos olhos se distraírem e vossos pensamentos, manchando-vos com os objetos que vos cercam.* Jó dizia que havia feito *pacto com seus olhos.* Isto quer dizer que os teria sempre modestos, jamais dissipados e vagos. O véu das virgens é instrumento e sinal de recato: sua vida é um retiro onde os olhos profanos não devem penetrar... *Se vosso olho, se vossa mão direita vos escandaliza*; isto é, se as pessoas, a quem mais amais, vos são provocantes e vos fazem cair, separai-vos, fugi delas. Também se por elas escandalizais o próximo; porque tudo o que lhe faz cair, é para vós uma queda semelhante à de um homem que se lança ao mar com uma mó de moinho atada ao pescoço.

Bossuet. *Meditaciones I* – Dia quinze de Enero, passim.

# Sábado
## da 10ª semana do Tempo Comum

**Evangelho**: Mt 5,33-37
**Escritor eclesiástico**

Repito-vos que não quero falar somente dos perjúrios, mas até dos juramentos ditos com verdade. Dir-me-ás: "Porém também aquele homem que é bom, que é sacerdote, que vive piedosa e modestamente, jura". Não me fales nem me alegue nenhum homem honrado, piedoso e sacerdote. Mesmo que me nomeies Pedro ou Paulo, ou um anjo que desceu do céu, porque não olharei a dignidade da pessoa. Eu não estou falando de uma lei dada pelos servos, mas pelo Senhor, e quando se leem os escritos imperiais, silencia-se toda dignidade dos escravos. Se me podes dizer que Cristo mandou jurar ou, que pelo menos, não ameaça com castigos o juramento, demonstrai-me e me calarei. Mas se, pelo contrário, o proíbe com zelo e deposita tanto empenho nisso que compara o que jura com o demônio – *seja vossa palavra: sim, sim, e não, não; tudo o que passa disso procede do maligno* –, para que me vens contar deste ou daquele outro? Deus ajusta suas contas não atendendo a negligência de nossos conservos, mas aos preceitos de sua lei[19].

São João Crisóstomo. Catequesis aos iluminados, 5.

---

[19]. Apesar disso, seguindo a tradição paulina (cf. 2Cor 1,23; Gl 1,20), a Igreja sempre aceitou os juramentos por causa grave e justa.

# Segunda-feira
## da 11ª semana do Tempo Comum

**Evangelho**: Mt 5,38-42
**Escritor eclesiástico**

    Diz um evangelista que entregaram nosso Redentor à vontade daqueles que lhe queriam mal, e Ele não recusou ser entregue, ainda que tenha visto os corações deles repletos de raiva para lhe atormentar de formas diversas; mas assim como o cordeiro e a ovelha que não balem, calou e sofreu por ser colocado em mãos alheias, para se fartarem de fazer-lhe mal e Ele não de padecer. E, apesar de ter sofrido muito, mais amor lhe restou para mais padecer, se mister fosse. De tal maneira ofereceu uma face que, sendo ferido em um lado, ficou preparado para voltar a sofrer na outra face e, sendo-lhe tirada a vida, ficou preparado para voltar a padecê-la, se a glória do Pai e o bem dos homens conviesse, permanecendo sempre seu amor vencedor sobre sua dor. Embora seu amor venceu a todos os amores e sua dor venceu a todas as dores, entre dor e temor e amor permaneceu vencedor, para que vós creiais que se entregou sem duvidar nas mãos e vontade de quem sabia quão mal lhe haviam de tratar, que não hesitará de colocar-se em vosso coração, pois sabe que o amais e Ele mesmo vos deu seu amor.

São João de Ávila. Carta 226.

# Terça-feira
## da 11ª semana do Tempo Comum

**Evangelho**: Mt 5,43-48
**Escritor eclesiástico**

    Entre os atos de caridade, o amor dos inimigos, assim como é o mais difícil, assim também é o mais digno e apreciável, porque nos torna semelhantes a Deus, cuja bondade faz que nasça o sol sobre os bons e maus, e faz chover sobre justos e injustos, como diz Mateus... Logo, com nenhuma virtude – afirmo com o Crisóstomo – podemos fazer-nos tão semelhantes a Deus, como com amar a quem nos odeia e fazer o bem a quem nos ofende. E amando os inimigos, não nos tornamos semelhantes apenas a Deus Pai, mas a seu divino Filho humanado, que vivendo entre nós fez glória de perdoar todas as injúrias que os seus inimigos lhe fizeram. Basta dar uma olhada para a sua vida, desde o presépio até à cruz, para reconhecer nela um permanente exemplo de mansidão e de beneficência com os que o ultrajavam. Perseguido, maldito, caluniado, esbofeteado, cuspido, ferido, crucificado, e no próprio patíbulo insultado e zombado... tudo sofre, tudo tolera, tudo perdoa.

P. Scaramelli. *Directorio ascético*, IV, 5.

## Quarta-feira
## da 11ª semana do Tempo Comum

**Evangelho**: Mt 6,1-6.16-18
**Escritor eclesiástico**

Verdadeiramente, qualquer um que deseja encontrar toda a verdade convém, que dentro de si a busque, abrindo sempre para Deus o fundo interior de sua alma, mediante amorosas aspirações e afetuosos suspiros com humilde resignação; colocando-se diretamente abaixo de Deus, e não olhe para trás, nem para a frente, nem perto de si, mas acima permanentemente: então, poderá descer sobre ele os influxos da divindade, e seus pães dulcíssimos, que manam sem cessar. Porque, assim como a água que corre voluntariamente entra no copo, que está devidamente colocado abaixo dela, assim também quando nosso interior se submete e se acomoda debaixo de Deus, o Sol da divindade, que não conhece ocaso nem jamais escurece, envia seus brilhantes raios ao centro, que está voltado a Ele, a maneira deste sol corporal, que difunde seu esplendor sobre a terra que diretamente lhe está sujeita.

João Tauler. *Divinas instituciones*, cap. XXVIII.

# Quinta-feira
## da 11ª semana do Tempo Comum

**Evangelho**: Mt 6,7-15
**Escritor eclesiástico**

Diz aquele glorioso doutor e devotíssimo da Mãe de Deus, São João Damasceno, que oração é a elevação do entendimento a Deus ou súplica que se faz a Deus das coisas honestas; e Santo Agostinho quer que seja a indagação das coisas invisíveis ou um piedoso afeto da alma a Deus; e Santo Ambrósio a chama sustento da alma e precioso manjar de suavidade que não carrega os membros e os adorna; e São Gregório diz que é ressonância de amargos gemidos na contrição. A sétima definição é de São Bernardo, que oração é o afeto do homem que se aproxima de Deus com familiar e piedosa linguagem e um aposento da alma iluminada para gozar de Deus quanto lhe é lícito; e Hugo põe a oitava, dizendo ser devoção procedente da contrição ou conversão a Deus com pio e humilde afeto, guarnecida com as três virtudes teologais; e a glosa ordinária da nona que é bom desejo. Outra se dá pelo estilo, que chamam magistral, que oração é declaração do desejo por alcançar algum bem ou por escapar de algum mal, informada com palavras interiores, que são os pensamentos, ou exteriores, que são as vocais. Com estas dez definições ou declarações do que seja oração, podeis entender muitos efeitos proveitosos que dela procedem, ou muitas causas das quais ela emana e muitos fins aos quais se encaminha.

Frei Juan de Piñeda. *Declaración del Pater Noster* – Diálogo Veintiocheno.

# Sexta-feira
## da 11ª semana do Tempo Comum

**Evangelho**: Mt 6,19-23
**Escritor eclesiástico**

No sentido místico e espiritual, o verdadeiro Reino dos Céus é o próprio Jesus Cristo, que por sua presença nos céus produz a glória e a felicidade dos santos. O Reino dos Céus é comparado a um tesouro escondido, porque, diz São Jerônimo, o Verbo eterno por sua encarnação se ocultou em nossa humanidade, e por isso, tantos séculos antes, o profeta o tinha saudado como ao Deus profundamente escondido ou oculto (Is 45). Mas no sentido moral e anagógico, o Reino dos Céus é também outra coisa. Servir a Deus é desde logo reinar com Deus e em Deus. O Reino dos Céus, de que com tanta frequência fala o Senhor em seu evangelho, não é, pois, somente a eterna bem-aventurança; é também o conjunto dos meios necessários para obtê-la; não é só a posse e o gozo de Deus na vida vindoura, mas também o serviço de Deus e a felicidade de possui-lo pela graça, no seio da verdadeira Igreja, na vida presente.

Ventura de Laurica. *Homilías sobre las Parábolas*, I, 1.

# Sábado
## da 11ª semana do Tempo Comum

**Evangelho**: Mt 6,24-34
**Escritor eclesiástico**

A vós, particularmente, Jesus Cristo dirige as palavras do evangelho de hoje: *Buscai primeiro o Reino de Deus*. Com efeito, vós devíeis vir a esta casa somente para buscá-lo. Em primeiro lugar, para vós; em segundo lugar, para aqueles que vos foram confiados por Deus, a fim de os instruírem. Aqui não deveis buscar outra coisa que estabelecer o Reino de Deus em vossa alma, para esta vida e para a outra. Durante esta vida, não deveis preocupar-vos a não ser por conseguir que Deus reine pela graça e pela plenitude de seu amor em vosso coração. Deveis viver para Ele, e a vida do próprio Deus há de ser a vida de vossa alma. Necessita-se, ainda, que a alimenteis dele, ocupando-vos quanto possível de sua santa presença. O que constitui a vida dos santos é sua contínua atenção a Deus. Essa atenção deve ser também a das almas consagradas a Deus e que só procuram cumprir sua santa vontade, amá-lo e fazer que outros o amem. Nisso deve consistir toda a vossa ocupação na terra; e a esse fim devem endereçar-se todos os vossos trabalhos.

São João Batista de la Salle. *Pour tous les Dimanches de l'année*.

# Segunda-feira
## da 12ª semana do Tempo Comum

**Evangelho**: Mt 7,1-5
**Escritor eclesiástico**

*Porque da maneira que julgardes, sereis julgados.* Como se dissesse: Não condenas tanto a ele, quanto a ti mesmo. Prepara para ti mesmo um tribunal terrível e contas rigorosas. Como, no caso do perdão dos pecados, o princípio estava em nossa mão; assim neste juízo, o Senhor põe em nossa mão a medida da sentença. Porque não se deve injuriar nem insultar, mas admoestar; não acusar, mas aconselhar; não atacar com orgulho, mas corrigir com amor. Porque não condenas o teu próximo ao último suplício, mas a ti mesmo, se não o tratas com consideração quando tenhas que sentenciar sobre o que ele houver pecado. Vede como estes dois mandamentos não são só leves, mas fonte de grandes bens para aqueles que os seguem, assim como, naturalmente, de grandes males para os que os desobedecem.

São João Crisóstomo. *Sermón sobre san Mateo 23,1-2.*

# Terça-feira
## da 12ª semana do Tempo Comum

**Evangelho**: Mt 7,6.12-14
**Escritor eclesiástico**

Ó Cidade santa de Sião, quando entrarei por tuas portas! Ó mansão de paz, quando te possuirei! Ó luz sem noite, quando me iluminarás! Ó Tabernáculo santo, aonde não há morte, nem pranto, nem clamor, nem angústia, nem dor, nem culpa; aonde é saciado o faminto, aliviado o sedento e se cumpre todo desejo! Ó Cidade santa de Jerusalém, que és como um vidro puríssimo! Teus fundamentos adornados de pedras preciosas: não necessitas de luz, porque a claridade de Deus te ilumina, e tua lâmpada é o Cordeiro. Casa santa de Deus de Sião, nada impuro entrará em ti, porque permanecerás em pureza e santidade para sempre. Quanto entrarei em tua posse? O Todo-poderoso me lave, purifique, para que eu goze das florestas sempre amenas e deleitáveis.

Ven. Maria de Ágreda. *Oración y suspiros del corazón*.

## Quarta-feira
## da 12ª semana do Tempo Comum

**Evangelho**: Mt 7,15-20
**Escritor eclesiástico**

Acautela-te de ti mesmo como de inimigo; não sigas tua vontade, nem entendimento, nem querer, se não queres perder-te. Deves ter armas somente para isso: para defender-te de ti mesmo. E quando tua vontade quiser achegar-se a alguma coisa, mesmo que seja muito santa, então com profunda humildade, coloca-a só e despida ante o Senhor, suplicando-lhe que se faça nela a Sua vontade. E isto com entranhável desejo, sem nenhuma mescla de amor próprio, sabendo que nada tens, nem podes guardar-te de teus pareceres, que trazem consigo um tipo de santidade e de paz e de zelos indiscretos, dos quais afirma Cristo Nosso Senhor: *Guardai-vos dos profetas que vêm com vestes de ovelhas e são lobos roubadores, por seus frutos os conhecereis*. Os frutos deles são deixar a alma intranquila e inquieta. Tudo o que afasta da humildade – e desta paz e quietude interior – é um tipo de qualquer coisa, é falso profeta e lobo roubador, porque em figura de ovelha vem para te roubar e privar da humildade e desta quietude tão necessária ao que quer progredir; e ocorre que, o que se tem ganhado em muitos dias e com grande esforço, em breve espaço de tempo se perde: e é roubo destes lobos.

Juan de Bonilla. *Breve tratado de la paz del alma*, cap. IV.

## Quinta-feira
## da 12ª semana do Tempo Comum

**Evangelho**: Mt 7,21-29
**Escritor eclesiástico**

Eis como: primeiro deves fazer o alicerce, que seria a fé, visto que *sem fé*, diz o apóstolo, *é impossível agradar a Deus*. Em seguida, sobre este alicerce, deves construir um edifício bem ordenado. Alguém tem oportunidade de obedecer? Que coloque uma pedra de obediência! Um irmão se irrita contra ele? Que coloque uma pedra de paciência! Deve praticar a temperança? Que coloque uma pedra de temperança! Assim, de cada virtude que se apresente, deves colocar uma pedra em sua construção e assim levantá-lo com uma pedra de compaixão, outra de privação de sua vontade, outra de mansidão e assim sucessivamente. Deve cuidar principalmente da constância e da fortaleza, que são pedras angulares: são as que tornam sólida uma construção, unindo as paredes entre si e impedindo-as de se inclinarem e se deslocarem. Sem elas somos incapazes de aperfeiçoar qualquer virtude. Pois a alma sem valor carece também de constância e sem constância ninguém pode fazer o bem. Assim afirma o Senhor: *Vós salvareis as vossas almas pela vossa constância*. O construtor também deve colocar cada pedra sobre cimento, pois se colocasse as pedras uma sobre a outra sem cimentar, se separariam e a casa cairia. O cimento é a humildade, porque é feito de terra, que todos temos sob os nossos pés. Uma virtude sem humildade não é tal.

São Doroteu de Gaza. *Conferência*, XIV, 151.

## Sexta-feira
## da 12ª semana do Tempo Comum

**Evangelho**: Mt 8,1-4
**Escritor eclesiástico**

Por que tantos milagres nos primeiros séculos da Igreja, e tão poucos hoje, em comparação? É porque os dois fins dos verdadeiros milagres os pediam naquele tempo: de um lado as verdades do santo Evangelho, que ainda não tinham sido recebidas nem bem estabelecidas no mundo; eis porque quando lhes era pregado, era necessário lhes provar evidentemente pelos milagres. De outra parte, os primeiros cristãos eram santos; é por isso que todo tipo de pessoa podia fazer milagres. Atualmente, o estabelecimento da fé no mundo inteiro não necessita mais de milagres; como se cessa de dar água para uma árvore que já está presa à terra e bem enraizada. Ademais, os cristãos hoje não são mais tão santos: são poucos os que merecem que Deus testemunhe suas virtudes pelos milagres.

Luis de Argentam. *Conférences*, XVI, 2.

# Sábado
## da 12ª semana do Tempo Comum

**Evangelho**: Mt 8,5-17
**Escritor eclesiástico**

Tudo o que exteriormente te acontece, o receberás como enviado da mão do Todo-poderoso, pelo eterno amor de seu coração paterno e não das criaturas, e assim rápida e perfeitamente te unirás à Divina Vontade, e serás um de seus amigos escolhidos, e saberás que todas as coisas adversas que te acontecerem, vêm de seu paternal favor e daquela suprema dileção com que tem te amado ou amará. Também daquela com que a seu amantíssimo Filho, enquanto viveu neste mundo, enviou-lhe as mais duras e rigorosas provas que se podem sofrer; que não por outro motivo permite que venham a ti provações. Não consintas que a indignação da aflição ou injúria te tire o fruto da resignação. Não digas no interior: estes ou aqueles males são homens cegos e maus que me causaram. Antes dirás assim: estes ou aqueles bens é o piedosíssimo Deus que me dá, mediante seus instrumentos amáveis, por seu paternal beneplácito, para a minha máxima utilidade, à qual ainda que eu não alcance agora, tem sua Majestade bem conhecida. Por esta razão sofrerei com satisfação, e esperarei nesta aflição sua santíssima vontade, à qual se por meio de seus instrumentos me tirar a vida, contudo esperarei no paternal favor daquele que sempre vive e não pode morrer.

João Tauler. *Divinas institutionesI*, X, 11.

# Segunda-feira
## da 13ª semana do Tempo Comum

**Evangelho**: Mt 8,18-22
**Escritor eclesiástico**

*Segue-me e deixa que os mortos enterrem os seus mortos.* "Mas não era o cúmulo da ingratidão", direis, "não assistir ao enterro do próprio pai"? Se tivesse se comportado assim por indiferença ou negligência, seu ato teria sido, certamente, um ato de máxima ingratidão, mas se sua intenção era a de não deixar um dever mais importante, isso teria sido uma insensatez extrema. Cristo estabeleceu aquela proibição ao discípulo não para ensinar-nos a desprezar a honra devida a quem nos gerou, mas para indicar-nos que não há nada mais importante para nós do que as realidades do céu: por elas devemos interessar-nos com todo o fervor e empenho, sem diferi-las nem um só instante, por mais graves e urgentes que sejam os motivos que poderiam nos arrastar a outros lugares. Em consequência, se não devemos perder nem mesmo o tempo necessário para sepultar a nosso pai, julgai que castigo nos faremos merecedores ao afastar-nos durante toda a nossa vida dos interesses relacionados com Cristo, preferindo coisas absolutamente fáceis e vãs a compromissos verdadeiramente necessários.

São João Crisóstomo. *Comentario al evangelio de S. Mateo 27,3.*


# Terça-feira
## da 13ª semana do Tempo Comum

**Evangelho**: Mt 8,23-27
**Escritor eclesiástico**

Deus concede ao homem o poder de fazer milagres por duas razões: Primeira e principal, para confirmar a verdade que alguém ensina: porque as coisas que são da fé, excedem a razão humana e não podem ser provadas por raciocínios humanos, mas é necessário que se provem pelo argumento da potência divina, a fim de que, quando alguém realiza obras que só Deus pode fazer, creiam todos que as coisas que se afirmam procedem de Deus. Como quando alguém leva cartas seladas com o anel do rei, se acredita terem vindo da vontade real o que nelas se contém. Segunda, para manifestar a presença de Deus no homem pela graça do Espírito Santo, isto é, a fim de que, quando o homem realiza as obras de Deus, acredite-se que Deus habita nele pela graça; por isso se diz: *Aquele que vos dá o Espírito e realiza milagres entre vós.* Porém foi necessário que estas duas coisas se manifestassem aos homens a respeito de Cristo: que Deus estava nele pela graça, não de adoção, mas de união; e que sua doutrina sobrenatural vinha de Deus. Portanto, foi muito conveniente que fizesse milagres. Por isso Ele mesmo diz: *Já que não credes em mim, crede por causa das obras... As obras que meu Pai me deu realizar, dão testemunho a meu favor.*

Santo Tomás de Aquino. *Suma Teológica*, 3, q.43 a.1 c.

## Quarta-feira
## da 13ª semana do Tempo Comum

**Evangelho**: Mt 8,28-34
**Escritor eclesiástico**

Se os demônios incitam teu coração a uma ascese superior a tuas forças, não os escutes: pois eles incitam o homem para tudo aquilo que ultrapassa suas possibilidades, até que cai entre as suas mãos e eles se regozijam a suas custas.

Abá Isaías. *Asceticon*, 1,43.

Não sintas vergonha de dizer ao teu superior todo pensamento que te faça guerra e serás aliviado, pois nada há que alegre tanto aos demônios como um homem que cala os seus pensamentos, sejam bons ou maus.

Abá Isaías. *Asceticon*, 4,63.

Se os demônios te atormentam a propósito da comida, da veste e de tua grande pobreza, lançando sobre ti o opróbrio, não lhe retruques, mas confia em Deus com todo o teu coração e Ele te dará o descanso.

Abá Isaías. *Asceticon*, 16,102.

Infelicidade para nós, que nos dispomos a ser um refúgio para os demônios em lugar de um receptáculo para Deus.

Abade Isaías. *Asceticon*, 29,6.

# Quinta-feira
## da 13ª semana do Tempo Comum

**Evangelho**: Mt 9,1-8
**Escritor eclesiástico**

No confessionário desenvolveis uma das principias e mais úteis ações da missão. No confessionário exerceis uma das mais importantes funções do sacerdócio. No confessionário cumpris o *ofício de doutor*, ensinando aos cristãos as coisas cujo conhecimento lhes é necessário para salvarem-se. No confessionário curais as almas enfermas e trazeis de volta à vida as que tinham morrido pelo pecado. No confessionário praticais o *ofício de pastor*, livrando ou preservando as ovelhas do grande Pastor das almas da boca do lobo infernal, alimentando-as com o pão da santa palavra de Deus e dispondo-as a receber a carne adorável e o precioso sangue de Jesus Cristo, que é seu alimento e sua vida. No confessionário agis como *medianeiros entre Deus e os homens*, para reconciliar aos pecadores com Deus, para anunciar-lhes o que Deus pede deles e para estimulá-los a dar a Deus o que lhe devem. No confessionário sois como *salvadores e redentores*, pois aplicais às almas os frutos da paixão e morte que o Salvador suportou por sua salvação, e as resgatais do cativeiro do pecado, do diabo e do inferno. No confessionário é também onde, tendo que continuar a obra de redenção do mundo, deveis agir com caridade, paciência e humildade com que Jesus Cristo nos redimiu.

São João Eudes. *El sacerdote*, III, 1.

# Sexta-feira
## da 13ª semana do Tempo Comum

**Evangelho**: Mt 9,9-13
**Escritor eclesiástico**

    Este Espírito (visto que é sapientíssimo e benigníssimo), quando foi tomado como pastor, fez salmodiar, ensurdeceu aos espíritos malignos, escolheu ao rei de Israel. Se é um pastor de cabras que recolhe amoras, o faz profeta. Recorda a Davi e a Amós. Se acolhe a um jovem de boa índole, o faz ancião e juiz, não obstante sua pouca idade. Testemunha é Daniel, que venceu aos leões no fosso. Se encontra pescadores, os pesca para Cristo, para que lancem em todo o mundo a rede de sua palavra. Aceita como exemplos a Pedro e André, e aos filhos do trovão, que fizeram retumbar as coisas espirituais. Se se trata de publicanos, ganha-os para o discipulado, e faze-os comerciantes de almas. Mateus seja testemunha, ontem publicano, hoje evangelista. Se (são) perseguidores ferozes, muda seu zelo, e faz Paulos em lugar de Saulos, e os dirige para a piedade, tanto quanto eles se tinham dirigido para a maldade.

        São Gregório Nazianzeno. *Sermón XLI,14 en Pentecostes*.

# Sábado
## da 13ª semana do Tempo Comum

**Evangelho**: Mt 9,14-17
**Escritor eclesiástico**

    Finalmente, por isso a graça e a revelação do Espírito Santo se transmitiam depois do Batismo mediante a imposição das mãos dos apóstolos. E também nosso Salvador, depois da ressurreição, tendo já passado as coisas antigas e tendo-se feito todas novas, Ele mesmo homem novo e primogênito dos mortos, diz a seus apóstolos, também eles renovados pela fé em sua ressurreição: *Recebei o Espírito Santo*. Isto mesmo queria dizer o Senhor Salvador no evangelho, quando negava que o vinho novo pudesse lançar-se em odres velhos. Dizia que os odres deviam fazer-se novos, isto é, que os homens deviam caminhar em novidade de vida, para que pudessem receber o vinho novo, ou seja, a novidade da graça do Espírito Santo. Por este motivo a ação do Pai e do Filho se estende indistintamente sobre toda criatura, mas só nos santos se encontra a participação do Espírito Santo.

Orígenes. Dos princípios, I, 3,7.

# Segunda-feira
## da 14ª semana do Tempo Comum

**Evangelho**: Mt 9,18-26
**Escritor eclesiástico**

Devemos agir e pensar como aquela pobre mulher enferma que disse: *Se eu somente tocar a orla de seu manto, ficarei curada*. A franja ou orla de seu manto significa o mínimo que Ele pôde emanar de sua santa humanidade. Com efeito, o manto significa sua sagrada humanidade, enquanto a franja pode ser entendida como uma gota de seu santo sangue. Agora o homem deve reconhecer que não pode tocar a mínima (parte) destas coisas por sua indignidade; pois, se em sua fraqueza pudesse fazê-lo, certamente curar-se-ia de todos os seus males. Assim, em primeiro lugar, o homem deve estabelecer-se em seu nada. Inclusive se o homem chegasse ao cume de toda perfeição, ainda lhe seria mais necessário submergir-se no fundo mais íntimo, até chegar as raízes da humildade.

João Tauler. *Sermões*.

# Terça-feira
## da 14ª semana do Tempo Comum

**Evangelho**: Mt 9,32-38
**Escritor eclesiástico**

*Colocai, Senhor, guarda a minha boca e uma porta com que se fechem meus lábios*. Os bem-aventurados santos e doutores da Igreja, Ambrósio e Gregório, tratando dos muitos males e prejuízos que derivam da língua – de que está cheia a Sagrada Escritura, especialmente os sapienciais –, recomendando-nos muito a guarda do silêncio para que nos libertemos de tantos prejuízos e perigos, dizem: "Ora, que quereis que façamos? Devemos ser mudos? Não queremos dizer isto – dizem estes santos –, porque a virtude do silêncio não está em não falar. Assim como a virtude da temperança não está em não comer, mas em comer quando é necessário e o que é necessário, e no demais abster-se; assim a virtude do silêncio não está em não falar, mas em saber calar no tempo certo e em saber falar no tempo certo". E para isso trazem aquela passagem do Eclesiastes: *Há tempo de calar e tempo de falar*. E assim é mister muito discernimento para acertar de fazer cada coisa destas a seu tempo; porque, assim como é uma falta falar quando não convém, assim também o é deixar de falar quando deveria falar.

Alonso Rodriguez. *Exercício de perfección*, II, 2,8.

## Quarta-feira
## da 14ª semana do Tempo Comum

**Evangelho**: Mt 10,1-7
**Escritor eclesiástico**

O que Jesus Cristo quer que preguemos às suas ovelhas perdidas, é que o *Reino dos Céus está próximo*. Ele está, verdadeiramente, bem próximo, porque está dentro de nós. É isso, pois, o que é necessário ensinar a todas as almas, que o Reino dos Céus está próximo; e que estando dentro delas, é aí que lhe é necessário buscar, dando-lhes ao mesmo tempo os meios para o encontrar. Mas, deixa-se o mundo inteiro na ignorância a respeito desse Reino que está tão próximo, e se lhe prega tantas outras coisas, sem lhes instruir sobre o que há de mais essencial na religião. É, contudo, o único sermão que Deus ordena aos apóstolos de fazer aos fiéis; porque quando se busca esse Reino interior, e se o encontra, todo o resto é dado por acréscimo. Esta pregação do Reino de Deus tão próximo de nós, é a única que alcança conversões sólidas e duráveis, e que dá a perfeição em pouco tempo.

Madame Guyon. *La Sainte Bible avec des explications*, v.13-Mt.

## Quinta-feira
## da 14ª semana do Tempo Comum

**Evangelho**: Mt 10,7-15
**Escritor eclesiástico**

Aquele que em verdade ama o Senhor, que em verdade deseja gozar do Reino dos Céus, que em verdade se arrepende de seus pecados, que em verdade está incomodado com a lembrança das penas do inferno e do juízo eterno, que em verdade está encorajado pelo temor da própria morte, a nenhuma coisa deste mundo amará desordenadamente: não ficará fatigado pelos cuidados do dinheiro nem da propriedade, nem dos pais, nem dos irmãos, nem de coisa alguma mortal e terrena. Mas, tendo rejeitado todo vínculo e detestado todos os cuidados relativos a estas coisas, e mais ainda a sua própria carne, nu e leve seguirá a Cristo, sempre elevando seus olhos ao céu na espera do socorro segundo as palavras do profeta: "Não me perturbei, seguindo a ti, meu Pastor; nunca desejei o dia nem o descanso do homem".

São João Clímaco. *Da escala*, 2,1.

## Sexta-feira
## da 14ª semana do Tempo Comum

**Evangelho**: Mt 10,16-23
**Escritor eclesiástico**

Não vos deixeis abater no tempo da tribulação, mas voltai-vos para Deus e dai-lhe ação de graças, porque ela é uma marca de sua proteção e de sua misericórdia para conosco. É assim que você obterá a glória da constância, e que no lugar de obscurecer esta virtude em vós, a fará brilhar com um brilho encantador. Se o demônio vem vos bater com qualquer ferida no corpo, ele será obrigado a fugir quando vir que em lugar de ser afligido você dá graças a Deus. Esforçai-vos em tornar meritórios todos os vossos sofrimentos e trabalhos suportando-os com humilde paciência. A preguiça de superar a si mesmo em ocasiões dolorosas nos faz cair numa infinidade de falhas; e quando estamos desprovidos da virtude da paciência, ele já nos derrotou.

São Nilo. *Tratado da prática das virtudes e da fuga dos vícios.*

# Sábado
## da 14ª semana do Tempo Comum

**Evangelho**: Mt 10,24-33
**Escritor eclesiástico**

Dos doze obstáculos que impedem o retorno dos pecadores a Deus e à penitência:

Quatro impedimentos vêm da obstinação dos pecadores impenitentes, quatro de sua cegueira e quatro de sua fraqueza.

Da obstinação eu vejo surgir o amor ao pecado, o horror da satisfação do pecado, o medo excessivo de sair do pecado e o mau hábito do pecado.

Da cegueira vem a descrença, a ignorância, a consideração do exemplo dos outros e a esperança de viver longo tempo ainda.

Da fraqueza nasce a preguiça ou a indolência, o medo de cair, a presunção e por fim o desespero, que é o selo de todas as desgraças, de todas as pragas e a ruína definitiva do homem.

São Bernardino de Sena. *Sermões.*

# Segunda-feira
## da 15ª semana do Tempo Comum

**Evangelho**: Mt 10,34–11,1
**Escritor eclesiástico**

*O que quer vir após mim, negue-se a si mesmo, tome sua cruz e me siga.* Se vos negais a vós mesmos e tomais vossa cruz e não seguis a Cristo, não sois cristão, mas pagão, porque muitos deles fizeram isso. Se não vos negais, embora leveis a cruz (que ninguém vive sem ela) não podeis seguir a Cristo, porque Cristo e vossa carne, cruz e sensualidade nunca podem ser amigos. Portanto, é impossível que vós sigais a Cristo sem expulsar primeiro pela mortificação e penitência os afetos e paixões da carne, que é o primeiro degrau da vida religiosa e perfeita: negue-se a si mesmo etc. Como se Cristo dissesse mais claro: Aquele que se determinar a me seguir e a andar em minha companhia e ser meu amigo, não deve seguir a si, nem andar em sua companhia, nem ser seu. Deixe de ser o que é e será o que não é; deixe de ser carnal e será espiritual, porque carnal e amigo de Deus (que é espírito) é impossível; viver segundo a carne e agradar a Deus não se tolera, segundo a doutrina do Evangelho.

Frei João dos Anjos. *Lucha espiritual y amorosa entre Dios y el alma*, I, 16.

# Terça-feira
## da 15ª semana do Tempo Comum

**Evangelho**: Mt 11,20-24
**Escritor eclesiástico**

Considera como não há desgraça mais funesta que a de viver em pecado; porém o cúmulo de todas as desgraças é morrer em pecado. O pecado sem a morte é um grande mal; e falando em rigor, é o único mal que se deve temer; porém este mal não exclui a esperança de todo bem; antes pode servir de matéria e ocasião para exercitar as mais nobres virtudes. Pode ser, como o tem sido em muitos santos, motivo para a mais extraordinária penitência, mas o sumo mal é o pecado com a morte. O pecado imprime na morte o caráter de sua malícia; a morte põe o último selo à impenitência do pecador. O pecado torna a morte amaldiçoada para sempre; que consequência tão estranha! A morte torna o pecado irremissível para sempre. Que destino mais triste e mais assustador!

Jean Croisset. *Ano Cristiano*, vol. 2.

## Quarta-feira
## da 15ª semana do Tempo Comum

**Evangelho**: Mt 11,25-27
**Escritor eclesiástico**

Eu te louvo, Pai, Senhor do céu e da terra, porque ocultastes estas coisas – sem dúvida fazendo referência aos segredos da verdade – aos sábios e prudentes, isto é, aos soberbos, e as revelastes aos pequenos, ou seja, aos humildes. Também aqui é incutido que a verdade se esconde aos soberbos e se revela aos humildes. A humildade poderia ser definida assim: é uma virtude que estimula o homem a menosprezar-se ante a clara luz de seu próprio conhecimento. Esta definição é muito adequada para aqueles que se decidiram progredir no fundo do coração. Avançam de virtude em virtude, de grau em grau, até chegar ao cume da humildade. Ali, em atitude contemplativa, como em Sião, embelezam-se na verdade; porque se diz que o legislador dará a sua bênção. Aquele que promulgou a lei, também dará a bênção; aquele que exigiu a humildade, levará à verdade.

São Bernardo. *Los grados de la humildad y del orgullo*, 1,6-2,1.

## Quinta-feira
## da 15ª semana do Tempo Comum

**Evangelho**: Mt 11,28-30
**Escritor eclesiástico**

Por graça, agora, ó amor, meu Rei e meu Deus; agora, ó Jesus, meu querido meu, recebei-me aos cuidados de teu dulcíssimo coração. Aí, aí, atai-me por teu amor, a fim de que eu viva inteiramente para ti. Agora, por graça, lançai-me no imenso mar do abismo da misericórdia. Aí, aí, confiai-me às entranhas de tua ternura superabundante. Sim, lançai-me nas chamas devoradoras de teu vivo amor. Aí, aí fazei-me passar por ti até reduzir a cinzas meu espírito e minha alma. Por graça, e na hora de minha morte, confiai-me à providência de tua paterna caridade. Aí, aí, ó meu doce Salvador, consolai-me pela visão mais doce que o mel de tua presença. Aí, repousai-me fazendo-me saborear a redenção pela qual tu me tens tão carinhosamente adquirido. Aí, chamai-me a ti com a viva voz de tua bela dileção. Aí, recebei-me no beijo de tua bondade muito indulgente. Aí sob o doce sopro do teu Espírito de onde brota toda suavidade, atrai-me a ti, atrai-me ao teu interior, absorvei-me dentro de ti. Aí, no beijo da perfeita união, mergulhai-me no eterno gozo de ti, e dai-me, então, de te ver; de te possuir, e de te gozar eternamente, porque és tu que minha alma deseja, ó Jesus, o mais querido de todos. Amém.

Santa Gertrudes. *Cantique*.

## Sexta-feira
## da 15ª semana do Tempo Comum

**Evangelho**: Mt 12,1-8
**Escritor eclesiástico**

Como é sabido de vossa caridade, Páscoa significa "passagem". Nas Sagradas Escrituras encontramos uma tríplice passagem ou tríplice páscoa. Esta foi celebrada, de fato, na saída de Israel do Egito e teve lugar a passagem dos judeus através do Mar Vermelho, da escravidão à liberdade, das panelas de carne ao maná dos anjos. Celebrou-se também outra Páscoa quando não só os judeus, mas também o gênero humano passou da morte à vida, do jugo do diabo ao jugo de Cristo, da servidão das trevas à liberdade da glória dos filhos de Deus, dos alimentos imundos dos vícios a aquele pão verdadeiro, o pão dos anjos que diz de si mesmo: *Eu sou o pão vivo que desceu do céu*. Com alegria cumpriremos a terceira Páscoa quando passemos da mortalidade à imortalidade, da corrupção à incorrupção, da miséria à felicidade, do cansaço ao repouso, do temor à segurança. A primeira páscoa é a dos judeus; a segunda, a cristã; a terceira, a dos santos e dos perfeitos. Na páscoa dos judeus foi imolado o cordeiro; nosso Páscoa é Cristo imolado, e na páscoa dos santos e dos perfeitos temos a Cristo glorificado.

Santo Elredo de Rievaulx. *Sermones inediti.*

# Sábado
## da 15ª semana do Tempo Comum

**Evangelho**: Mt 12,14-21
**Escritor eclesiástico**

Pelo caniço rachado se entende os pecadores. Pela mecha que fumega, que as vezes desprende calor, se entende aqueles que estão sem pecado, mas são mornos de boas ações e possuem algo da graça. Isaías quer dizer, pois, que o Senhor não impede o caminho da salvação aos pecadores. O próprio Senhor diz em Ezequiel 18,23: *Acaso quero a morte do pecador?* Da mesma forma, se alguém tem a graça, o Senhor não a apagará. Portanto, nos é dado o exemplo de que não devemos apagar a graça daquele a quem o Senhor a deu, mas antes conservá-la. Assim também, Ele não julgará antes de conduzir o julgamento à vitória. E isso pode se entender de forma particular dos judeus, ou seja, quando tiver derrotado todos eles, porque eles afirmavam que ele estava expulsando demônios por Belzebu. Ele os refutou e, por conseguinte, julgou-os.

Santo Tomás de Aquino. *Lecture de L'évangile de Saint Matthieu 12,20.*

# Segunda-feira
## da 16ª semana do Tempo Comum

**Evangelho**: Mt 12,38-42
**Escritor eclesiástico**

Porque Deus consentiu com paciência que Jonas fosse engolido pela baleia, não para que fosse absorvido e morresse, mas para que, quando fosse vomitado fosse mais submisso a Deus e glorificasse melhor Àquele que lhe tinha concedido uma salvação tão inesperada, levando os ninivitas a uma firme penitência e convertendo-os ao Senhor que os livraria da morte com o assombro que lhes causou aquele milagre de Jonas. Da mesma forma, Deus consentiu, nas origens, que o homem fosse engolido por aquele grande cetáceo ao cometer a prevaricação, não para que fosse absorvido e perecesse definitivamente, mas preparando e estabelecendo de antemão um desígnio de salvação que fosse posto em ação pelo Verbo mediante o sinal de Jonas, em favor dos que tivessem no Senhor a mesma fé que teve Jonas e o confessaram dizendo: *Eu sou um servo do Senhor, e rendo culto ao Senhor Deus do céu que fez o mar e a terra.*

Santo Irineu de Lião. Contra as heresias, 3,20,1.

# Terça-feira
## da 16ª semana do Tempo Comum

**Evangelho**: Mt 12,46-50
**Escritor eclesiástico**

Todos os que amam ao Senhor com todo o coração, com toda a alma e com toda a mente, com todas as forças, e amam a seus próximos como a si mesmos; e odeiam a seus corpos com seus vícios e pecados, e recebem o corpo e o sangue de Nosso Senhor Jesus Cristo e fazem dignos frutos de penitência: Oh! Quão bem-aventurados e benditos são eles e elas, enquanto realizam tais coisas e nelas perseveram! Porque descansará sobre eles o espírito do Senhor e fará neles a sua habitação e morada, e são filhos do Pai celestial, cujas obras fazem, e são esposos, irmãos e mães de Nosso Senhor Jesus Cristo. Somos esposos quando, pelo Espírito Santo, a alma fiel se une a Nosso Senhor Jesus Cristo. Somos para Ele irmãos quando fazemos a vontade do Pai que está nos céus; mães, quando o levamos em nosso coração e em nosso corpo, pelo amor divino e por uma consciência pura e sincera; e o damos à luz por meio de obras santas, que devem iluminar aos outros como exemplo.

São Francisco de Assis. Carta a todos os fiéis, I, 1.

## Quarta-feira
## da 16ª semana do Tempo Comum

**Evangelho**: Mt 13,1-9
**Escritor eclesiástico**

A alma tem três classes de potências, a saber: as concupiscíveis, as irascíveis e as racionais, todas podem ser dirigidas pelo livre-arbítrio ao bem imutável, crendo, esperando e amando a Deus, em cujo caso a terra será boa, receberá a semente e frutificará. Mas as três forças também podem se inclinar para os bens transitórios, como são os prazeres e deleites, as honras e as riquezas. Então aquela terra é o caminho, as pedras ou os espinhos. Terra dura como do *caminho*, em que não chega a enraizar a semente, é a concupiscência do que mergulha nos prazeres, como pode acontecer na juventude; parece um *pedregal* aquele que, levado da concupiscência irascível, não pensa mais senão nas honras, como pode ocorrer a muitos homens adultos; e, finalmente, *espinhos* são aqueles cuja parte racional se entrega ao desejo das riquezas, coisa abundante e frequente nos anciãos.

São Bernardino de Sena. Sermão sobre a frase:<br>"Não só de pão vive o homem..."

# Quinta-feira
## da 16ª semana do Tempo Comum

**Evangelho**: Mt 13,10-17
**Escritor eclesiástico**

Bem-aventurada a alma que ouve ao Senhor que lhe fala, e de sua boca recebe palavras de consolação.

Bem-aventurados os ouvidos que percebem as torrentes das inspirações divinas e não cuidam das murmurações mundanas.

Bem-aventurados os ouvidos que não escutam a voz que ouvem de fora, mas a verdade que ensina de dentro.

Bem-aventurados os olhos que estão fechados às coisas exteriores e mui atentos às interiores.

Bem-aventurados os que penetram as coisas interiores, e estudam com exercícios contínuos preparando-se cada dia mais e mais para receber os arcanos celestiais.

Bem-aventurados os que se alegram de entregarem-se a Deus, e se desembaraçam de todo impedimento do mundo.

Ó minha alma! Considera bem isto, e fecha as portas de tua sensualidade, para que possas ouvir o que te fala o Senhor teu Deus.

Tomás de Kempis. *Imitação de Cristo*, III, 1.

# Sexta-feira
## da 16ª semana do Tempo Comum

**Evangelho**: Mt 13,18-23
**Escritor eclesiástico**

Os pregadores culpam os ouvintes. Mas não é, em verdade, deles toda a culpa, pois na mesma parábola vemos que a eficácia da Palavra chega a tal ponto que, mesmo que não produza fruto maduro, produz pelo menos algum efeito, embora o afoguem depois os espinhos ou o seque por falta de raiz. Por outra parte, sempre se dá uma boa quantidade de terra fértil que frutifica o cem por um. Hoje muitos sermões não produzem o menor efeito, nem mesmo sequer um movimento passageiro. Confessemos, sim, que existem pedras e espinhos. Existem ouvintes espirituosos como estes, que vêm só para escutar finuras e galanteios e ponderar pensamentos; que pregam ao pregador, em vez de serem pregados por ele. Há ouvintes endurecidos, piores que pedras, porque a vara de Moisés pôde abrandar uma rocha, mas não conseguiu comover o coração do Faraó egípcio. Mas, apesar disso, nem por isso deve desconfiar o pregador, pois chega um momento em que até os espinhos servem de coroa gloriosa de Cristo, e as pedras se quebram para provar sua divindade quando morre.

Pe. Antônio Vieira. *Sermão*, prólogo.

# Sábado
## da 16ª semana do Tempo Comum

**Evangelho**: Mt 13,24-30
**Escritor eclesiástico**

O demônio aproveita qualquer vício ou desejo mau para penetrar em nossa alma, já que os vícios são seus, como as virtudes são de Deus. Se acolhemos em nosso interior algum deles, ao chegar o diabo lhe darão entrada como a seu próprio autor e lhe abrirão a porta, como se fosse a sua casa. A partir dali não haverá paz nem tranquilidade no coração. Conturbado e sempre preocupado, algumas vezes pulará de vã alegria, outras viverá deprimido por tristezas inúteis, com o péssimo vizinho a quem franquearam a entrada das paixões... Pelo contrário, a alma que sinceramente renuncia ao mundo, isto é, o que corta todo vício, não deixa brecha ao diabo por onde entrar; o que reprime a ira, sujeita seus ímpetos, foge da mentira, odeia a inveja e não se permite duvidar nem mesmo pensar ou suspeitar mal de seu próximo; o que se alegra ou se entristece quando seus irmãos estão alegres ou tristes, abre seu coração ao Espírito Santo, que, ao penetrar no fundo de sua alma e iluminá-la, suscita ali sempre o nascimento da graça, da alegria, da caridade, da paciência, longanimidade, a bondade e todos os frutos espirituais.

Rufino. *História dos monges*.

# Segunda-feira
## da 17ª semana do Tempo Comum

**Evangelho**: Mt 13,31-35
**Escritor eclesiástico**

Com esta imagem profetiza que a pregação brilharia por todo o orbe, por isso propôs o exemplo da mostarda que se adapta muito bem ao assunto. De fato, é menor que outras sementes, mas, ao crescer, leva vantagem na altura comparada a todas as hortaliças, e se torna como uma árvore, tal que a ela vem as aves do céu e habitam em seus ramos. Do mesmo modo, os apóstolos eram os mais humildes e pequenos entre os homens, porém, por causa da grande virtude que neles resplandecia, sua fama se difundiu por toda a terra. Depois nos apresenta o exemplo do fermento: *O Reino dos Céus é semelhante ao fermento que uma mulher toma e mistura em três medidas de farinha, até que tudo fique fermentado*, pois assim como o fermento, por mais pequeno que seja, transforma uma grande quantidade de farinha, assim também vós convertereis ao mundo inteiro.

São João Crisóstomo. *Homilia 41 sobre Mateus*.

# Terça-feira
## da 17ª semana do Tempo Comum

**Evangelho**: Mt 13,36-43
**Escritor eclesiástico**

*Então os justos resplendecerão como o sol no reino de seu Pai*. Consideremos a recompensa, e em primeiro lugar "em suas pessoas". Quão diferentes serão do que eram sobre a terra! Não se encontrará neles nem mesmo a mínima imperfeição, nem de corpo, nem de espírito: tudo neles será amável, tudo maravilhoso. O resplendor do sol é uma imagem fraca para expressar a luz com que os justos resplandecerão, e a glória de que cada um deles estará cercado. Em segundo lugar: "em sua morada". Será esta o Reino de Deus seu Pai; isto é, o céu. Se a terra, embora maldita, apresenta ainda aos felizes do século tantos e tão diversos atrativos; que coisa será o céu, formado de propósito por Deus e por sua infinita sabedoria, para ser a morada eterna de seus amados filhos, onde nada faltará e tudo é abundante? O objeto da bem-aventurança será o próprio Deus. Ser infinito e origem infinita de toda felicidade e de todos os bens: deleitarão dele, o verão, o amarão e, participarão dele nas delícias inefáveis de um eterno amor.

João Antônio Maldonado. *Meditação*, 116,3.

## Quarta-feira
## da 17ª semana do Tempo Comum

**Evangelho**: Mt 13,44-46
**Escritor eclesiástico**

Quase todas as coisas de alto valor, tem procurado esconder o Autor da natureza de tal maneira, que não se possam alcançar sem esforço. O ouro e a prata e os outros metais estão escondidos nas entranhas da terra e, o coral e as pedras preciosas nas profundezas do mar. A substância (que é o precioso das coisas) está escondida, e só os acidentes se deixam ver. No homem somente se vê o que é corpóreo, porém o mais estimado, que é a alma, não se vê. Na Sagrada Escritura, a exterioridade da letra é clara, porque se fala com palavras simples: mas o espírito que nela está escondido, poucos o entendem; porque como coisa preciosa quis Deus que estivesse encoberta. Nos sacramentos, as palavras que são a forma e as coisas que são a matéria, todos as percebem, mas a graça que se comunica neles, a todos está escondida. Finalmente, em Cristo, a humanidade era vista de todos, mas a divindade de tal maneira estava escondida, que o profeta pôde dizer: *Verdadeiramente tu és um Deus escondido*. Sendo, pois, isto assim, claro está que o tesouro da bem-aventurança é a coisa mais preciosa de quantas têm Deus: nenhuma há mais escondida do que ela, e assim, não é surpreendente que se compare com um tesouro escondido.

Diego Murillo. Sermão na festa da gloriosa virgem e mártir Lúcia.

# Quinta-feira
## da 17ª semana do Tempo Comum

**Evangelho**: Mt 13,47-53
**Escritor eclesiástico**

Anunciamos a vinda de Cristo, e não uma só, mas a segunda, que será muito mais brilhante do que a primeira. Porque esta traz consigo um significado de sofrimento, mas na segunda será levando o diadema do divino reino. Conforme já advertimos, todas as coisas em Cristo têm como duas facetas, e assim temos que seu nascimento foi duplo: um de Deus, antes de todos os séculos, e outro da Virgem, na plenitude dos tempos; duas vindas, a primeira silenciosa, como a chuva que cai sobre o tosão[20], e a segunda, que será com toda a glória. Na primeira foi envolto em panos e colocado num presépio; na segunda virá revestido de brilhante luz. Na primeira sofreu a cruz cercado de ignomínia; na segunda virá glorificado e rodeado de um exército de anjos. Portanto, não só conhecemos sua primeira vinda, mas esperamos a segunda... e saindo ao encontro do Senhor com os anjos, aclamaremos adorando-o: *Bendito o que vem em nome do Senhor*!

São Cirilo de Jerusalém. *Catequese*, XV, 1.

# Sexta-feira
## da 17ª semana do Tempo Comum

**Evangelho**: Mt 13,54-58
**Escritor eclesiástico**

"Senhor, como saberei quem é o profeta e quem é o falso profeta?" "Escuta – me diz – o referente a ambos os profetas. Tal como te direi, provarás ao profeta e ao falso profeta: Examina por sua vida ao homem que tenha o espírito divino. Em primeiro lugar, o que tem o espírito divino, aquele que é do Alto, é manso, tranquilo, humilde, afastado de toda maldade e do desejo

---

20. Pele de carneiro ou ovelha com lã.

vão deste mundo; se faz o menor de todos os homens e não responde nada a ninguém quando é perguntado; nem fala sozinho; o Espírito Santo também não fala quando o homem quer que fale, mas fala quando Deus quer que fale. Quando um homem que tem o espírito divino vem a uma assembleia de homens justos que têm fé no espírito divino, e a assembleia daqueles homens eleva a Deus sua oração, então o anjo do espírito profético que se encontra junto dele enche a esse homem, e, ao enchê-lo, o homem fala a multidão pelo Espírito Santo, tal como o Senhor o quer. Desta forma será evidente o Espírito de Deus."

Hermas o Pastor. Mandamento XI, 7-10.

# Sábado
## da 17ª semana do Tempo Comum

**Evangelho**: Mt 14,1-12
**Escritor eclesiástico**

Bem-aventurados os que têm sofrido como os profetas. A alguém que, vivendo com pleno zelo e censurando aos que pecam, tivesse que compreender que há de ser odiado e estar exposto a ciladas, assim como perseguido e escarnecido por causa da justiça; estas coisas não só não lhe satisfarão, mas ainda se alegrará e exultará com elas, porque está convencido de que receberá em troca uma grande recompensa nos céus das mãos daquele que o tem comparado aos profetas, por ter padecido os mesmos sofrimentos. É preciso, pois, que aquele que vive com zelo a vida profética e tem sido capaz de acolher ao Espírito que havia nos profetas, receba desprezo no mundo e entre os pecadores, para quem a vida do justo é um incômodo.

Orígenes. Comentario al evangelio de Mateo I.

# Segunda-feira
## da 18ª semana do Tempo Comum

**Evangelho**: Mt 14,13-21
**Escritor eclesiástico**

    Quisera demonstrar-vos em meu sermão que longe estamos da recomendação de São Paulo: *Tendo com que alimentar-nos e com que cobrir-nos, estejamos satisfeitos*. Para conseguir meu desejo, vos ensinarei os três graus de bens temporais assinalados perfeitamente em nosso Evangelho, a saber: primeiro, o necessário para viver; segundo, a abundância que chega ao agradável e supérfluo; terceiro, a grandeza e poder das fortunas extraordinárias. O primeiro o encontramos nos pães que o Senhor distribuiu; o segundo, nos que sobram e se recolhem com cuidado; o terceiro, em que quiseram coroá-lo rei. Mas não nos basta considerar estas três classes de bens, pois devemos estudar os vícios que nos inclinam a usá-los mal, ou seja: com relação ao necessário, a avidez e inquietude; com relação ao supérfluo, a dissipação e o luxo; com relação à grandeza, a ambição desordenada. Contra estes três vícios o Evangelho de hoje nos apresenta três remédios, porque a necessidade diminui a confiança na providência de Cristo, que nos impede de viver inquietos; já o supérfluo nos manda que se recolha com cuidado, para impedir o esbanjamento; e quando quiseram coroá-lo rei, foge.

    Portanto, o Evangelho nos ensina a não buscar ávidos o necessário, a não dissipar inutilmente o supérfluo e a não desejar com ambição os altos postos.

Bossuet. *1º sermão sobre o 4º Domingo da Quaresma.*

# Terça-feira
## da 18ª semana do Tempo Comum

**Evangelho**: Mt 14,22-36
**Escritor eclesiástico**

    As coisas que ajudam a devoção são muitas... Ajuda a guarda do coração, de todo tipo de pensamentos ociosos e vãos, e de todos os afetos e amores peregrinos, e de todas as perturbações e movimentos apaixonados, pois está claro que cada coisa destas impede a devoção e que não menos convém ter o coração sereno para orar e meditar que a viola para tocar. Ajuda também a guarda dos sentidos, especialmente dos olhos e dos ouvidos e da língua, porque pela língua o coração se dissipa, e pelos olhos e ouvidos se incha de diversas imaginações, de coisas com que se perturba a paz e sossego da alma. Por isso se diz com razão que o contemplativo há de ser surdo, cego e mudo, porque quanto menos se dissipa por fora, tanto mais recolhido estará por dentro. Ajuda para isso mesmo a solidão, porque não só tira as ocasiões de distração aos sentidos e ao coração e às ocasiões dos pecados, mas também convida ao homem a que more dentro de si mesmo e trate com Deus e consigo, movido com a oportunidade do lugar, que não admite outra companhia do que esta.

São Pedro de Alcântara. *Tratado da oração*, cap. II.

## Quarta-feira
## da 18ª semana do Tempo Comum

**Evangelho**: Mt 15,21-28
**Escritor eclesiástico**

Ela disse: "Tem piedade de mim, Senhor, filho de Davi! Como se dissesse: Ó Senhor, tu quiseste descender da família e da tribo de Davi, para infundir a graça do perdão e oferecer a mão da misericórdia aos pecadores que se convertem e que, seguindo o exemplo de Davi, esperam em tua misericórdia e fazem penitência. Tem piedade, pois, de mim, filho de Davi!" *Mas Jesus não respondeu palavra alguma.* Ó mistério do divino conselho! Ó insondável profundidade da divina sabedoria! O Verbo, que ao princípio estava junto do Pai e pelo qual tudo foi feito, não responde nem uma palavra à mulher cananeia, ou seja, à alma penitente! O Verbo, que faz eloquentes as línguas das crianças e que dá a boca e a sabedoria, não responde nada! "Ó Verbo do Pai, tu que tudo crias e recrias, que tudo governa e sustentas, responde-me, pelo menos uma só palavra, a mim que sou uma pobre mulher, mas arrependida!"... Por que o Verbo não respondeu nada? Por certo, para provocar na alma do penitente uma compunção maior e uma dor mais profunda. A ele se refere a esposa no Cântico dos Cânticos: *O busquei e não o encontrei; o chamei, e não me respondeu.*

Santo Antônio de Pádua. *Sermão aos pregadores, 2º Domingo da Quaresma.*

## Quinta-feira
## da 18ª semana do Tempo Comum

**Evangelho**: Mt 16,13-23
**Escritor eclesiástico**

Quando por dom de tua graça, Senhor, te busco com todo o meu coração, e me alegro de ter aprendido a conhecer teu rosto – o único que meu rosto deseja –, o que implica, eu te suplico, o fato de que volte a encontrar-me de súbito afastado? Acaso não me converti a ti, ou tu ainda estás fora de mim? Se não me converti, converte-me, Deus das potências. Tu, que me tens dado o querer, dai-me o poder, e que se cumpra, em mim e por mim, qualquer coisa que tu queiras. Quero, ó Deus, fazer tua vontade, e nos mandamentos abraço a tua lei, em meio de meu coração. Existe, contudo, outra lei tua, imaculada, que converte as almas, porém, não a conheço, Senhor; esta permanece no escondido de teu rosto, onde eu não mereço entrar. Se uma só vez me deixasses entrar ali para vê-la, como a pluma do "escriba que escreve veloz" – teu Espírito Santo – a transcreveria em meu coração duas ou três vezes, para ter aonde recorrer e, compreendendo minhas obras, caminharia na simplicidade e na confiança.

Guillermo de Saint-Thierry. *Dalla meditazione alla preghiera.*

## Sexta-feira
## da 18ª semana do Tempo Comum

**Evangelho**: Mt 16,24-28
**Escritor eclesiástico**

Ó homem! Tem Deus em teu coração, e conserva-o para o melhor, o Todo-Bem. Ó homem, tu queres reconhecer se tu amas a Deus? Olha como tu suportas tribulações e sofrimentos. Se tu podes suportar tribulações e penas e sofrer o menosprezo do mundo puramente por Deus, podes reconhecer que amas o Todo-poderoso. Homem, quando o mundo te odeia e te atraiçoa, pensa em teu Deus como Ele foi desprezado e caluniado. Tu não deves acusar teu próximo de ser culpado, mas deves rezar a Deus para que com ambos seja misericordioso. Homem, tu deves te manter em mansidão. Não deixes a cólera subir à tua cabeça. Pela cólera tu és tão derrotado, que toda a tua razão sucumbe. Pense na coroa, como ela era grande, que foi posta em Deus, sobre sua cabeça santa, tão cruelmente. Tantas pontas de espinhos o picaram que o sangue correu em seu rosto. Pensa nos três pregos que foram cravados nas mãos e nos pés de Deus. Ali sofreu tão grande miséria e reza por aqueles que lhe deram a morte. Ó homem, inveja e ódio tu não deves trazer em teu coração, tribulação e sofrimento deves trazer de bom grado.

São Nicolau de Flüe. *Sentences espirituelles*.

## Sábado
## da 18ª semana do Tempo Comum

**Evangelho**: Mt 17,14-20
**Escritor eclesiástico**

Falando de São Francisco de Assis:

Vivendo no lugar de Santa Maria lhe sobreveio, para proveito de sua alma, uma gravíssima tentação. Sofria tanto na alma e no corpo, que muitas vezes se afastava da companhia de seus irmãos, porque não podia mostrar-se tão alegre como costumava. Se mortificava com privações de comida, bebida e palavras; orava com mais insistência e derramava abundantes lágrimas, a fim de que o Senhor se compadecesse dele e de dignasse dar-lhe alívio em tão grande tribulação. Por mais de dois anos durou a tribulação; e um dia que orava na igreja de Santa Maria escutou como se em espírito lhe dissessem estas palavras do Evangelho: *Se tivesses fé como um grão de mostarda, diria a este monte: Vai-te daqui para lá, e ele iria*. São Francisco respondeu na hora: "Senhor, qual é este monte?" E ouviu a resposta: "Esse monte é tua tentação". E o bem-aventurado Francisco disse: "Pois, Senhor, faça-se em mim como tens dito".

Irmão León. *Espejo de perfección*, IX, 99.

# Segunda-feira
## da 19ª semana do Tempo Comum

**Evangelho**: Mt 17,22-27
**Escritor eclesiástico**

Devemos agora tratar da Paixão de Nosso Senhor Jesus Cristo. Quem, pois, deseja gloriar-se na Paixão e cruz do Senhor, deve estar firme nela com a cuidadosa e diligente meditação; porque os mistérios e todas as coisas que nela se tem feito, se se as considera com o atento olhar da alma, são próprias para transformar, segundo eu creio, em um homem novo ao que as medita da maneira que foi dito. Pois aquele que a examina no mais profundo do seu coração e no mais íntimo de seu ser, lhe são apresentados muitos caminhos desconhecidos para adquirir nova compaixão, novo amor, novas consolações e, por conseguinte, um novo estado, todo o qual será presságio e como uma participação antecipada da glória. Mas para chegar a este estado, eu creio, em minha ignorância, e o digo balbuciando, eu creio que deve dirigir-se para a Paixão do Senhor toda a força do espírito, o olho vigilante do coração, e prescindir de todo outro cuidado; e creio que se deve considerar um como presente a todas e cada uma das coisas que aconteceram acerca da cruz do Senhor, da Paixão e da crucificação, e trabalhar nisto com afeto, diligência, amor e perseverança. Por isto te exorto que apliques aqui toda a tua alma e todas as tuas forças com atenção muito maior ainda, porque aqui se manifesta de grande forma aquela caridade que deveria abrasar totalmente nossos corações.

São Boaventura. *Meditaciones de la pasión*, cap. II.

# Terça-feira
## da 19ª semana do Tempo Comum

**Evangelho**: Mt 18,1-5.10.12-14
**Escritor eclesiástico**

Da humildade especulativa se deriva a prática, porque, humilhando-nos diante de Deus, ao conhecer nossa insignificância, gostamos que as criaturas nos desprezem e nos admiramos de que não o façam quando somos tão más com Deus. Devemos ser muito humildes, porque sem a humildade todas as outras virtudes são hipocrisia. Para adquirir a humildade: a) Busquemos não falar nem pró nem contra o "eu", mas desprezá-lo. b) Humilhar-nos diante das demais pessoas sempre que acreditarmos ser conveniente, e para isso fazer coisas que nos humilhem, como seria obedece a um criado, a um irmão mais novo. c) Quando formos humilhadas, dar graças a Deus e dizer a si mesmo: "isto e muito mais mereço por meus pecados", e seguir amável com a outra pessoa. d) Buscar servir a aquelas pessoas que nos sejam antipáticas ou àquelas que notemos que são pouco carinhosas conosco, para assim humilhar-nos. Também é necessário a obediência. Obedecer imediatamente, sem examinar se são inferiores ou superiores, se tem razão ou não, mas como Jesus obedecia: porque era a vontade de Deus. Por último, te recomendarei a caridade com o próximo. O amor a nossos semelhantes é a medida do amor de Deus. Não ver a criatura? Só a Deus em sua alma, já que no batismo nos fizeram templos da Santíssima Trindade.

Santa Tereza dos Andes. *Carta 82.*

## Quarta-feira
## da 19ª semana do Tempo Comum

**Evangelho**: Mt 18,15-20
**Escritor eclesiástico**

*Onde dois ou mais estiverem reunidos em meu nome, aí eu estarei no meio deles.* Isto é: Onde estiverem dois ou três juntos para olhar o que é para a maior honra e glória de meu nome, eu estou ali no meio deles, ou seja, iluminando e confirmando em seus corações a verdade de Deus. É de notar que Ele não disse: Onde estiver somente um, eu estou ali, mas pelo menos dois: para dar a entender que Deus não quer que ninguém a sós acredite para si as coisas que tem como sendo de Deus, nem se confirme nem afirme nelas sem a Igreja ou seus ministros, porque somente com este não estará Ele lhe iluminando e lhe confirmando a verdade no coração, e assim acabará nela fraco e frio. Pois daqui é o que pondera o Eclesiastes, dizendo: *Se um vem a cair, o outro o levanta. Mas ai do homem solitário, se ele cair não há ninguém para levantá-lo. Da mesma forma, se dormem dois juntos, aquecem-se* (isto é: com o calor de Deus, que está no meio)*; mas um homem só, como se há de aquecer? Se é possível dominar o homem que está sozinho, dois podem resistir ao agressor* (Ecl 4,9-12).

São João da Cruz. *Subida do Monte Carmelo*, II, 20,11-12.

## Quinta-feira
## da 19ª semana do Tempo Comum

**Evangelho**: Mt 18,21–19,1
**Escritor eclesiástico**

É inútil pleitear defendendo nossas queixas, porque não haverá réplica alguma ao argumento que nos apresenta o evangelho de hoje; *eu te perdoei toda a dívida, não devias tu fazer o mesmo para teu irmão?* Para compreendermos consideremos o número de ofensas por parte e comparemos as pessoas, a gravidade etc. Injuriaram-me? A Deus se injuria todos os dias. Um homem me ofendeu? A Deus o ofendem milhões a cada momento. Praticaram más obras comigo? A Deus o fizeram desde a criação do mundo. Incomoda-me ter um inimigo naquela família? Deus o tem em toda terra... E se do cotejo das faltas da humanidade para com Deus descêssemos às pessoais... *Servo mau, eu te perdoei toda a dívida*. Refiro-me a ti, pensa, pode perder-te, e me dediquei a salvar-te; pode exilar-te, e te busquei; tua indocilidade e dureza de coração eram capazes de secar todas as fontes de minha misericórdia, e eu as fiz inesgotáveis. Perdoei a ti, toda a dívida, não devias perdoar alguma coisa (ofensa) do teu inimigo?

Bourdaloue. *El perdón de las injurias*.

# Sexta-feira
## da 19ª semana do Tempo Comum

**Evangelho**: Mt 19,3-12
**Escritor eclesiástico**

O vício é contra a natureza; se os vícios dominam, é sinal de grande indolência de nossa parte. Tomemos (como exemplo) o adultério: O que nos impele e obriga a adulterar? "A tirania do desejo", tu responderás. Como isso, dizei-me? A quem não é possível unir-se a sua mulher e vencer esta tirania? "Mas eu estou aprisionado de amor pela mulher do próximo". Não é mais por violência: Não é algo imperativo. Não é por obrigação que se ama, mas por escolha e por vontade. A união dos sexos, esta pode ser uma necessidade; mas amar esta ou aquela, isso não é. Isso não é concupiscência, mas vaidade, desregramento, deboche. Onde está a razão, dizei-me? Em unir-se a mulher que se desposou, companheira de procriação, ou àquela desconhecida? Não sabeis que a afeição é filha do hábito? Portanto, a natureza não está aqui por nada. Não culpeis o desejo: o desejo foi dado para o matrimônio, inspirado para a procriação dos filhos, não para o adultério, nem para a sedução. As leis perdoam as faltas que a necessidade fez cometer: ou melhor, não há faltas cometidas por necessidade, todas vêm da depravação.

São João Crisóstomo. *Homélie II sur l'épitre aux Éphésiens.*

# Sábado
## da 19ª semana do Tempo Comum

**Evangelho**: Mt 19,13-15
**Escritor eclesiástico**

Embora seja verdade que Deus ama em geral a todos os homens, por serem eles obra de suas mãos, contudo, professa um afeto especial aos jovens, já que *encontra as suas delícias em habitar com eles*. Portanto, vós sois o encanto e predileção do Deus que os criou. Ele os *ama porque ainda tendes tempo para fazer muitas obras boas*; os ama porque os encontra em uma idade simples, humilde, inocente e, de forma geral, porque ainda não fostes presa infeliz do inimigo infernal. Semelhantes amostras de especial benevolência mostrou o Salvador também pelas crianças. Ameaça terrivelmente aos que com palavras ou fatos vos escandalizam. Estas são suas palavras: *Se alguém escandalizar a um destes pequenos que creem em mim, melhor seria que lhe atasse ao pescoço uma pedra de moinho e fosse lançado nas profundezas do mar.* Comprazia-se em que as crianças o seguissem, os chamava para que se aproximassem, os beijava e lhes dava a sua benção. *Deixai*, dizia Ele, *deixai que as crianças venham a mim*, demonstrando assim clarissimamente como vós, os jovens sois o encanto de seu coração.

São João Bosco. *O jovem cristão*, I, 2.

# Segunda-feira
## da 20ª semana do Tempo Comum

**Evangelho**: Mt 19,16-22
**Escritor eclesiástico**

O meio principal para se atingir a perfeição e viver inteiramente para Deus consiste num grande desejo de adquiri-la... Os santos desejos são essas asas com as quais se elevam acima deste mundo as almas santas e conseguem o ápice da perfeição, gozando daquela paz que não se encontra neste mundo. Mas como podem estes santos desejos elevar uma alma até Deus? Responde São Lourenço Justiniano: "Os santos desejos aumentam as forças e aliviam os cansaços do caminho da perfeição. Quem não tem mais desejo da perfeição, também nada fará para alcançá-la. Quem vê um monte muito alto, em cujo cimo se acham escondidos grandes tesouros, mas que não lhe despertam a cobiça, certamente não dará um passo para atingir seu cume, e ficará inerte ao sopé do mesmo. Assim também aquele, que nem sequer acalenta o desejo de possuir o tesouro da perfeição, por lhe parecer muito difícil a sua aquisição, viverá sempre indolente na sua tibieza e nunca dará um passo adiante nas vias do Senhor.

Santo Afonso Maria de Ligório. *A Escola da Perfeição Cristã* III, 1.

# Terça-feira
## da 20ª semana do Tempo Comum

**Evangelho**: Mt 19,23-30
**Escritor eclesiástico**

"Hás de ser como alguém que se desprende e, por sua vez, colhas. Tens de desprender-te das riquezas e colher virtudes, deixa estar aquilo que passará e acumula bens eternos; abandona as coisas visíveis e realiza-te com o invisível. Em lugar do prazer do corpo, te darei a júbilo da alma; em lugar das alegrias do mundo, te darei as do céu; em lugar da honra mundana, a honra dos anjos; em lugar da presença da família, a presença de Deus[21]; em lugar da posse de bens, dar-te-ei a mim mesmo, doador e criador de todas as coisas. Responde, por favor, as três perguntas que vou te formular: Primeiro, diga-me se queres ser rica ou pobre neste mundo". Ela respondeu: "Senhor, prefiro ser pobre, pois as riquezas geram em mim ansiedade e me distraem de te servir". "Diga-me, em segundo lugar, se tens encontrado algo repreensível para a tua mente ou falso nas palavras que ouves de minha boca". E ela disse: "Não Senhor, tudo é aceitável". "Terceiro, diga-me se o prazer dos sentidos que tu experimentaste antes te agrada mais que os gozos espirituais que agora tens". E ela respondeu: "Envergonho-me no meu coração de pensar em meus deleites anteriores e agora me parecem veneno, mais amargo quanto maior era meu desejo deles. Prefiro morrer antes do que voltar a eles; não podem ser comparados com o deleite espiritual"[22].

Santa Brígida da Suécia. *Las profecías y revelaciones*, cap. 32.

# Quarta-feira
## da 20ª semana do Tempo Comum

**Evangelho**: Mt 20,1-16a
**Escritor eclesiástico**

A vida inteira do homem pode ser considerada como um só dia, e o senhor que nas diversas horas do dia contrata os obreiros para a sua vinha, é o próprio Deus, que além do chamado dirigido a todos em comum, chama os infiéis à sua religião, os pecadores à penitência, e a todos para a sua salvação; só que a uns chama desde a aurora de sua vida, isto é, desde a sua infância, a outros na adolescência, a outros na idade madura, a outros na velhice, e a alguns na própria hora da morte. Esse senhor, que sai de sua casa até cinco vezes no mesmo dia para buscar trabalhadores, nos representa maravilhosamente as piedosas iniciativas, as ternas solicitudes da bondade divina, que, esquecida por nós, jamais nos esquece; que abandonada e desprezada por

---

21. Aqui, Deus se dirige à vocação religiosa.
22. Diálogo entre Deus e a santa.

nós, não nos abandona nem nos despreza nunca; padece por nós, mesmo que lhe sejamos rebeldes e nos protege ainda que sejamos inimigos.

Ventura de Láurica. *Parábolas*.

## Quinta-feira
## da 20ª semana do Tempo Comum

**Evangelho**: Mt 22,1-14
**Escritor eclesiástico**

Os primeiros convidados foram os filhos do povo de Israel. Com efeito, este último foi chamado – mediante a Lei – à glória da eternidade. Os servos enviados a chamar os convidados são os apóstolos: sua tarefa consistia em voltar a chamar àqueles a quem os profetas já haviam convidado. Aqueles que foram enviados de novo com disposições estabelecidas foram os varões apostólicos, ou seja, os sucessores dos apóstolos... Os bezerros são a imagem gloriosa dos mártires, que foram imolados como vítimas escolhidas para dar testemunho de Deus. Os novilhos cevados são os homens espirituais, que são como pássaros alimentados pelo pão celestial para empreender o voo e estão destinados a saciar os outros com a abundância do alimento recebido. Uma vez terminados estes preparativos, quando a multidão reunida alcançou o número agradável a Deus, se anuncia – como para as bodas – a glória do Reino celestial.

Santo Hilário de Poitiers. *Commentario a Matteo*.

## Sexta-feira
## da 20ª semana do Tempo Comum

**Evangelho**: Mt 22,34-40
**Escritor eclesiástico**

Ó Divina altíssima Vontade! Em vós há natureza de Amante, Amado e Amar, para que estes três sejam em vós Amor e de Amor; e que Deus ame a Deus e seja amado por Deus; e que do grande, eterno e infinito Amor daqueles saia Deus eterno e infinito que seja Amor de ambos. E assim, por esta razão vos adoro, reverencio e honro com toda a minha força, e vos entrego minha vontade e meu amor para amar, servir, louvar e bendizer-vos.

Vontade Divina! Vós criastes minha vontade para amar-vos e para que ame tudo o que vós amais e quereis; e assim tudo o que minha vontade amará, o amo com intenção que vos possa amar e fazer que os homens vos amem, honrem e sirvam. Pelo que, por mercê vos suplico seja de vosso beneplácito fazer que meu coração seja a casa e o quarto de vosso Amor: de sorte que nele não possa caber, nem entrar outro amor, senão só o vosso; e isto o requer a razão, pois a tudo criastes para amar, honrar e servir-vos.

Beato Raymundo Lulio. *Oraciones*.

## Sábado
## da 20ª semana do Tempo Comum

**Evangelho**: Mt 23,1-12
**Escritor eclesiástico**

A divina Escritura, irmão, nos diz a gritos: *Todo aquele que se exalta será humilhado, e o que se humilha será exaltado*. Com estas palavras nos mostra que toda exaltação de si mesmo é uma forma de soberba. Portanto, irmãos, se realmente desejamos ascender velozmente à mais alta humildade e queremos chegar a exaltação celestial à qual se sobe através da humildade na vida presente, temos de levantar com os degraus de nossas obras aquela mesma escada que apareceu em sonhos a Jacó, sobre a qual contemplou aos anjos que desciam e subiam. Sem dúvida, a nosso entender, isso não significa outra coisa esse descer e subir respectivamente pelo orgulho e pela humildade. A escada erigida representa nossa vida neste mundo, pois, quando o coração desce, o Senhor o levanta até o céu. Os dois corrimões desta escada são nosso corpo e nossa alma, nos quais a vocação divina fez encaixar os diversos degraus da humildade e da observância para subir por eles.

São Bento. *Regra*, cap. 7.

# Segunda-feira
## da 21ª semana do Tempo Comum

**Evangelho**: Mt 23,13-23
**Escritor eclesiástico**

*Não matarás*, diz a Lei. Mas isto quer dizer, em termos de justiça nova, que naqueles movimentos de ira e de inumanidade que tem a violência brutal como término, devem denunciar-se, precaver-se ou eliminar-se desde o início o sentimento avesso que os prepara ou o ímpeto maligno que os anuncia; e que o amor fraternal deve antepor-se – na ordem do tempo e das manifestações exteriores –, mesmo ao culto divino. E a razão disso é que Deus espera paciente, mas nosso coração se precipita a dar fruto de morte se não se acode com rápido remédio. *Não cometerás perjúrio*, diz a Lei. Aqui se trata de evitar todo tipo de juramento, até assegurar na palavra humana tal sinceridade que um "sim" ou um "não" tenha o valor de uma atestação jurada. *Olho por olho e dente por dente*. Lei de talião necessária em uma idade de ferro. Porém a justiça evangélica sugere não resistir ao mau e vencer o mal pelo bem da paciência; manda amar a todos os homens, inclusive aos inimigos.

Leôncio de Grandmaison. *Jesucristo*, 1,1.

# Terça-feira
## da 21ª semana do Tempo Comum

**Evangelho**: Mt 23,23-26
**Escritor eclesiástico**

*Piedade de mim, ó Deus, segundo a tua grande misericórdia*. Não segundo as misericórdias dos homens, que é pequena, mas segundo a tua, que é grande, que é imensa, que é incompreensível, que supera infinitamente todos os pecados: segundo a misericórdia segundo a qual tanto amaste ao mundo até dar por ele a teu único Filho. Como é possível imaginar uma misericórdia maior? Ou uma caridade maior? Quem poderá se desesperar, quem poderá perder a confiança? Deus se fez homem, e pelos homens foi crucificado. Tem, portanto, piedade, ó Deus, segundo esta grande misericórdia que te induziu a dar a teu Filho para cancelar por sua mediação os pecados do mundo, para iluminar com sua cruz a todos os homens, para reconciliar nele *tudo o que há na terra com o que há no céu*. Lava-me, Senhor, em teu sangue. Ilumina-me, Senhor, com seu ocultamento. Cura-me, Senhor, com sua ressurreição.

Jerônimo Savonarola. *Ultima meditazione nel carcere.*

# Quarta-feira
## da 21ª semana do Tempo Comum

**Evangelho**: Mt 23,27-32
**Escritor eclesiástico**

*Ai de vós, mestres da Lei e fariseus hipócritas, são semelhantes a sepulcros caiados!* Em seguida joga em sua cara a sua vanglória, chamando-os sepulcros caiados e acrescentando sempre à execração de "hipócritas". Essa era a causa de todos os seus males, esse o motivo de sua perdição. E não os chamou simplesmente de sepulcros caiados, mas afirmou que estavam transbordantes de imundícia e de hipocrisia. Ao dizer isto, lhes assinalava a causa porque não acreditaram, isto é, porque estavam cheios de hipocrisia e de iniquidade. Mas não foi somente Cristo; também os profetas lhes censuram continuamente de que seus príncipes se entregam ao roubo e não julgam conforme a razão de justiça. E por toda parte pode-se ver como são rejeitados os sacrifícios e se busca pureza e justiça. De maneira que não existe nada surpreendente, nada de novo, nem no que o Senhor manda, nem no que acusa, nem mesmo na imagem do sepulcro.

São João Crisóstomo. *Comentario al evangelio de Mateo*, 73,2.

## Quinta-feira
## da 21ª semana do Tempo Comum

**Evangelho**: Mt 24,42-51
**Escritor eclesiástico**

Feliz daquele que traz sempre diante dos olhos a hora da morte e cada dia se prepara para morrer. Se já viste morrer alguém, pensa que pelo mesmo percurso hás de passar. Pela manhã pensa que não chegarás à noite; e à noite não te garanta ver a manhã. Por isso esteja sempre preparado e com tal vigilância que a morte nunca te surpreenda desapercebido. Muitos morrem súbita e improvisamente; porque *na hora que não se pensa virá o Filho do Homem*. Quando chegar àquela hora extrema, de modo muito diferente começarás a julgar toda a tua vida passada e muito te arrependerás de ter sido tão negligente e preguiçoso. Quão venturoso e prudente é o que se esforça por ser tal em vida qual deseja que o encontre a morte! Certamente o perfeito desprezo do mundo, o desejo ardente de adiantar-se nas virtudes, o amor da observância, o trabalho da penitência, a prontidão da obediência, a abnegação de si mesmo, a constância em sofrer todas as adversidades por amor de Jesus Cristo.

Tomás de Kempis. *Imitação de Cristo*, II, 23,3-4.

## Sexta-feira
## da 21ª semana do Tempo Comum

**Evangelho**: Mt 25,1-13
**Escritor eclesiástico**

*Vigiai, porque não sabei o dia nem a hora.* Embora o Senhor fale assim para todos, os seus interlocutores diretos são os seus contemporâneos, tal como em muitos outros discursos que lemos nas Escrituras. Contudo, estas palavras dizem respeito a todos os homens porque, para cada um deles, o último dia há de chegar, assim como o fim deste mundo, o dia em que deverá abandonar esta vida. É preciso, pois, que cada uma aja como se devesse ser julgado hoje mesmo. Por isso, todo homem deve velar para que não se disperse mas permaneça vigilante, a fim de que o dia do Senhor, quando chegar, não o apanhe desprevenido. Pois aquele, a quem o último dia da sua vida apanhar sem estar preparado, no mesmo estado se encontrará no último dia deste mundo.

São Pascácio Radbert. *Comentário sobre São Mateus*.

## Sábado
## da 21ª semana do Tempo Comum

**Evangelho**: Mt 25,14-30
**Escritor eclesiástico**

*Escondi teu talento na terra...* Neste dito se representa a malícia deste servo preguiçoso, que para encobrir sua preguiça, finge dificuldades e perigos terríveis, e teme onde não há o que temer, como agora o fazem muitos. Uns enterram o talento da oração e da contemplação, e a deixam com temor de que serão enganados. Outros escondem o talento de pregar e cuidar das almas, temendo que perderão a sua. Outros piores deixam de guardar a lei divina, fingindo que é áspera, e que não têm força para isso, acusando a Deus de ser duro com eles, porque quer colher o fruto que não semeia, e sem dar-lhes força, quer que frutifiquem as boas obras. Ó cegueira abominável! Ó preguiça maldita, que para tua desculpa queres culpar a Deus! Ó Redentor meu, oposto a este mau servo, digo eu, que sei muito bem como sois homem, não duro, mas brando; não cruel, mas misericordioso; nunca quereis colher do que não semeias; porque se vós não semeais primeiro as sementes de vossos talentos, é impossível se colher algum fruto: estais tão longe de querer colher o que não semeastes, que muitas vezes semeias muito e colheis pouco, e é tal a vossa brandura, que vos contentais com qualquer lucro.

Pe. Luis de la Puente. *Meditación 58*.

# Segunda-feira
## da 22ª semana do Tempo Comum

**Evangelho**: Lc 4,16-30
**Escritor eclesiástico**

O Senhor Jesus, quando ainda estava entre nós, não se deu a conhecer abertamente durante muito tempo, mas manteve-se escondido com máximo cuidado durante trinta anos. Depois, ao apresentar-se, diz Isaías, *como um rio impetuoso, impulsionado pelo vento do Senhor*, rompeu o longo silêncio. Abriu sua boca, fazendo destilar mel de seus lábios; abandonou a inatividade, abrindo suas mãos para oferecer dons maravilhosos. Deste modo, também o mistério do amor divino, tal como o apóstolo o chama, *mantido em silêncio durante séculos eternos* e escondido em Deus, se manifestou a sua Igreja no tempo de sua benignidade. A Sabedoria de Deus veio e *fez ouvir sua voz nas praças*, anunciando ao mundo a caridade de Deus. Tem ressoado até nós este brado: *E Deus tanto amou o mundo, que lhe deu o seu Filho primogênito*.

João de Ford. *Sermoni sul Cantico dei Cantici*.

# Terça-feira
## da 22ª semana do Tempo Comum

**Evangelho**: Lc 4,31-37
**Escritor eclesiástico**

Aquele que vivia em trevas e na sombra da morte, nas trevas do mal e na sombra do pecado, quando nasce nele a luz, se espanta de si mesmo e sai de seu estado, se arrepende, se envergonha de suas faltas e diz: *O Senhor é minha luz e salvação, de quem eu terei medo?* Grande é, irmãos, a salvação que nos é oferecida. Ela não teme a enfermidade, não se assusta do cansaço, não tem em conta o sofrimento. Por isto, devemos exclamar plenamente convencidos não só com a boca, mas também com o coração: *O Senhor é minha luz e salvação, de quem eu terei medo?* Se é Ele quem ilumina e quem salva, a quem temerei? Venham as trevas do engano: *o Senhor é minha luz*. Poderão vir, mas sem nenhum resultado, pois, mesmo que ataquem o nosso coração, não o vencerão. Venha a cegueira dos maus desejos: *o Senhor é minha luz*. Ele é, portanto, nossa força, aquele que se dá a nós, e nós a Ele. Recorrei ao médico enquanto podeis, não aconteça que depois queirais e não possais.

João Pequeno de Nápoles. *Sermão 7.*

## Quarta-feira
## da 22ª semana do Tempo Comum

**Evangelho**: Lc 4,38-44
**Escritor eclesiástico**

Qual foi a causa que impulsionou a divindade a baixar e a rebaixar-se? A fé custa a crer que Deus, o Infinito, o Incompreensível, o Inefável, o Ser que supera toda glória e toda grandeza, tenha podido misturar-se com a pobre envoltura da natureza humana... Buscas a causa que fez Deus nascer entre os homens? Fazia falta um médico para a nossa natureza enferma; fazia falta alguém que levantasse o homem depois da queda; fazia falta que alguém voltasse a dar a vida àquele que a tinha perdido... O homem, encerrado em trevas, tinha necessidade da vinda da luz; escravo, buscava ao Redentor; prisioneiro, ao Defensor; encurvado sob o jugo da escravidão, desejava ao Libertador. Acaso estas razões eram de pouca importância? Acaso eram indignas de mover a Deus até fazer-lhe baixar à natureza humana para visitá-la, pois jazia numa condição deplorável e miserável?

São Gregório de Nissa. *La gran catequeses*, 24-26.

## Quinta-feira
## da 22ª semana do Tempo Comum

**Evangelho**: Lc 5,1-11
**Escritor eclesiástico**

São Pedro, que não teve êxito em seu trabalho quando agiu por si mesmo, quando Jesus Cristo lhe mandou lançar a rede e lhe assinalou o lugar onde devia lançá-la, se mostrou tão submisso ao que o Salvador acabava de lhe dizer que, naquele momento, ele e os que o acompanhavam, recolheram *tal quantidade de peixes, que sua rede se rompia.* Eis aqui o fruto da obediência. Atrai de tal modo as bênçãos de Deus sobre o que se faz que, por seu meio, se alcança quanto se deseja; e quando se tem a sorte de se trabalhar na salvação das almas, e dedicar-se a isso por pura obediência, se adquire muita facilidade para operar o bem e mover os corações. Se incorreis em muitos defeitos e se não conseguis em vosso emprego todo o fruto que poderíeis, atribui-o a que com frequência não sois bastante regulares nem vos guiais suficientemente pela obediência. Comparai o que realizais por inspiração da obediência com o que fazeis por próprio impulso, e considerai o primeiro como obra de Deus e, o segundo, como trabalho do homem.

São João Batista de la Salle. *Pour tous les dimanches de l'année*, 57.

## Sexta-feira
## da 22ª semana do Tempo Comum

**Evangelho**: Lc 5,33-39
**Escritor eclesiástico**

Todos os santos, em todos os tempos, praticaram a mortificação externa, e não só os eremitas ou as ordens penitentes, mas todas as pessoas que querem viver como bons cristãos. É um cavalo desbocado o nosso, e ai se não o freamos! Se requer prudência nas coisas graves, e conselho para não prejudicar a saúde e até para certos excessos de sensibilidade espiritual; porém, por outro lado, não se deve crer que se trate de coisas de outros tempos. Antes, diria que em nossos dias são mais necessárias porque os incentivos ao mal são maiores. Porém, quero aqui vos falar disto como meio para conservar a castidade. Dizia São Paulo: *Castigo meu corpo e o reduzo à escravidão, não aconteça que após ter pregado aos outros, acabe eu desqualificado.* De fato, estas mortificações (jejum) domam a carne e a concupiscência. Querer tratar delicadamente a carne e não querer que se empine, é uma ingenuidade.

*A carne tem desejos contrários ao espírito e o espírito contrários à carne.* Se um ganha, o outro perde, e vice-versa.

Beato José Allamano. *La vida espiritual*, cap. 21.

# Sábado
## da 22ª semana do Tempo Comum

**Evangelho**: Lc 6,1-5
**Escritor eclesiástico**

Quando o homem, fugindo do tumulto exterior, se recolhe no mais abscôndito de sua alma, nada está inquieto, nada em desordem, e tudo é alegria, tudo é conforme, tudo está em paz, tranquilo. Como em uma família ordenadíssima e cheia de paz, a multidão dos pensamentos, palavras e obras obedece a alma como ao pai da casa. Daqui surge uma admirável segurança; da segurança, uma admirável alegria; da alegria, um júbilo que explode em louvores ao Senhor com tanta maior devoção quanto mais percebemos que todo o bem que há em nós é dom de Deus. Esta é a festa gozosa do sétimo dia, que deve estar precedida por seis dias, isto é, pela perfeição das obras, pois primeiro faz falta suar com as boas obras, e depois repousaremos na paz da consciência.

São Elredo de Rievaulx. *Lo speccio della carità*, I.

# Segunda-feira
## da 23ª semana do Tempo Comum

**Evangelho**: Lc 6,6-11
**Escritor eclesiástico**

Como tudo o que somos e tudo o que temos depende inteiramente de Deus, Ele poderia, sem cometer nenhuma injustiça conosco, nos pedir nossas vidas, nossos bens e todo o nosso tempo; mas como Ele é cheio de suavidade e de misericórdia; Ele se contenta com a sétima parte do tempo que Ele nos tem colocado entre as mãos. É por isso que Ele tem reservado para si um dia da semana que Ele quer que empregássemos a seu serviço e para a sua honra; Ele sempre exigiu esse dever dos homens depois da criação do mundo. Ele fez um mandamento expresso na lei de Moisés: *Lembrai-vos de santificar o dia do sábado*. Nós temos a mesma obrigação sob a lei da graça, com a diferença que os apóstolos têm transladado o sábado para o domingo; é assim que a circuncisão deu lugar ao batismo, o Cordeiro pascal à Comunhão, e vários ritos do Antigo Testamento para outros do Novo bem melhores.

São Vicente de Paulo. *Vingt-cinquième sermon.*

# Terça-feira
## da 23ª semana do Tempo Comum

**Evangelho**: Lc 6,12-19
**Escritor eclesiástico**

São muitos os frutos da meditação, pelos quais ela merece que seja estritamente abraçada por nós e carinhosamente exercida. O primeiro é uma grande luz que se recebe das coisas divinas; e aqui se aprendem claramente os mistérios da nossa fé e se compreendem as Sagradas Escrituras, porque na meditação se colhe o saboroso suco daqueles e da sacra teologia. E neste ponto vem o intelecto para alcançar a sua perfeição. Ademais, a mente está ocupada nas coisas divinas e, consequentemente, dela o discurso se separa das coisas humanas ou mundanas. E isso é o que importa, o sabe quem o prova. Além disso, o espírito recebe grande deleite; porque as coisas sagradas são como o açúcar, que traz o doce consigo, além dessa comum deleitação que se tem no conhecimento de cada tipo de verdade, tanto humana quanto divina. E esse deleite especial entretém o homem à oração e faz com que retorne voluntariamente, e isso ainda é assaz importante.

Mathias Salò. *Della pratica dell'orazione mentale*, cap. XV.

# Quarta-feira
## da 23ª semana do Tempo Comum

**Evangelho**: Lc 6,20-26
**Escritor eclesiástico**

*Bem-aventurados os que sofrem perseguição por causa da justiça*; e cada um, de fato, está obrigado a sofrer perseguição, as penas, os opróbrios, ainda mais, de suportar a morte em vez de abandonar a justiça, a verdade, a fé; é porque esta bem-aventurança, sendo mais difícil e mais penosa que as outras, Jesus Cristo acreditou que devia nos exortar particularmente dizendo: *Bem-aventurados quando os homens vos maldizerem e vos perseguirem etc. Regozijai-vos nesse dia, e alegrai-vos, porque será copiosa a vossa recompensa no céu;* e consequentemente o Salvador nos convida a uma vida exemplar, nos dizendo: *Que brilhe vossa luz diante dos homens, que eles deem glória a vosso Pai que está nos céus.*

Dionísio o Cartuxo. *Sur les bait béatitudes en tant qu'elles sont nécessaires à tous les chrétiens.*

# Quinta-feira
## da 23ª semana do Tempo Comum

**Evangelho**: Lc 6,27-38
**Escritor eclesiástico**

*Amai os vossos inimigos*. Vós torceis, virais a cabeça para tal preceito? Mas quem está no comando? Dizei, dizei, quem é que está no comando, e vos faz um preceito tão amoroso? Sabeis quem? É a sabedoria infinita de um Deus, que não pode enganar-se, nem enganar; é aquela suma bondade do vosso sumo e eterno benfeitor, é aquela majestade infinita do vosso supremo Senhor, e príncipe. "Sou eu", diz o grande Deus, "eu, eu sou àquele que comando: *Eu digo*, eu que sou o anjo do grande conselho, o autor da natureza e da graça, o artífice miraculoso do universo, *Eu* que sou sapientíssimo aprovo esta lei, imutável formo o decreto, onipotente, dele desejo a execução: *Eu vos digo*". Onde tu estás, vingativo, abaixa a cabeça, porque quando Deus manda, pretende ser ouvido também pelas rochas fumegantes, e pelos vulcões e o Vesúvio, e quer que seus fogos se extingam e o incêndio cesse; para os céus se abrirem, varre; do sol, que fique eclipsado; dos demônios, que temam e tremam, tudo obedece. Tu sozinho terá coragem de enfrentar ao comando de um Deus? E quem és tu, mesquinho, que não quer dar aquela paz, nega a saudação àquele próximo, maquina aquela vingança? Quem és tu?

São Leonardo de Porto Maurício. *Sermão della dilezione de'nemici*.

## Sexta-feira
## da 23ª semana do Tempo Comum

**Evangelho**: Lc 6,39-42
**Escritor eclesiástico**

Na verdade, julgo como perda todas as coisas, em comparação com esse bem supremo: o conhecimento de Jesus Cristo, meu Senhor. Por ele tudo desprezei e tenho em conta de esterco, a fim de ganhar Cristo e estar com Ele. Não com minha justiça, que vem da lei, mas com a justiça que se obtém pela fé em Cristo, a justiça que vem de Deus pela fé. Anseio pelo conhecimento de Cristo e do poder da sua ressurreição, pela participação em seus sofrimentos, tornando-me semelhante a Ele na morte, com a esperança de conseguir a ressurreição dentre os mortos. Não pretendo dizer que já alcancei (esta meta) e que cheguei à perfeição. Não. Mas eu me empenho em conquistá-la, uma vez que também eu fui conquistado por Jesus Cristo. Consciente de não tê-la ainda conquistado, só procuro isto: prescindindo do passado e atirando-me ao que resta para a frente, persigo o alvo, rumo ao prêmio celeste, ao qual Deus nos chama, em Jesus Cristo. Nós, mais aperfeiçoados que somos, ponhamos nisto o nosso afeto; e se tendes outro sentir, sobre isto Deus vos há de esclarecer. Contudo, seja qual for o grau a que chegamos, o que importa é prosseguir decididamente.

Fl 3,8-16

## Sábado
## da 23ª semana do Tempo Comum

**Evangelho**: Lc 6,43-49
**Escritor eclesiástico**

Quando Nosso Senhor prometeu a Moisés todos os bens e o mandou para a Terra Santa, que significa o Reino dos Céus, Moisés disse: *Não me mandes, Senhor, a nenhum lugar, a menos que Tu queiras vir também*. Toda inclinação, deleite e amor vêm daquilo que nos é parecido, pois todas as coisas sentem inclinação e amor pelo que é semelhante a elas. O homem puro ama a pureza, o justo ama a justiça e tende para ela, a boca do homem fala do que há nele; como diz Nosso Senhor: *a boca fala do que está cheio o coração*, e diz Salomão: *Toda a pena do homem reside em sua boca*; por isso, se o coração de um homem encontra gratificação e consolo no exterior, isso é sinal claro de que esse coração não está habitado por Deus, mas pela criatura. Por isso um homem bom deveria sentir vergonha ante Deus e ante si mesmo se se desse conta de que não é Deus quem está presente nele, nem quem opera por meio de suas ações, mas o único que vive nele, o que determina a sua inclinação e realiza nele as suas ações, é a miserável criatura. Por isso diz e se lamenta o Rei Davi no saltério: *As lágrimas eram meu pão, dia e noite, enquanto me diziam todo o dia: Onde está o teu Deus?*

Mestre Eckhart. *Livro da consolação divina*, parte 2.

# Segunda-feira
## da 24ª semana do Tempo Comum

**Evangelho**: Lc 7,1-10
**Escritor eclesiástico**

De fato, a alma prudente e consagrada a Deus deve comportar-se na sua cela e na sua consciência, como um prudente pai de família na sua casa. Não tenha, como diz Salomão, em sua casa uma mulher rebelde, isto é, a sua carne; mas torna-a civilizada e habituada a sobriedade, pronta à obediência e a labuta, educada sob todo aspecto a aceitar a fome como a saciedade, a abundância como a penúria. Trata os sentidos externos não como líderes, mas como servos e mantenha os sentidos interiores sóbrios e atentos. Mantenha assim absolutamente toda a casa ou a família dos seus pensamentos ordenada e disciplinada, de poder dizer a um "Vai", e ele vai; e a outro "Vem", e ele vem; e ao corpo, seu servo: "Faz isto", e o faz sem protestar. Quem governa a si mesmo deste modo e coloca ordem na sua consciência, pode tranquilamente ser confiado e consignado à sua cela.

Guglielmo de Saint-Thierry. *Carta áurea*, 138-139.

# Terça-feira
## da 24ª semana do Tempo Comum

**Evangelho**: Lc 7,11-17
**Escritor eclesiástico**

Tu tens ouvido de muitas pessoas que querem ter grandes experiências. Querem que aconteça isso ou aquilo e desejam o bom. Mas isso não é outra coisa senão querer seguir a própria vontade. Entrega-te totalmente a Deus e alegra-te com o que Deus faz. Milhares de pessoas têm ido ao céu sem ter renunciado realmente a sua vontade. A única vontade verdadeira é a que se confunde com a vontade de Deus, sem que reste nada da própria. Quanto mais isso acontecer, mais unido estás a Deus. Dar um passo para submeter-se a vontade divina vale mais que atravessar o mar prescindindo dela. Quando te confundes com Deus, se alguém te toca deve tocar primeiro a Deus. Ele se torna a tua veste. Para tocar em ti é preciso primeiro tocar na tua veste. Por grande que seja a dificuldade, se vem através de Deus, Ele é o primeiro em ser afetado por ela. Nunca mortal algum chegou a sofrer, pouco ou muito, sem que Deus não se sentisse afetado. Se Deus sofre algo, é prevendo o bem que daí resulta; e se tu estás disposto a suportar o que Deus suporta e aceitar o que te venha de Deus, então o que recebes se torna divino. A vergonha se torna honra, a amargura, doçura, e a escuridão transforma em luz.

Mestre Eckhart. Treinta días con un gran maestro espiritual.

# Quarta-feira
## da 24ª semana do Tempo Comum

**Evangelho**: Lc 7,31-35
**Escritor eclesiástico**

*Com quem compararei os homens dessa geração...* Todo esse discurso condena a incredulidade e deriva de um sentimento amargo, visto que as pessoas arrogantes não acolheram o ensinamento comunicado de diferentes modos. Com as crianças Jesus designa os profetas que, em meio a sinagoga, como em uma assembleia pública na praça, reprovam ao povo não ter dançado com os que tocavam para isso, ou seja, não terem obedecido as suas palavras. Os movimentos dos que dançam seguem, de fato, o ritmo dos cantores. Eles com a simplicidade de seus corações, como crianças, pregaram e exortaram a proclamar o louvor de Deus, tal como está contido nos cânticos de Moisés, de Isaías, de Davi e de outros profetas. De um lado, a pregação de João não conseguiu induzi-los ao arrependimento e à dor e o desgosto de suas antigas culpas.

Santo Hilário de Poitiers. Commentario a Matteo.

# Quinta-feira
## da 24ª semana do Tempo Comum

**Evangelho**: Lc 7,36-50
**Escritor eclesiástico**

Há duas coisas que são exclusivamente de Deus: a honra da confissão e o poder de perdoar. Devemos nos confessar a Ele. Dele devemos esperar o perdão. Quem pode perdoar os pecados, fora de Deus? Por isso, devemos confessar diante dele. Porém, ao desposar-se o onipotente com a frágil, o altíssimo com a humilde, fazendo rainha a escrava, pôs em seu costado aquela que estava a seus pés. Porque brotou de seu costado. Nele lhe concedeu o penhor de seu matrimônio. E, do mesmo modo que tudo o que é do Pai é do Filho, e tudo o que é do Filho é do Pai, porque por natureza são um, igualmente o esposo deu tudo que era seu à sua esposa, e a esposa de tudo que era seu para o esposo, e assim a fez um consigo mesmo e com o Pai: *Este é meu desejo*, diz Cristo, dirigindo-se ao Pai em favor de sua esposa, *que eles também sejam um em nós, como tu está em mim e eu em ti.*

Beato Isaac de Stella. *Sermão 11.*

# Sexta-feira
## da 24ª semana do Tempo Comum

**Evangelho**: Lc 8,1-3
**Escritor eclesiástico**

Uma mulher pecadora, que havia na cidade, e era o escândalo dela, ou por sua indecência no vestir, ou por sua devassidão no trato, na conversa e artimanha com os homens, segundo o explicam vários Santos Padres e sagrados expositores: Uma mulher tão cheia de vícios que dela o amantíssimo Salvador lançou de sua alma sete espíritos infernais, ou os sete vícios capitais, conforme a exposição de vários Padres... Esta, logo no dia, na hora, no instante que reparou, que conheceu sua vida má, seus pecados próprios e alheios; o perigo em que se encontrava; a conta que lhe seria tomada, a sentença, os castigos que merecia e lhe esperavam, o Deus a quem havia ofendido, seu amor, sua bondade, sua justiça, sua misericórdia: conheceu que necessitava mudar de vida, de chorar o passado e de apagar e satisfazer o muito que a seu Criador e Senhor tinha ofendido. E conheceu seu estado porque ouviu o divino Redentor pregar, cujos lábios destilavam o pão dulcíssimo da verdade para o útil desengano e feliz remédio de todos os pecadores.

Frei Diego José de Cadiz. *Sermão sobre Madalena.*

# Sábado
## da 24ª semana do Tempo Comum

**Evangelho**: Lc 8,4-15
**Escritor eclesiástico**

Quanto mais se é assíduo na palavra santa, tanto mais se extrai dessa fecunda compreensão; como a terra que quanto mais é trabalhada, mais dá fruto abundante. Sem o auxílio da graça, os ensinamentos da Escritura, embora sejam introduzidos nos ouvidos, não chegam mais ao coração. Ressoam fora, mas dentro não servem para nada. A Palavra de Deus, entrada nos ouvidos, atinge as profundezas do coração, quando a graça de Deus toca a mente interiormente para que entenda. Muitos, recebida a ciência das Escrituras, não a usam para a glória de Deus, mas para a glória própria, porque se exaltam por este conhecimento, e pecam particular lá onde os pecados deviam ser purificados. Muitas vezes uma leitura da Escritura muito prolongada, devido à sua extensão, oprime a memória de quem lê. Ao contrário, se é breve e, afastado o livro, as palavras são meditadas no coração, então se lê sem esforço e aquilo que é lido, graças à meditação, não é esquecido.

Santo Isidoro de Sevilha. *Livro das sentenças.*

# Segunda-feira
## da 25ª semana do Tempo Comum

**Evangelho**: Lc 8,16-18
**Escritor eclesiástico**

A Palavra de Deus projeta luz diante de nós nesta noite do mundo, para que nosso passo não vacile inseguro e não nos seja impossível encontrar o caminho verdadeiro. E Cristo é uma verdadeira lâmpada para mim, quando esta nossa boca fala dele. É um tesouro que refulge em vaso de Creta, o levamos em vasos de argila. Colocai óleo, para que não venha a vos faltar; com efeito, a luz da lâmpada é o óleo; não o óleo deste mundo, mas o óleo da misericórdia. Teu óleo é a humildade. Teu óleo é a misericórdia, que é capaz de dar novamente calor inclusive aos corpos dos pecadores sacudidos pelos obstáculos do mal. Este óleo dá luz nas trevas se nossas obras resplandecem ante os homens. Por isso, tenta tu também sempre ter uma lâmpada acesa ou uma tocha ardendo. Tem fé, tem prudência, para sempre ter em teus vasos o óleo da misericórdia, a graça de crer.

Santo Ambrósio. Comentário ao Salmo 118, XIV.

# Terça-feira
## da 25ª semana do Tempo Comum

**Evangelho**: Lc 8,19-21
**Escritor eclesiástico**

Portanto, Cristo é um, formando um todo a cabeça e o corpo: um nascido do único Deus nos céus e de uma única mãe na terra; muitos filhos, ao mesmo tempo que um só filho. Pois assim como a cabeça e os membros são um filho ao mesmo tempo que muitos filhos, assim também Maria e a Igreja são uma mãe e várias mães, uma virgem e muitas virgens. Ambas são mães e ambas são virgens; ambas conceberam sem sensualidade por obra do mesmo Espírito; ambas deram à luz sem pecado a descendência de Deus Pai. Maria, sem pecado algum, deu à luz a cabeça do corpo; a Igreja, pela remissão dos pecados, deu à luz o corpo da cabeça. Ambas são a mãe de Cristo, mas nenhuma delas deu à luz ao Cristo total sem a outra... Também se considera com razão a cada alma fiel como esposa do Verbo de Deus, mãe de Cristo, filha e irmã, virgem e mãe fecunda.

Beato Isaac de Stella. *Sermón 51*.

# Quarta-feira
## da 25ª semana do Tempo Comum

**Evangelho**: Lc 9,1-6
**Escritor eclesiástico**

Em primeiro lugar, cada qual peça a Deus que lhe dê um afeto materno para com o próximo, a fim de podermos servi-lo com toda caridade, tanto a sua alma quanto o seu corpo, porque, desejamos com a graça de Deus, servir todos os doentes com o mesmo carinho que uma terna mãe dedica ao seu único filho doente. Procure estar presente quando os médicos visitam os doentes, a fim de poder alimentá-los na hora certa e com a dieta prescrita, principalmente os doentes mais graves, e também para obter informações sobre outros assuntos por causa dos doentes. Ao assistir os doentes na hora da refeição, cada um procure, com caridade e palavras atenciosas, estimulá-los a se alimentar, erguendo-lhes a cabeça e outros serviços, conforme o Espírito Santo inspirar, mas sempre respeitando a vontade dos doentes. Evite-se com toda a diligência possível tratar os doentes com maus comportamentos, isto é, com palavras grosseiras ou coisas semelhantes. Antes, sejam tratados com mansidão e caridade, lembrando as palavras ditas pelo Senhor: "O que fizerdes ao menor destes, foi a mim que o fizestes".

São Camilo de Lellis. *Ordens e modos a seguir nos hospitais ao assistir os doentes*, n. 27.29.31.39.

# Quinta-feira
## da 25ª semana do Tempo Comum

**Evangelho**: Lc 9,7-9
**Escritor eclesiástico**

O que me impulsiona a falar é o Verbo consubstancial ao Deus e Pai e que, sem afastar-se do seio do Pai, foi concebido no seio da Virgem, mas sem ficar, por isso, delimitado. Ele é o Verbo que por mim se fez tal como eu sou e que, sendo impassível em razão da divindade, assumiu um corpo passível como o meu. Aquele que está sentado na carruagem dos querubins, encontrando-se na terra, subiu sobre um jumentinho; sendo o rei da glória que, junto com o Pai e o Espírito Santo, é proclamado santo pelos serafins, aceitou os balbucios da inocente língua das crianças. Sendo Deus, começou a existir na forma de servo que havia assumido e, sendo imortal e invisível como Deus, tomou para si um corpo visível e palpável e aceitou voluntariamente o sofrimento, a fim de conceder-me a graça da impassibilidade.

São João Damasceno. *Homilia sobre a figueira estéril*.

# Sexta-feira
## da 25ª semana do Tempo Comum

**Evangelho**: Lc 9,18-22
**Escritor eclesiástico**

Cristo sofreu por seus amigos que o abandonavam; em sua reputação, pelas blasfêmias proferidas contra Ele; em sua honra e glória, pelos escárnios e afrontas que lhe causaram; em suas coisas, porque até foi despojado de suas vestes; em sua alma, pela tristeza, tédio e temor, e em seu corpo, pelas feridas e açoites. Em seus membros corporais, porque Cristo sofreu em sua cabeça a coroa de pontiagudos espinhos; em seus pés e mãos, furados pelos cravos; em seu rosto, as bofetadas e cusparadas; e açoites em todo o corpo. Padeceu também com todos os sentidos corporais: com o tato, ao ser flagelado e crucificado com os cravos; com o paladar, ao beber fel e vinagre; com o olfato, ao ser suspenso em um patíbulo levantado em um lugar que os cadáveres jaziam fétidos e que se chamava Calvário; com a audição, ao ser atado pelas vozes de blasfemos e zombeteiros; com a vista, ao ver chorar a sua mãe e o discípulo a quem amava.

Santo Tomás de Aquino. Meditación martes de la primera semana de Cuaresma.

## Sábado
## da 25ª semana do Tempo Comum

**Evangelho**: Lc 9,43b-45
**Escritor eclesiástico**

Os evangelistas nos repetem vez que outra que os apóstolos não entendiam os anúncios da paixão. Por quê? Porque queriam ensinar-nos que não basta que brilhe o sol, mas se requer que os olhos estejam sãos. Vejamos. Não é de se admirar que os discípulos não entendessem os discursos mais profundos do Senhor, porém acaso os anúncios da paixão não eram tão evidentes como aquelas outras palavras que os moveram a dizer: *Agora sim que falas claramente?* Por que, pois, não o entendiam? São Lucas no-lo explica: *Não sabiam o que significava estas palavras, estavam para eles veladas, de maneira que não as entenderam, e temiam de lhe perguntar sobre elas.* Se não as entenderam, apesar de sua clareza, sinal é de que havia algum defeito no entendimento ou na vontade dos ouvintes. E, na realidade, o defeito ocorreu em ambas faculdades. As palavras do Senhor lhes *estavam veladas*, porque os prejuízos de que seu espírito estava cheio com imaginações temporais, lhes dificultavam a visão e, por outro lado, o temor de ver a luz impedia de tal modo sua vontade, que *não queriam lhe perguntar*.

Bossuet. Sermão I da quinquagésima.

# Segunda-feira
## da 26ª semana do Tempo Comum

**Evangelho**: Lc 9,46-50
**Escritor eclesiástico**

Porque é coisa infalível e clara que, quem deseja unir-se com a soberana luz e verdade incriada, deve conhecer-se bem a si mesmo, e não ser como os soberbos e presunçosos, que se instruem com suas próprias quedas, e só começam a abrir os olhos quando tem incorrido em algum grave erro e desordem de que em vão imaginam que poderiam defender-se, permitindo-o Deus assim, a fim de que reconheçam sua fraqueza, e com esta funesta experiência venham a desconfiar de suas próprias fraquezas. Porém Deus não se serve ordinariamente de um remédio tão severo para curar sua presunção, mas quando os remédios mais fáceis e suaves não têm produzido o efeito que sua divina majestade pretende. Sua providência permite que o homem caia mais ou menos vezes, segundo vê que é maior ou menor sua presunção e soberba: de maneira que, se alguém não se encontrasse tão isento deste vício como o foi a Bem-aventurada Virgem Maria nossa Senhora, é certo que jamais cairia em alguma falta.

Lourenço Scupoli. *Combate espiritual*, cap. II.

# Terça-feira
## da 26ª semana do Tempo Comum

**Evangelho**: Lc 9,51-56
**Escritor eclesiástico**

Queres que diga por que e como devemos amar a Deus. Em uma palavra: o motivo de amar a Deus é Deus. Quanto? Amá-lo sem medida. Simples assim? Sim, para o sábio... Quando nos perguntamos que razões nos apresenta Deus para que o amemos, esta é a principal: *Porque Ele nos amou primeiro*. Bem merece que lhe devolvamos o amor, se pensamos quem, a quem e quanto ama. Pois quem é Ele? Aquele a quem toda criatura diz: *Tu és meu Deus e nenhuma necessidade tem de meus bens.* Que amor tão perfeito o de sua Majestade, que não busca seus próprios interesses! E em quem se derrama este amor tão puro? *Quando éramos inimigos nos reconciliou com Deus.* Logo quem ama gratuitamente é Deus, e além disso, a seus inimigos. Quanto? No-lo diz São João: *Deus tanto amou o mundo que nos deu o seu Filho único.* E Paulo: *Não perdoou a seu próprio Filho, mas o entregou por nós.* E ele mesmo o afirma: *Ninguém tem maior amor que aquele que dá a sua vida pelos seus amigos.*

São Bernardo. *Tratado do amor de Deus*, I, 1 e II, 2.

## Quarta-feira
## da 26ª semana do Tempo Comum

**Evangelho**: Lc 9,57-62
**Escritor eclesiástico**

Supor que estas almas são mais ou menos perfeitas precisamente por causa das diferentes coisas às quais elas são movidas, é colocar a perfeição não na submissão à vontade de Deus, mas nas coisas mesmas. Deus se configura nos santos a seu gosto, e é sua vontade a que os faz a todos, e todos se submetem a sua ordenação. Esta submissão é o verdadeiro abandono, e nisso consiste o mais perfeito. Cumprir os deveres de seu estado e conformar-se com as disposições da Providência, é comum a todos os santos. E é a vocação que Deus dá a todos em geral. Alguns santos vivem ocultos na obscuridade, porque o mundo é muito perigoso e eles querem evitar seus obstáculos; mas não é nisso que se radica a sua santidade. Simplesmente, quanto mais se submetem à vontade de Deus, mais se santificam.

Jean-Pierre de Causade. *O abandono na Divina Providência*, cap. 8.

# Quinta-feira
## da 26ª semana do Tempo Comum

**Evangelho**: Lc 10,1-12
**Escritor eclesiástico**

Na leitura evangélica que acaba de nos ser proclamada, somos convidados a indagar qual seja a messe da qual diz o Senhor: *A messe é abundante e os operários são poucos: roguem, pois, ao senhor da messe que mande operários à sua messe.* Então acrescentou a seus doze discípulos – a quem nomeou apóstolos – outros setenta e dois e os enviou a todos – como se deduz de suas palavras – à messe já em maturação. Qual era, portanto, aquela messe? Certamente não é entre os gentios que se deve buscar essa messe, onde nada tinha sido semeado. Não resta outra alternativa que entendê-la da messe que havia no povo judeu. A esta messe veio o senhor da messe, a esta messe mandou os ceifadores: aos gentios não lhes enviou ceifadores, mas semeadores. Devemos, pois, entender que a colheita se realizou no povo judeu, e a sementeira nos povos pagãos. Dentre esta messe foram escolhidos os apóstolos, pois, ao ceifá-la, já estava madura, porque previamente os profetas a tinham semeado. É saboroso contemplar os campos de Deus e recrear-se vendo seus dons e aos obreiros trabalhando em seus campos. Estejam, pois, atentos e deleitem-se comigo na contemplação dos campos de Deus e, neles, dois tipos de messe: uma, já colhida, e outra ainda por colher: já colhida no povo judeu, ainda por colher nos povos pagãos.

Santo Agostinho. *Sermón 101,1-2.*

# Sexta-feira
## da 26ª semana do Tempo Comum

**Evangelho**: Lc 10,13-16
**Escritor eclesiástico**

Muitos dos juízos de Deus são, de fato, um "abismo". Às vezes atrai aqueles que lhe resistem ou que menos se preocupam por sua salvação. E rejeita por um insondável desígnio de sua providência aqueles que se oferecem ou estão mais dispostos a crer. Tal é o caso do que se ofereceu e foi rejeitado: *Mestre*, exclamou, *te seguirei aonde quer que vás*. E a outro que pedia desculpas por ter que atender a seu pai, não tolerou sequer uma hora esta piedosa desculpa. Finalmente, censurando a obstinação de certas cidades, lhes diz: *Ai de ti Corozain! Ai de ti, Betsaida! Porque se em Tiro e Sidônia se tivessem feito os milagres que se fizeram em vós, a tempo teriam se convertido a saco e cinza*. Ofereceu-lhes não só sua pregação, mas também o espetáculo de seus milagres, sabendo de antemão que não creriam. Pelo contrário, a outras cidades dos gentios – que não ignorava que estavam dispostas a receber a fé – não as considerou então dignas de sua visita.

Pedro Abelardo. *Conócete a ti mesmo*, cap. 14.

## Sábado
## da 26ª semana do Tempo Comum

**Evangelho**: Lc 10,17-24
**Escritor eclesiástico**

Todos aqueles que seguiam Nosso Senhor e que eram seus discípulos, nem todos estavam igualmente bem-dispostos. Houve muitos que não o seguiam por um verdadeiro efeito da graça, mas parte por interesse, esperando que em breve Ele iria aparecer em sua grandeza, segundo as falsas ideias que eles tinham do Messias; então lhes caberia grande glória e um grande bem de ser seus discípulos. Ademais, eles viam-no fazer tantos milagres, e se gloriavam de pertencer a este grande profeta ou messias, e de ser contados entre o número de seus discípulos. Além disso, eram tocados pelas palavras de graça que saíam de sua boca, e que ninguém podia ouvir sem experimentar um toque da graça. A graça agia um pouco sobre eles, mas a natureza era mais forte e sufocava a graça, de maneira que, enquanto eles experimentavam essas satisfações em suas palavras, eles o seguiam, mas não tendo neles a verdadeira fé, ou tendo-a muito fraca, e não sendo animados por esta graça forte que os teria ligado sistematicamente a Nosso Senhor, eles murmuravam quando sua palavra divina não produzia neles aquela suavidade – e ela, por efeito de sua pouca fé e da dureza de seus corações –, porque suas divinas palavras eram incompreensíveis para eles.

> João Libermann. *Commentaire sur L'evangile selon saint Jean*, in loc.

# Segunda-feira
## da 27ª semana do Tempo Comum

**Evangelho**: Lc 10,25-37
**Escritor eclesiástico**

Convivemos a vida divina em Jesus Cristo, em quem fomos enxertados. Mas a vida de Cristo é essencialmente, ao mesmo tempo que vida de imolação e de entrega ao Pai, vida de amor aos homens, seus "irmãos"; é vida de amor ao próximo. Ele é o bom Samaritano que não sabe passar direto sem prestar-nos auxílio; seu amor o impulsiona a inclinar-se sobre nossas feridas para derramar sobre elas vinho e óleo e levar-nos à hospedaria, a Igreja, onde curar e, por sua influência, continuar vivendo. *Acolhe aos pecadores e come com eles.* Se devemos partilhar sua mesma vida, a nossa deve ser, também, uma vida de caridade fraterna, porque *nisto conhecerão que sois meus discípulos, se tendes caridade uns com os outros.*

Benedikt Baur. *En la intimidad con Dios*, cap. 19.

# Terça-feira
## da 27ª semana do Tempo Comum

**Evangelho**: Lc 10,38-42
**Escritor eclesiástico**

Três coisas fizeram Maria sentar-se aos pés de Cristo: Uma foi que a bondade de Deus tinha abraçado a sua alma. A segunda foi um desejo inexprimível; desejava e não sabia o quê e queria sem saber o quê. A terceira foi o doce consolo e felicidade que tomava das palavras eternas que saíam da boca de Cristo. Também a Marta três coisas lhe impeliam a andar de um lado para outro e servir a Cristo. A primeira era a idade adulta e um fundo (de seu ser) bem exercitado até o extremo; por isso pensou que ninguém estava preparada como ela para a atividade. A segunda era uma sábia compreensão que sabia ordenar bem a ação exterior até o mais extremo que o amor exige. A terceira foi a alta dignidade do amado hóspede.

Mestre Eckhart. *O fruto do nada – Marta e Maria.*

# Quarta-feira
## da 27ª semana do Tempo Comum

**Evangelho**: Lc 11,1-4
**Escritor eclesiástico**

  De ordinário, para chegar a contemplação, temos necessidade de escutar a divina palavra; de empreender conversas e práticas espirituais com os outros, como o fizeram os antigos anacoretas; de ler livros devotos; de orar; de meditar; de cantar hinos; de formar bons pensamentos. Por isto, sendo a santa contemplação o fim e o alvo ao qual tendem estes exercícios, todos se reduzem a ela, e os que a praticam se chamam contemplativos; como também esta ocupação se chama vida contemplativa, por causa da ação de nosso entendimento, pelo qual contemplamos a verdade da beleza e da bondade divina com uma atenção amorosa, isto é, com um amor que nos faz atentos, ou melhor, com uma atenção que nasce do amor e aumenta o que temos à infinita suavidade de Nosso Senhor.

São Francisco de Sales. Tratado do amor de Deus, VI, 6.

# Quinta-feira
## da 27ª semana do Tempo Comum

**Evangelho**: Lc 11,5-13
**Escritor eclesiástico**

  A meditação é a operação concentrada da mente que investiga com o auxílio da própria razão o conhecimento da verdade oculta. A oração é a fervorosa inclinação do coração a Deus com o fim de evitar-lhe males e alcançar bens. A contemplação é a elevação da mente mantida em Deus, que degusta as alegrias da eterna doçura. Tendo, pois, descrito os quatro degraus nos resta agora por ver suas funções. A leitura busca a doçura da vida feliz, a meditação a encontra, a oração a pede, a contemplação a experimenta. Porque o mesmo Deus disse: *Buscai e achareis, chamai e vos será aberto*. Buscai lendo e encontrareis meditando, chamai orando e vos será aberto pela contemplação.

A leitura põe na boca pedaços, a oração extrai o sabor, a contemplação é a própria doçura que alegre e recreia. A leitura fica na casca, a meditação penetra na polpa, a oração na petição cheia de desejo, a contemplação no gozo da doçura adquirida.

Guigo II o Cartuxo. Escada dos claustros.

## Sexta-feira
## da 27ª semana do Tempo Comum

**Evangelho**: Lc 11,15-26
**Escritor eclesiástico**

Falando São Paulo dos inimigos da alma, os chama príncipes, poderes, dominadores deste mundo de trevas; com o qual parece indicar aos demônios de coros superiores. Pois, de fato, houve rebeldes em todos os graus da hierarquia angélica, e como conservam sua natureza, segue-se que entre eles existem alguns cuja força é dez vezes, cem vezes, provavelmente mil vezes maior do que a de outros. Quando os golpes vêm destes príncipes do reino infernal a luta pode alcançar uma violência inaudita. *Salva-me, meu Deus...* (Sl 68,1). E com tudo isso, contra estes temerosos inimigos a vitória é sempre possível; por hábeis que sejam os demônios, sua estratégia lhes falha com frequência. Pois, como não estarão ofuscados muitas vezes estes miseráveis, sempre cheios de furor, sempre inspirados pelo ódio, sempre desatinados pelo orgulho? Se conhecem maravilhosamente nossa natureza e seus defeitos e paixões, todos os males que são consequência do pecado original e de nossos pecados pessoais, desconhecem, contudo, os elementos sobrenaturais, as graças, as inspirações divinas, os auxílios que Deus nos dá.

Augusto Saudreau. O ideal da alma fervorosa, XI, 2.

# Sábado
## da 27ª semana do Tempo Comum

**Evangelho**: Lc 11,27-28
**Escritor eclesiástico**

As palavras de Maria concordam com aquelas do Senhor com as quais proclamou bem-aventurada não só a mãe que lhe tinha gerado seu corpo, mas também a todos os que observam os seus preceitos. De fato, visto que se maravilhavam de sua sabedoria e seu poder quando ensinava ao povo em algum lugar ou fazia milagres, *uma mulher dentre a multidão disse em voz alta: "Feliz o ventre que te levou e os seios que te amamentaram"*. E Ele, embora acolhera de boa vontade o testemunho dado à verdade, respondeu em seguida: *Felizes os que escutam a Palavra de Deus e a põe em prática*, para que tanto aquela mulher como todos os que escutavam confiassem em que podiam chegar a ser bem-aventurados se obedeciam aos preceitos divinos.

São Beda o Venerável. Homilia.

# Segunda-feira
## da 28ª semana do Tempo Comum

**Evangelho**: Lc 11,29-32
**Escritor eclesiástico**

Jesus Cristo ressuscitou como nosso modelo, isto é, como o modelo da vida espiritual, pela qual devemos viver nele, depois de ter ressuscitado com Ele. Jesus Cristo morrendo, tem feito morrer em nós o pecado, tem destruído a vida do pecado e ressuscitando, nos tem dado a vida da justificação, a vida da graça, vida nova em que devemos caminhar. Nossa ressurreição tem uma nova vida, e por isto deve ser como a sua ressurreição verdadeira e real, e não fantástica ou aparente; uma ressurreição manifesta, sensível e visível: não escondida, imperceptível e obscura, que ninguém a note e a observe: uma ressurreição eterna e para sempre; não momentânea e de alguns dias... Nós ressuscitamos com Jesus Cristo deste modo? Nós vivemos de sua vida nova?

Maldonado. *Meditación CIX.*

# Terça-feira
## da 28ª semana do Tempo Comum

**Evangelho**: Lc 11,37-41
**Escritor eclesiástico**

O Senhor, sem fazer distinção, ordena: *O que sobra, dai-o de esmola.* Ouço também a São João Batista, que pregando penitência, e sendo perguntado pela multidão, o que deviam fazer, lhes respondeu: *Aquele que tem duas vestes, dê uma a quem não tem, e quem tem o que comer, faça o mesmo.* Ouço o Salmista cantar: *Bem-aventurado o que cuida do necessitado e do pobre; no dia mau o Senhor o libertará.* Ouço a Isaías: *Reparte com o faminto teu pão, introduz em tua casa os necessitados e os peregrinos, e quando vires alguém nu, veste-o e não o desprezes.* Ouço o santo velho Tobias, que instrui a seu filho nestes termos: *Dá esmola do que tens e não afastes o teu rosto de nenhum pobre, assim acontecerá que o Senhor não afastará o seu de ti: de acordo como possas, deves usar de misericórdia; se tiveres muito, dá com abundância, se tiveres pouco, mesmo do pouco cuida de dá-lo também com gosto. Assim entesouras uma grande recompensa para o dia da necessidade, porque a esmola livra do pecado e da morte, e não permitirá que a alma vá às trevas.*

Cardeal Bona. *Principios de la vida cristiana*, II, 17.

## Quarta-feira
## da 28ª semana do Tempo Comum

**Evangelho**: Lc 11,42-46
**Escritor eclesiástico**

Como a obediência em uma pessoa religiosa é fonte de graças, pode-se compará-la com *a boa semente semeada no campo*, que rende muito a seu dono. Esta virtude, de fato, é a que produz o mérito de seus atos nas pessoas consagradas a Deus, de maneira que por bons que sejam, não tem valor senão na medida em que os acompanha a obediência. Por isso, se pode dizer que o que constitui o ornato de suas ações é a obediência; e por muito santas que sejam em si mesmas, se a obediência não lhes dá o brilho, só tem beleza aparente, capaz, certamente, de deslumbrar aqueles que não veem as coisas com os olhos da fé; mas a respeito das quais as pessoas esclarecidas veem tudo o que tem de falso e de vaidade. Os que estão sob obediência, tenham cuidado para que não se diga deles o que se disse dos escribas e fariseus, segundo o oráculo da verdade: "que eram sepulcros caiados, muito adornados por fora e belos à vista, se só são contemplados por fora, mas que por dentro estavam repletos de ossos de mortos e podridão".

São João Batista de la Salle. *MD*, 11,1.

## Quinta-feira
## da 28ª semana do Tempo Comum

**Evangelho**: Lc 11,47-54
**Escritor eclesiástico**

Doze graus da humildade:
1) O primeiro é o temor de Deus Nosso Senhor.
2) A negação da própria vontade.
3) Obediência.
4) Paciência.
5) A confissão dos pecados.
6) Menosprezo de si mesmo.
7) Dar preferência aos outros e estimá-los mais do que a si.
8) Não fazer alguma singularidade notável nas coisas exteriores.
9) Calar até ser perguntado.
10) Não rir facilmente.
11) Falar coisas poucas e boas.
12) Pretender estado e hábito humilde...

São João de Ávila, vol 1.

## Sexta-feira
## da 28ª semana do Tempo Comum

**Evangelho**: Lc 12,1-7
**Escritor eclesiástico**

Meu amado irmão: visto que Deus vos concedeu a resolução de consagrar a Ele, sem reservas, todas as vossas palavras, obras e pensamentos, sem buscar em tudo isso mais do que a glória de Deus e sua vontade, vivei firmemente nela com uma filial e constante confiança: repousai no cuidado e amor que sua providência tem de vós, e de vossas necessidades, olhando-a, como o faria uma criança a sua terna e amorosa mãe, porque deveis crer humildemente que Deus vos ama incomparavelmente mais, pois não há dúvida que a soberana bondade ama de um modo inexplicável aos que se entregam a sua providência, para que em tempo e em eternidade faça deles segundo lhe agrade. Em consequência disto, no exercício da manhã ou ao seu final, renovai vossa resolução de unir vossa vontade à de Deus, para todas as ações do dia, e o que Ele quiser enviar-vos.

Santa Joana Francisca Fremiot. Carta XVI.

# Sábado
## da 28ª semana do Tempo Comum

**Evangelho**: Lc 12,8-12
**Escritor eclesiástico**

Queres saber como os mártires davam testemunho do poder do Espírito Santo? O Salvador disse a seus discípulos: *Quando vos levarem às sinagogas, aos príncipes e aos poderosos, não estejais preocupados por como vos defendereis ou o que direis. Porque o Espírito Santo vos ensinará nesse momento o que deveis dizer.* Pois é impossível que alguém dê testemunho de Cristo, se não o faz em virtude do Espírito Santo. Porque, se *ninguém pode dizer: Jesus Cristo é Senhor, senão no Espírito Santo*, como alguém pode dar a sua vida por Jesus, se não o faz no Espírito Santo? O Espírito Santo é algo grande, todo-poderoso em seus dons e admirável. Pensa em quantos estão agora aqui sentados, quantas almas estão presentes. Em cada um obra do modo que convêm, e estando no meio de nós, vê a situação de cada um, olha o pensamento e a consciência, tudo o que falamos e pensamos.

São Cirilo de Jerusalém. *Catequesis*, XVI.

# Segunda-feira
## da 29ª semana do Tempo Comum

**Evangelho**: Lc 12,13-21
**Escritor eclesiástico**

Por isso Jesus Cristo no Evangelho, por meio de um grande número de exemplos, de parábolas e de figuras, nos põe com frequência à vista a fragilidade de nossa existência. Quer que o pensamento da morte corporal apague e destrua em nós o pecado, verdadeira morte da alma, e que possamos converter em meio eficaz de emenda da vida a necessidade mesma de morrer. Consideremos, pois, hoje, como verdadeiros cristãos os lúgubres, porém úteis mistérios da tumba. Iremos à escola da morte, e nos tornaremos seus discípulos antes de ser suas vítimas. Hoje, na parábola do rico voluptuoso precipitado na morte quando menos pensava nela, veremos quão insensato é o esquecimento da morte em que vivem os cristãos, com a certeza em que devem estar de morrer logo. Deploremos nossa miséria em relação a isto, e nos penetraremos bem desse ponto capital da sabedoria cristã, a saber, a certeza de nossa morte olhada como motivo de viver santamente.

Ventura de Láurica. *Parábolas*.

# Terça-feira
## da 29ª semana do Tempo Comum

**Evangelho**: Lc 12,35-38
**Escritor eclesiástico**

O amor divino é um fogo que devora. Penetra até o fundo da alma. A queima, a consome, mas não a destrói. A transforma nele mesmo. O fogo material, que penetra a madeira até as suas últimas fibras e no ferro até a mais escondida das moléculas, é imagem daquele outro fogo, mas uma imagem muito imperfeita. Em alguns momentos, sob a influência de uma graça mais poderosa, a alma abrasada de amor divino solta chamas, e estas sobem diretamente a Deus. Ele é seu princípio como é seu fim, por Ele é que a alma se consome. A caridade que eleva alma é uma participação criada, finita, analógica, da caridade incriada, porém também é uma participação real, positiva, formal desta chama substancial de Deus.

Robert de Langeac. *Virgo fidelis*.

## Quarta-feira
## da 29ª semana do Tempo Comum

**Evangelho**: Lc 12,39-48
**Escritor eclesiástico**

*Vigiai, pois, porque não sabeis a que hora virá o Filho do homem...* A morte é uma das meditações mais eficazes. Não há nada que desiluda ao homem, ou seja, que assim arranque ao homem de todos os enganos, de todos as vagas miragens que lhe seduzem e arrastam, como a realidade da morte. Mas ao mesmo tempo que a morte oferece este aspecto, oferece também outro, e justamente é o que se destaca na parábola. Esse aspecto é a pressa em aproveitar o tempo presente. Urge preparar-se para a eternidade. Urge acumular bens eternos. Os adiamentos são perigosíssimos nesta questão. Os adiamentos podem significar a eterna perdição. Estimular assim a nossa fraqueza, fazer com que sacudamos a preguiça e que o que temos de resolver e fazer por Deus o façamos prontamente e o façamos bem, manter a alma em tensão contínua, como quem a todo instante quer encontrar-se preparado para entrar na eternidade, este é outro dos frutos que produz o pensamento da morte, e este é o fruto que principalmente se oferece a nossa consideração nesta parábola, como indicam as mesmas palavras de Jesus Cristo, com as quais, ao terminar a parábola, exorta à vigilância.

Pe. Alfonso Torres. *Día segundo, segunda meditación: La muerte*.

## Quinta-feira
## da 29ª semana do Tempo Comum

**Evangelho**: Lc 12,49-53
**Escritor eclesiástico**

Ao final de seu ministério apostólico, Jesus revelou a seus apóstolos um sentimento de seu coração, que nenhum tinha suspeitado nem o compreendeu: *Eu tenho de receber um batismo, e quanto tarda seu cumprimento!* Este batismo de sangue pelo qual tão ardentemente suspirava Jesus, e que como grande graça o tinha proposto aos zebedeus, o anunciou várias vezes a seus amados discípulos como coroamento de sua missão: *gravai em vossos corações estas palavras; o Filho do homem será entregue nas mãos dos homens e lhe tirarão a vida.* Em outra ocasião, e ao ir a Jerusalém para ser crucificado, descreveu em detalhes os suplícios que havia de padecer: *O Filho do homem será entregue aos gentios, feito alvo dos escárnios e injúrias, cuspido, açoitado, condenado à morte e ao terceiro dia ressuscitará.* Teria lhes falado mais vezes do mesmo assunto se os encontrasse com seus mesmos sentimentos. No Tabor, quando seu coração foi inundado de alegria comunicando a todo o seu ser um luzente reflexo de glória, conversava com Moisés e Elias sobre a morte que ia padecer (Lc 9,31). Sabia que sua morte seria para Ele a vitória que lhe asseguraria a conquista do mundo.

Augusto Saudreau. *El ideal del alma ferviente*, cap. XXV.

## Sexta-feira
## da 29ª semana do Tempo Comum

**Evangelho**: Lc 12,54-59
**Escritor eclesiástico**

Para ouvir o som da trombeta e as vozes formadas no ar pelo ministério dos anjos, Deus mandou a Moisés que o povo se preparasse. Para chegar a ver o Senhor na sarça, mandou-lhe, em sinal da pureza interior que devia ter, que *se descalçasse dos sapatos*. E antes da entrada na terra da promissão Deus mandou a Josué que *circuncidasse o seu povo*. E a rainha Ester se preparou com jejuns e orações para entrar diante do Rei Assuero a interceder pelo povo de Deus. E se para estas, e para outras ainda muito menores, nos é pedido preparação, quem será aquele que pense que para a maior de todas não é necessário extensa e muito extensa (preparação)? É grande coisa um homem nascido na terra subir para possuir o Reino do Céu. Bem-aventurado o dia e a hora em que, desatado das prisões desta mortalidade, é elevado a ver a belíssima face de Deus e a gozar dele sem temor de perdê-lo para sempre.

Santa Joana Francisca Fremiot. *Carta XVI*.

## Sábado
## da 29ª semana do Tempo Comum

**Evangelho**: Lc 13,1-9
**Escritor eclesiástico**

O primeiro grupo dos que tendem à perfeição, são aqueles que fazem uma grande ideia da perfeição, conhecem sua necessidade, têm muitos desejos dela, mas param aí e não se dedicam aos meios que conduzam a ela. Porém uma coisa é saber e outra o praticar; uma coisa é conhecer a necessidade da perfeição e outra alcançá-la; uma coisa é o desejo e outra o fato. É verdade que santa Teresa nos exorta a ter grandes desejos, mas aqui se trata de desejos eficazes, acompanhados de boas obras... Há indivíduos que tinham desejos de perfeição quando ingressaram, quando entraram no noviciado, quando professaram... e continuam sendo iguais como antes, com os mesmos defeitos de soberba, preguiça, falta de mortificação. Certamente nunca são exemplo para a comunidade, que os tolera e não os chora quando saem ou quando morrem. Passam sua vida sem aproveitar as inumeráveis graças que a acompanham, e ao final se encontram com as mãos vazias e uma terrível prestação de contas a fazer. São como a figueira seca da qual fala o evangelho, ou como terra que não produz fruto depois de orvalhos e chuvas.

Beato José Allamano. *La vida espiritual*, cap. XI.

## Segunda-feira
## da 30ª semana do Tempo Comum

**Evangelho**: Lc 13,10-17
**Escritor eclesiástico**

Este é o milagre que Jesus faz com as almas encurvadas. Jesus, tendo visto a enferma encurvada e num estado lastimável, a chamou a si. A nós não nos causa esta impressão, porque Jesus sempre age assim. Jesus nos vê, e vê nossas misérias muito melhor do que nós as vemos; e, apesar delas, não sente desejos justiceiros nem severos, mas nos olha com infinita misericórdia; o tempo da vida é o tempo da misericórdia de Jesus Cristo. Jesus não disse que não são os sãos que têm necessidade de médico, mas os enfermos? Não disse que tinha vindo buscar as ovelhas perdidas da casa de Israel, e que não veio para chamar aos justos, mas aos pecadores? Pois é isto que Ele faz quando nos enxerga em estado tão lastimável: Não nos trata segundo a sua justiça, mas nos olha com compaixão e misericórdia.

Pe. Alfonso Torres. *La curación de la mujer encorvada*, in loc.

## Terça-feira
## da 30ª semana do Tempo Comum

**Evangelho**: Lc 13,18-21
**Escritor eclesiástico**

Mas na mesma Judeia, por onde começa? Dirige-se logo para a capital? Vai pregar o Reino de Deus na corte de Herodes? Vai ensinar aos sacerdotes, aos escribas, aos fariseus, mostrando-lhes em sua pessoa e em sua doutrina o cumprimento da lei e das profecias? Tal era, ao que parece, o meio mais natural e mais curto que o conduzia diretamente a seu objeto. Uma vez conquistada Jerusalém e os principais da nação, todo o resto o teria seguido. Mas não era assim que devia começar o mais humilde dos homens, o mestre e pregador da humildade. O Profeta Isaías o comparou a uma planta que se levanta de uma terra sedenta e esgotada. Como é fraca essa planta! Com quanto esforço começa a brotar, carente de quase todo alimento! Que pequeno é este grãozinho de mostarda que deve um dia levantar-se tão alto, e servir de abrigo aos pássaros do céu!

Jean Nicola Grou. *El interior de Jesus y de Maria*, cap. XXIII.

## Quarta-feira
## da 30ª semana do Tempo Comum

**Evangelho**: Lc 13,22-30
**Escritor eclesiástico**

O divino Mestre acrescenta: *estreito é o caminho que conduz à vida*, ou seja, o caminho da perfeição; para nos ensinar não ser suficiente a alma entrar pela porta apertada, abandonado todo o sensível, mas que também se há de reduzir e desembaraçar, desapropriando-se puramente em tudo o que é espiritual. As palavras "porta apertada" podem ser aplicadas à parte sensitiva do homem, como as de "caminho estreito" se aplicam à parte racional e espiritual. E quando é dito que tão poucas almas acertam com ele, devemos notar a causa: é que também muito poucas sabem e querem entrar nesta suma desnudez e vazio do espírito. A senda que leva ao cume do monte da perfeição, por ser estreita e escarpada, requer viadores desprovidos de carga cujo peso os prenda às coisas inferiores, nem sofram obstáculo algum que os perturbe quanto às superiores; em se tratando de buscar e alcançar unicamente a Deus, deve ser Ele o único objeto de sua procura e aspiração.

São João da Cruz. *Subida do Monte Carmelo*, II, 7.

## Quinta-feira
## da 30ª semana do Tempo Comum

**Evangelho**: Lc 13,31-35
**Escritor eclesiástico**

Mas, ainda que Pilatos sabia que a nação judia se enfurecia em Jesus mais por zelo de invejado que de justiça; ainda que declarou não ter achado nele a menor causa de morte, vencido ao fim de humano temor, encheu de amargura a alma de Jesus, e lhe enviou a Herodes submetendo o piedosíssimo Rei ao juízo do cruel tirano. Herodes zombou dele e o remeteu a Pilatos, quem, com providência inumana, ordenou que comparecesse nu em presença da corte, e que com atrozes cordas desgarrassem duros algozes suas cândidas carnes virginais, acrescentando chagas a chagas, contusões a contusões. Corria o sangue preciosíssimo pelas costas sacratíssimas do jovem inocente e amorosíssimo. E não havia encontrado nele a mais leve culpa! E tu, homem perdido, tu, que és a causa de tantas chagas e insultos, não choras?! Olha ao inocentíssimo Cordeiro que, para te livrar da justa sentença de condenação, quis por amor de ti ser condenado contra toda justiça. Ele restitui o que tu roubaste; e tu, alma minha, perversa e sem compaixão, não pagas a ingratidão da devoção, nem devolves o afeto da misericórdia!

São Boaventura. *El árbol de la vida*, 24.

## Sexta-feira
## da 30ª semana do Tempo Comum

**Evangelho**: Lc 14,1-6
**Escritor eclesiástico**

Fez-se por nós tão pobre que nem tinha sequer um lugar onde repousar a cabeça: "As raposas têm a sua toca e as aves do céu o seu ninho, mas o filho do Homem não tem onde repousar a cabeça" (Mt 8,20). Por isso aceitava ir tomar as refeições com quem o convidava, não pelo gosto imoderado pela comida, mas para ali ensinar a salvação e suscitar a fé. Ali enchia de luz os convivas com os seus milagres. Ali, os servos, que estavam ocupados no interior da casa e não tinham a liberdade de ir junto dele, ouviam a palavra da salvação. De fato, não desprezava ninguém, nenhum era indigno do seu amor *porque Ele tem piedade de nós; não odeia nenhuma das suas obras e ocupa-se cuidadosamente de cada uma delas.* Para realizar a sua obra de salvação, o Senhor entrou assim na casa de um notável fariseu, num dia de sábado. Os escribas e os fariseus o observavam para o poderem repreender: para, se Ele curasse o hidrópico, o poderem acusar de violar a Lei e, se o não curasse, o acusarem de desumanidade ou de fraqueza... À luz puríssima da palavra da verdade, viram dissipar-se todas as trevas da sua mentira.

Beato Guerrico de Igny. *In. loc.*

## Sábado
## da 30ª semana do Tempo Comum

**Evangelho**: Lc 14,1.7-11
**Escritor eclesiástico**

Realmente, irmãos, não pode subsistir em nós a humildade se não se nutre de um saudável temor, nem a obediência se não a torna amável o espírito de piedade, nem a justiça se não está imbuída da ciência espiritual, nem a paciência se não é sustentada pelo espírito de fortaleza, nem a misericórdia se não vai alimentada pelo dom do conselho, nem a pureza de coração se não é conservada pela inteligência das realidades celestes, nem a caridade se não é vivificada pela sabedoria. Todas estas virtudes se encontram, e plenamente, em Cristo, no qual o bem não se acha parcialmente, mas em toda a sua plenitude. Em seu nascimento resplandece a humildade, ao *despojar-se de sua dignidade e tomar a condição de escravo, passando por um de nós*; na submissão a seus pais, a obediência, quando, cedendo a seus interesses, *desceu com eles a Nazaré e lhes era obediente*. E em sua doutrina foi respeitoso da justiça, dizendo: *Dai a César o que é de César, e a Deus o que é de Deus*. Na paixão deu provas de paciência, pois ofereceu suas costas aos que o flagelavam, as faces aos salivaços, a cabeça aos espinhos, a mão à cana.

Beato Elredo de Rievaulx. *Sermón en la anunciación del Señor.*

# Segunda-feira
## da 31ª semana do Tempo Comum

**Evangelho**: Lc 14,12-14
**Escritor eclesiástico**

Por que, irmãos, nos preocupamos tão pouco com nossa mútua salvação, e não buscamos auxiliar-nos uns aos outros no que de mais urgência temos para prestar-nos auxílio, levando juntos nossas cargas, com espírito fraternal? Assim nos exorta o apóstolo, dizendo: *Ajudai-vos uns aos outros a carregar os vossos fardos, e deste modo cumprireis a lei de Cristo*; e em outro lugar: *suportando-vos mutuamente com caridade*. Nisso consiste, de fato, a lei de Cristo. Quando observo em meu irmão alguma deficiência incorrigível – consequência de alguma necessidade ou de alguma enfermidade física ou moral –, por que não o suporto com paciência, por que não o consolo de boa vontade, tal como está escrito: *Levarão no colo a suas criaturas e sobre os joelhos as acariciarão*? Não será porque me falta aquela caridade que tudo aguenta, que é paciente para suportar a tudo, que é benigna no amor? Tal certamente é a lei de Cristo que, em sua paixão, suportou nossos sofrimentos e, por sua misericórdia, aguentou nossas dores, amando àqueles por quem sofria, sofrendo por aqueles a quem amava.

Beato Isaac de Stella. *Sermón 31*.

# Terça-feira
## da 31ª semana do Tempo Comum

**Evangelho**: Lc 14,15-24
**Escritor eclesiástico**

Fica sabendo, porém, que, por teus próprios esforços, não te poderias preparar dignamente (para a Comunhão), ainda que empregasses um ano inteiro, sem outra coisa no pensamento. Só por minha bondade e graça te é permitido chegar à minha mesa, como um mendigo convidado ao banquete de um rico que, em retribuição deste benefício, só tem humildade e agradecimento. Faze o que está em ti e faze-o com diligência. Não por costume ou necessidade, mas com temor, respeito e afeto recebe o Corpo de teu Deus e Senhor amado que se digna vir a ti. Fui eu que chamei, Eu que te mandei vir; suprirei o que te falta, vem e recebe-me. Quando te concedo a graça da devoção, agradece a Deus; não que a tenhas merecido, senão que tive piedade de ti. Se não a recebes, antes sentes aridez, insiste na oração, geme, bate à minha porta e não desistas até obter uma migalha ou uma gota da minha graça salutar.

Tomás de Kempis. *Imitação de Cristo*, IV, 12,2-3.

# Quarta-feira
## da 31ª semana do Tempo Comum

**Evangelho**: Lc 14,25-33
**Escritor eclesiástico**

Para que o mundo esteja crucificado para nós e em nós, e nós para o mundo, o Senhor nos exorta com estas palavras: *Quem quiser vir após mim, negue-se a si mesmo*, isto é, crucifique em si ao mundo, e carregue sua cruz, ou seja, crucifique-se para o mundo. Pois é o mesmo que o mundo esteja crucificado para si que negar-se a si mesmo, e tanto vale estar crucificado para o mundo como carregar com a cruz. Se já é difícil renunciar a nossos planos, isto é, aos projetos longamente afagados, muito mais difícil é negar-se a si mesmo, isto é, renunciar a própria vontade. O que é, não obstante, necessário, se queremos seguir a Cristo. O soldado de Cristo deve, de fato, renunciar a sua própria vontade em favor da vontade de outro, e não só deve abandonar uma vontade má por (outra) boa, mas inclusive sua própria boa vontade pela vontade boa do outro.

Gualtério de San Víctor. *Sermón 3* (atribuído).

# Quinta-feira
## da 31ª semana do Tempo Comum

**Evangelho**: Lc 15,1-10
**Escritor eclesiástico**

Este é o motivo porque sua Majestade apresentou aquelas duas parábolas: uma da ovelha perdida que por buscá-la o bom Pastor, deixou as noventa e nove no deserto, e após tantos trabalhos achada, a levou sobre os ombros pedindo aos outros Pastores que lhe dessem a felicitação pelo achado; e a outra, da mulher que tinha perdido a moeda preciosa, que para achá-la não parou nem impôs dificuldades, revirando tudo o que em suas arcas tinha até a achar e ter um bom dia com suas amigas e vizinhas. Nestas parábolas e em muitas outras que nossa Majestade apresentou, revelou-nos suas entranhas abrasadas e cheias de caridade para com os pecadores, que são aqueles que levam os olhos para os buscar e descobrirem onde quer que estiverem, dar-lhes e comunicar-lhes seus bens; e para que seus apóstolos e discípulos, e neles todos os Prelados lhe fossem nisto parecidos, os chama de *luz do mundo*: não luz do céu, porque tem seguras as noventa e nove ovelhas que ficaram, mas luz do mundo, luz que busque e descubra no mundo a ovelha perdida, a tome e leve sobre os seus ombros, que Ele, que é o bom Pastor lhe dará a felicitação pelo achado.

João Batista da Conceição. *Obras espirituales*, cap. LXXXI.

# Sexta-feira
## da 31ª semana do Tempo Comum

**Evangelho**: Lc 16,1-8
**Escritor eclesiástico**

Considera como convém antes que o Senhor te chame para lhe dar contas, faze-o contigo mesmo, porque quanto melhor passadas e concluídas tiveres as contas entre Deus e tua alma, com tanto maior confiança irás diante do Senhor quando te chamar. Considera como o tempo de ganhar com os dons de Deus é nesta vida, porque depois dela, não há mais merecer; e como não sabes quando acabará o prazo, apressa-te, pois, porque o tempo passa por ti. E olha para este administrador que te coloca diante do Senhor, não na infidelidade e iniquidade, mas na prudência que teve em saber ganhar amigos para o tempo da necessidade, perdoando as dívidas; e faz o mesmo perdoando as injúrias e ofensas feitas contra ti e, sendo esmoleiro dos pobres. Considera como não se justifica que os que servem ao mundo sejam mais prudentes nas coisas de sua perdição, que os que servem a Deus nos negócios de sua salvação; e não sofras porque os filhos do século te levem a dianteira.

Andres Capilla. *Sermón octavo después de Pentecostés.*

# Sábado
## da 31ª semana do Tempo Comum

**Evangelho**: Lc 16,9-15
**Escritor eclesiástico**

Portanto, se pensais escutar-me, servos de Cristo, irmãos e coerdeiros, visitemos a Cristo enquanto nos seja possível, curemo-lo, não deixemos de alimentá-lo ou vesti-lo; acolhamos e honremos a Cristo, não só na mesa, como alguns, não com bálsamos, como Maria, nem com o sepulcro, como José de Arimateia, nem com o necessário para a sepultura, como aquele meio amigo, Nicodemos, nem, enfim, com ouro, incenso ou mirra, como os Magos, antes que todos os mencionados; mas, visto que o Senhor de todas as coisas o que quer é misericórdia e não sacrifício, e a compaixão supera em valor a todos os rebanhos imagináveis, lhe apresentemos esta mediante a solicitude para com os pobres e humilhados, de modo que, quando partirmos daqui, nos recebam nos tabernáculos eternos, pelo mesmo Cristo, Nosso Senhor, a quem seja dada a glória pelos séculos. Amém.

São Gregório Nazianzeno. *Sermón 14 sobre el amor a los pobres*, 40.

# Segunda-feira
## da 32ª semana do Tempo Comum

**Evangelho**: Lc 17,1-6
**Escritor eclesiástico**

A autoridade do apóstolo afirma: *Sem fé é impossível agradar a Deus.* A fé é o fundamento de todos os bens. A fé é o início da salvação do homem. Sem ela, ninguém pode permanecer no número dos filhos de Deus, porque sem a fé nem neste mundo se consegue a graça da justificação, nem no futuro se possuirá a vida eterna, e se alguém não caminha aqui na fé, não chegará à visão. Sem fé, todo trabalho do homem está vazio. Aquele que pretende agradar a Deus sem a verdadeira fé, através do desprezo do mundo, é como o que indo para a pátria na qual viverá feliz deixa a senda reta do caminho e, desprevenido, segue o equivocado, com o qual não chega à cidade bem-aventurada, mas cai no precipício; ali não se concede a alegria a quem chega, mas se dá a morte a quem nele cai.

Fulgêncio de Ruspe. *La fede*.

# Terça-feira
## da 32ª semana do Tempo Comum

**Evangelho**: Lc 17,7-10
**Escritor eclesiástico**

Portanto, o maior entre vós, para fazer-se como o mais jovem, não deve se envergonhar de chamar-se servo dos servos de Deus. O apóstolo querendo nos mostrar qual é a norma deste serviço, diz: *Sendo livre como sou, me fiz escravo de todos; me fiz tudo para todos, para ganhar a todos.* O texto seguinte também está ordenado para demonstrar o aceitável deste serviço: *Faz-te pequeno nas grandezas humanas.* Qualquer dignidade é indigna de tal nome se despreza as coisas humildes. A humildade é, ao mesmo tempo, causa e guardião da honra. Vejam, pois, os que ocupam um posto de honra, de mostrar-se humildes em tudo a exemplo de Cristo. Ele, como mestre de humildade, sendo o que governa, se fez como o que serve; sendo o primeiro se portou como o menor ajoelhando-se aos pés de seus discípulos. Com este exemplo de humildade, qual potente dispositivo, Cristo vos urge às coisas humildes, até fazer-vos servos dos próprios escravos.

Balduíno de Cantorbery. *Tratado 12 para los sacerdotes.*

## Quarta-feira
## da 32ª semana do Tempo Comum

**Evangelho**: Lc 17,11-19
**Escritor eclesiástico**

*Rasgai os corações e não as vestes.* Que quem se converte, converta-se interiormente, de coração, pois Deus não despreza um coração quebrantado e humilhado. *Um deles, vendo que estava curado, voltou louvando a Deus dando grandes gritos e se lançou por terra aos pés de Jesus, dando-lhe graças. Este era um samaritano.* Neste um estão representados aqueles que, depois de terem sido purificados nas águas batismais ou foram curados através da penitência, já não seguem ao diabo, mas imitam a Cristo, o seguem, o louvam, o adoram, lhe dão graças e não se afastam de seu serviço. E Jesus lhe disse: *levanta-te e vai: tua fé te salvou.* Grande é, de fato, o poder da fé, sem a qual – como diz o apóstolo – *é impossível agradar a Deus. Abraão creu em Deus, e isso lhe valeu de justificação.* Logo, é a fé que salva, a fé é a que justifica, a fé é a que cura o homem interior e exteriormente.

São Bruno de Segni. *Comentario sobre el evangelio de san Lucas 2,40.*

## Quinta-feira
## da 32ª semana do Tempo Comum

**Evangelho**: Lc 17,20-25
**Escritor eclesiástico**

A alma que foi considerada digna de participar da luz do Espírito, e que foi iluminada pelo esplendor de sua glória inefável, quando o Espírito mora nela se torna toda luz, toda rosto, toda olho, e não fica parte alguma que não esteja cheia de olhos espirituais e de luz. Isso equivale a dizer que já não resta nela nada de tenebroso, mas que ela é toda luz e Espírito, está totalmente cheia de olhos e já não tem reverso, mas é anverso por todos os lados, porque veio a ela e reside nela a beleza indescritível da glória e da luz de Cristo. Do mesmo modo que o sol é totalmente semelhante a si mesmo e não tem nenhum reverso, nenhum lugar inferior, mas brilha por todas as partes com sua luz... assim também a alma que foi iluminada pela inefável beleza, glória e luz da face de Cristo, e que, repleta do Espírito Santo, tornou-se digna de converter-se na morada e templo de Deus, se torna toda olho, toda luz, toda face, toda glória e toda Espírito, já que deste modo Cristo a adorna, a transporta, a dirige, a sustenta e a conduz, e deste modo também a ilumina e a decora de beleza espiritual.

Pseudo-Macário. *Primera homilia*, 2.

# Sexta-feira
## da 32ª semana do Tempo Comum

**Evangelho**: Lc 17,26-37
**Escritor eclesiástico**

Sabemos todos, irmãos, que seremos julgados duas vezes: uma, no grande dia das vinganças, isto é, ao fim dos séculos, na presença de todo o universo; então, aparecerão manifestas aos olhos de todo o mundo nossas ações boas ou más. Mas, antes daquele dia tão terrível e desgraçado para os pecadores, teremos de nos submeter também a juízo no momento de nossa morte, no mesmo instante em que exalemos nosso último suspiro. Sim, irmãos, toda a condição do homem está condensada nestas três palavras: viver, morrer e ser julgado. Esta é uma lei fixa e invariável para todos os homens. Nascemos para morrer, morremos para sermos julgados, e este juízo decidirá de nossa felicidade ou desgraça eternas. O juízo universal, ao qual todos deveremos comparecer, não será mais que a publicação da sentença que terá sido pronunciada na hora da morte de cada um.

São João Maria Vianney. *Sermón sobre el juicio particular*, 1.

# Sábado
## da 32ª semana do Tempo Comum

**Evangelho**: Lc 18,1-8
**Escritor eclesiástico**

Este nosso Jesus, com o qual Deus nos deu tudo, não sabe estar longe de nós. E nos ama tanto que Ele mesmo, que é a sabedoria do Pai, diz: *Eu me alegrava com os filhos dos homens*. Esteve conosco na carne, antes de morrer por nós; esteve conosco também na morte, com a presença do corpo ainda não retirado da terra; esteve conosco depois da morte, aparecendo aos discípulos de muitas maneiras; está conosco também agora, até o fim do mundo, até que nós estejamos com Ele: *e assim estaremos sempre com o Senhor*. Vede quanto Jesus nos ama! Nem a morte nem a vida podem separá-lo de nós: tanto é o amor com que nos ama! Portanto, nem a morte nem a vida devem separara-nos de seu amor. Que criatura é digna de ser amada, se Ele não o é? Ainda mais: quem pode ser tão amável conosco como Ele?... Ao que ama, o menos que podemos dar-lhe é uma resposta de amor, pois o que ama deseja ser amado. O que é perfeitamente justo. Ora, quem deseja ser amado sem amar, duvido que possa justificar-se sequer ante sua própria consciência da acusação de iníquo. Em um juízo justo quem não devolve amor por amor, é indigno de ser amado.

Balduíno de Cantorbery. "Tratado sobre el Santísimo Sacramento de la Eucaristía". In: *PL* 204, 405-406.

# Segunda-feira
## da 33ª semana do Tempo Comum

**Evangelho**: Lc 18,35-43
**Escritor eclesiástico**

Como aquele cego, embora não pudesse caminhar e ir junto do Senhor porque não via, elevou um grito com voz mais forte do que a dos anjos – disse, de fato: *Filho de Davi, tem piedade de mim* –, e com essa fé obteve a cura porque o Senhor foi a ele e lhe restituiu a visão, assim a alma, embora esteja cheia de feridas, de paixões ignominiosas, ainda que esteja cega pela treva do pecado, tem, contudo, a vontade necessária para gritar e clamar a Jesus, a fim de que venha Ele mesmo e lhe conceda a redenção eterna. Se o cego não tivesse gritado, se a hemorroísa não tivesse se aproximado do Senhor, não teriam recebido a cura; assim, se alguém não se aproxima do Senhor com toda a sua vontade e com firme resolução e não suplica com a plena certeza da fé, não obtém a cura... Portanto, tenhamos fé e aproximemo-nos dele de verdade para que opere de imediato a cura em nós. De fato, tem prometido conceder o Espírito Santo aos que o peçam, abrir aos que chamam, deixar-se encontrar pelos que buscam, e não é mentiroso *aquele que prometeu*. A Ele a glória e o poder pelos séculos. Amém.

Pseudo-Macário. Omelia XX.

# Terça-feira
## da 33ª semana do Tempo Comum

**Evangelho**: Lc 19,1-10
**Escritor eclesiástico**

Quereis saber, meus irmãos, porque ao traçar a história da conversão de Zaqueu o evangelista começou por apresentá-lo com tão odiosas cores (de publicano)? Para que todos nós, diz Santo Ambrósio, ao ver a facilidade com que este homem que não vivia mais que da injustiça e da fraude, chegou a alcançar a graça, ninguém desespere de participar da mesma dita seja qual for a antiguidade de seus maus costumes, a tenacidade de seus vícios, a miséria de sua alma. Mas, contudo, havia algo bom, meus irmãos, neste usurário. O amor ao ouro não tinha extinguido completamente nele o sentimento religioso. Absorvido em parte pelo cuidado de aumentar suas riquezas, não tinha se esquecido completamente de sua alma; a prova disso é que de longa data morria de desejo de ver a Jesus Cristo, de conhecê-lo, para saber se era o Messias, disposto a crer nele, para salvar-se por sua mediação. *Procurava ver Jesus*. Este desejo tão puro, tão sincero, tão desinteressado, não podia deixar de dar resultado acerca do Senhor de bondade de quem o profeta disse: *Deus é bom para a alma que o busca*.

Ventura de Láurica. *Sermón conversión de Zaqueas*.

# Quarta-feira
## da 33ª semana do Tempo Comum

**Evangelho**: Lc 19,11-28
**Escritor eclesiástico**

A mesa dos banqueiros é a Escritura divina, onde se tem depositado o pão da Palavra que nutre as pessoas e em torno da qual se sentam os cristãos para saciarem-se espiritualmente. Quem confia sua fé neste banco a encontrará multiplicada. Assim como o dinheiro aumenta investindo-o, o mesmo acontece com a fé em Jesus Cristo: se a mantemos passiva no coração, enfraquecerá e diminuirá até extinguir-se. Porém, se a exercitamos mediante a Escritura, a estimulamos com o auxílio de pregações assíduas e leituras meditadas, se a fazemos oração e a vivemos com boas obras em favor de nossos irmãos, especialmente os mais necessitados, não só se multiplicará, mas não deixará de crescer durante toda a vida.

"Homilía anónima sobre la parábola de los talentos". In: *PG* 56,941.

## Quinta-feira
## da 33ª semana do Tempo Comum

**Evangelho**: Lc 19,41-44
**Escritor eclesiástico**

Visto que não fizeram penitência, Deus mandou contra eles o exército romano que, durante o reino de Vespasiano, destruiu suas metrópoles, e parte de fome durante o sítio, e parte pela espada durante o saque da cidade, matou uma grande quantidade de seus habitantes, enquanto que os sobreviventes eram vendidos como escravos e dispersos pelo mundo. Todas essas desgraças foram preditas por Nosso Senhor na parábolas do vinhateiro que contratou operários para sua vinha; do rei que fez uma boda para seu filho; da figueira estéril e mais claramente, quando chorou pela cidade no Domingo de Ramos. A oração de Nosso Senhor também foi escutada (Pai, perdoa-lhes), se é que fazia referência ao crime dos judeus, pois obteve para muitos a graça da conversão e reforma de vida. Houve alguns que voltaram golpeando-se no peito. Esteve o centurião que disse: *Verdadeiramente este era o Filho de Deus*. E houve muitos que uma semana depois se converteram pela pregação dos apóstolos, e confessaram àquele que haviam negado, adoraram àquele que tinham desprezado.

São Roberto Belarmino. *Sobre las siete palabras en la cruz*, I,1.

## Sexta-feira
## da 33ª semana do Tempo Comum

**Evangelho**: Lc 19,45-48
**Escritor eclesiástico**

A oração, a vida de oração, conserva, estimula, aviva, aperfeiçoa os sentimentos de fé, humildade, de confiança e de amor, que em seu conjunto constituem a melhor disposição da alma para receber a abundância da graça divina. Uma alma familiarizada com a oração tira mais proveito dos sacramentos e dos outros meios de salvação que outra que se entrega à oração sem vigor nem perseverança. Uma alma que não acode fielmente a oração, pode recitar o Ofício divino, assistir a santa missa, receber os sacramentos e escutar a palavra de Deus, porém seus progressos na vida espiritual serão com frequência insignificantes: Por quê? Porque o autor principal de nossa perfeição e de nossa santidade é Deus mesmo, e a oração é precisamente a que conserva alma em frequente contato com Deus: a oração acende e mantém na alma uma espécie de fogueira, na qual o fogo do amor está, se não sempre em oração, ao menos sempre latente.

Beato Columba Marmion. *Jesucristo vida del alma*, oración.

# Sábado
## da 33ª semana do Tempo Comum

**Evangelho**: Lc 20,27-40
**Escritor eclesiástico**

Deus estabeleceu o tempo de suas promessas e o momento de seu cumprimento. O período das promessas se estende desde os profetas até João Batista. O do cumprimento, desde João até o fim dos tempos. Fiel é Deus, que se constituiu em nosso devedor, não porque tenha recebido algo de nós, mas pelo muito que nos prometeu. A promessa lhe pareceu pouco, inclusive; por isso quis obrigar-se mediante escritura, fazendo-nos, por assim dizer, um documento de suas promessas para que, quando começasse a cumprir o que prometeu, víssemos no escrito a ordem sucessiva de seu cumprimento. O tempo profético era, como disse muitas vezes, o do anúncio das promessas. Prometeu a salvação eterna, a vida bem-aventurada na companhia eterna dos anjos, a herança que não murcha, a glória eterna, a doçura de seu rosto, a casa de sua santidade nos céus e a libertação do medo à morte, graças a ressurreição dos mortos. Esta última é como a sua promessa final, à qual se encaminham todos os nossos esforços e que, uma vez alcançada, fará que não desejemos nem busquemos já coisa alguma.

Santo Agostinho. *Comentario sobre el Salmo 109,1-2*.

# Segunda-feira
## da 34ª semana do Tempo Comum

**Evangelho**: Lc 21,1-4
**Escritor eclesiástico**

Um só exemplo contarei por me não demorar em cada cousa particular, e que não será causa de menor alegria. Faleceu a pouco uma velha que havia sido manceba de um Português quase quarenta anos, e ainda gerando muitos filhos; esta como os nossos Irmãos houvessem muito admoestado, que olhasse para si, e não quisesse ir-se ao inferno por aquele pecado, logo arrependida, e conhecendo a maldade com que havia vivido, aborreceu o pecado perseverando na castidade, e trabalhava de purgar seus pecados com muitas esmolas que nos fazia. Agora, ferida de uma longa e incurável enfermidade, foi a Piratininga, onde deixou uma casa para seus filhos e escravos. Entendia somente as cousas tocantes à salvação de sua alma, confessava e comungava muitas vezes, e dando-nos muitas esmolas, aparelhava eternos tabernáculos na vida.

São José de Anchieta. *Carta XI ao padre geral.*

# Terça-feira
## da 34ª semana do Tempo Comum

**Evangelho**: Lc 21,5-11
**Escritor eclesiástico**

Quem o comete, dizemos que peca contra o próprio corpo. Assim o ensina o apóstolo, quando escreve: *Fugi da luxúria! Pois qualquer outro pecado que o homem cometa, fica fora do corpo; mas quem se entrega a luxúria peca contra o seu próprio corpo.* Com isso queria ele dizer que o impuro desonra o próprio corpo e lhe profana a santidade. A esse respeito, São Paulo escreve aos Tessalonicenses: *Esta é a vontade de Deus: a vossa santificação. Deveis abster-vos da luxúria. Saiba cada um de vós usar seu corpo com virtude e dignidade, e não com os ardores da concupiscência, como fazem os pagãos, que não conhecem a Deus*. Depois, o que é mais grave, se o cristão tiver mau procedimento com uma meretriz, converte em membros de meretriz os membros que a Cristo pertencem. Assim o declara São Paulo: *Não sabeis que os vossos corpos são membros de Cristo? Então, hei de tomar os membros de Cristo e fazê-los membros de uma meretriz? Isso nunca. Não sabeis: quem se junta a uma meretriz faz um só corpo com ela?* No dizer do mesmo apóstolo, o cristão é *um templo do Espírito Santo*. Ora, violar esse templo (pela luxúria) não é outra coisa senão expulsar dele o Espírito Santo.

*Catecismo Romano*, 6º mandamento.

## Quarta-feira
## da 34ª semana do Tempo Comum

**Evangelho**: Lc 21,12-19
**Escritor eclesiástico**

Seja princípio certo, que aquele que andará por este caminho há de ser inimigo da honra, e do mimo, e ambicioso de injúrias e desprezos, e desejoso da santa pobreza, e há de criar as flores das virtudes entre os espinhos, e o fruto da santidade perfeita lhe há de colher por meio da paciência. Por este caminho nos aconselha o apóstolo, não só que andemos, mas também corramos. Corramos, diz, pela paciência nesta luta e peleia, que nos coloca diante da fé, como se dissesse, nos representa batalha contra todas as adversidades que se podem oferecer neste mundo, e nos promete a coroa no céu; a fé nos ensina que o Reino dos Céus padece força, e que os valorosos e esforçados são os que lhe conquistam e arrebatam. Esta fé nos propõe, que nesta vida temos de combater com a pobreza, com a desonra, com as dores, com as contradições e perseguições dos homens, e contra nós mesmos; isto é, contra nosso amor sensual e mundano; e depois desta vida nos promete a riqueza, a honra e o descanso e a bem-aventurança no corpo e na alma.

Luis de la Palma. *Camino espiritual*, II, 9.

# Quinta-feira
## da 34ª semana do Tempo Comum

**Evangelho**: Lc 21,20-28
**Escritor eclesiástico**

Todos os trabalhos e adversidades que podem suceder nesta vida, quanta força tem para desviar-nos do amor das coisas presentes, tanta tem para despertar em nós o amor dos bens eternos, e para ajudar-nos na união com Deus. Porque assim como no mar os ventos furiosos põem em atenção aos pilotos e marinheiros, e em perigo ao navio, mas se não lhe afundam, o levam com mais rapidez ao porto desejado; assim são também os trabalhos e adversidades, que embora coloquem o espírito em perigo e atenção, mas se não lhe afundam com impaciência, o levam com maior rapidez a abraçar-se com Deus. Porque, que outra coisa é a pobreza e a enfermidade, a fome e nudez, as injúrias e desprezos, e as contradições e perseguições dos homens, senão tempestades que perturbam nosso coração, as quais arrancam ao homem de si mesmo, e se se governa nelas com paciência e conformidade, a levam a grandes jornadas para Deus?

Luis de la Palma. *Camino espiritual*, III, 3.

# Sexta-feira
## da 34ª semana do Tempo Comum

**Evangelho**: Lc 21,29-33
**Escritor eclesiástico**

É impossível penetrar no conhecimento das Escrituras, se não se tem previamente infundida em si a fé em Cristo, a qual é como a luz, a porta e o fundamento de toda a Escritura. De fato, enquanto vivemos no desterro longe do Senhor, a fé é o fundamento estável, a luz diretora e a porta de entrada de toda iluminação sobrenatural; ela há de ser a medida de toda a sabedoria que nos é dada do alto, para que ninguém queira saber *mais do que convém, mas que nos estimemos com moderação, segundo a medida da fé que Deus conce-*

*deu a cada um.* A finalidade ou fruto da Sagrada Escritura não é coisa de pouca importância, pois tem como objeto a plenitude da felicidade eterna. Porque a Escritura contém palavras de vida eterna, posto que foi escrita não só para que creiamos, mas também para que alcancemos a vida eterna, aquela vida na qual veremos, amaremos e serão saciados todos os nossos desejos; e uma vez estes saciados, então conheceremos verdadeiramente *o que transcende toda filosofia: o amor cristão, e assim chegaremos à plenitude total de Cristo.*

São Boaventura. *Brevilóquio.*

## Sábado
## da 34ª semana do Tempo Comum

**Evangelho**: Lc 21,34-36
**Escritor eclesiástico**

De que serve jejuar, se com isso não vos importais? E mortificar-nos, se nisso não prestais atenção? É que no dia de vosso jejum, só cuidais de vossos negócios, e oprimis todos os vossos operários. Passais vosso jejum em disputas e altercações, ferindo com o punho o pobre. Não é jejuando assim que fareis chegar lá em cima vossa voz. O jejum que me agrada porventura consiste em o homem mortificar-se por um dia? Curvar a cabeça como um junco, deitar sobre o saco e a cinza? Podeis chamar isso um jejum, um dia agradável ao Senhor? Sabeis qual é o jejum que eu aprecio? – diz o Senhor Deus: É romper as cadeias injustas, desatar as cordas do jugo, mandar embora livres os oprimidos, e quebrar toda espécie de jugo. É repartir seu alimento com o esfaimado, dar abrigo aos infelizes sem asilo, vestir os maltrapilhos, em lugar de desviar-se de seu semelhante. Então tua luz surgirá como a aurora, e tuas feridas não tardarão a cicatrizar-se; tua justiça caminhará diante de ti, e a glória do Senhor seguirá na tua retaguarda. Então às tuas invocações, o Senhor responderá, e a teus gritos dirá: Eis-me aqui! Se expulsares de tua casa toda a opressão, os gestos malévolos e as más conversações; se deres do teu pão ao faminto, se alimentares os pobres, tua luz levantar-se-á na escuridão, e tua noite resplandecerá como o dia pleno.

Is 58,3-10

# VI
# Festas e solenidades durante o ano

# Corpo e Sangue de Cristo
## Ano A

**Evangelho**: Jo 6,51-58
**Escritor eclesiástico**

Parti deste princípio: quanto mais pobre eu for, tanto mais será a necessidade que tenho de Deus; seja este o cartão de entrada diante do divino mestre. Assim é a comunhão do enfermo: Nosso Senhor a ama e cura com ela todas as vossas enfermidades. Ide a Nosso Senhor como o fez Madalena pela primeira vez, lançando-se a seus pés. Desprezai as agitações, as tentações, os temores e, ainda mais, vossos próprios pecados e achegai-vos a Jesus com vossos farrapos. Nosso Senhor não exige de vós mais que esta disposição ou ao menos esta obediência. Comungai como pobres leprosos, com muita humildade; oferecei ao bom Jesus vossas tentações e temores, qual farrapos de vossa miséria. Não examineis, portanto, não raciocineis sobre estas penas; vos basta o sentimento de vossa pobreza. Oh! Por favor, não abandoneis as vossas comunhões; ficaríeis desarmados; cairíeis de inanição; alimentai vossa pobreza e sereis fortes. Recordai que a sagrada comunhão é uma fogueira que devora em um instante os palheiros de nossas imperfeições. Na meditação de cada dia, recolhei aos pés de Nosso Senhor algumas migalhas divinas; abastecei-vos de maná pela manhã e nunca vos faltará paz e força.

São Pedro Julião Eymard. *A Comunhão do enfermo*.

# Corpo e Sangue de Cristo
## Ano B

**Evangelho**: Mc 14,12-16.22-26
**Escritor eclesiástico**

Jesus entrega aos discípulos seu corpo e seu sangue, todo Ele, por inteiro, para demonstrar a grandeza de seu amor. Do mesmo modo como Ele uniu misteriosamente nossa carne à sua divindade, assim, na Eucaristia une sacramentalmente a mesma carne e Divindade a cada fiel que comunga, a fim de que se torne pessoa divinizada, quase um outro Cristo e Deus. Cristo nos amou "até o fim" (Jo 13,1). Amou os homens com imenso e eterno amor, deixando na Eucaristia a si mesmo todo inteiro, para que o tenham sempre presente, vivam com Ele, conversem com Ele, consultem-no e lhe exponham todas as dificuldades, tentações e tribulações, pedindo e impetrando-lhe auxílio. "Eu me alegrava em estar com os filhos dos homens", diz Ele mesmo nos Provérbios 8,31. Temos nós tal alegria com Ele ou a temos com o mundo? Cristo nos amou com a finalidade de nos alegrar, de nos impelir a amá-lo ardentemente. O ímã do amor é o amor. Portanto, vamos nos abandonar a Ele inteiramente, porque Ele, sendo Deus, entregou-se inteiramente a nós, e ainda continua a fazê-lo todos os dias. Entreguemo-nos sem reserva, pois Ele se doa a nós sem reservar nada para si.

São Gaspar Bertoni

## Corpo e Sangue de Cristo
## Ano C

**Evangelho**: Lc 9,11b-17
**Escritor eclesiástico**

Sei de outros que com toda probabilidade dirão que não aprovam a Comunhão frequente pelo respeito que sentem para um sacramento tão augusto. Mas se equivocam: os caminhos de Deus são bem diferentes dos caminhos do homem. Se é verdade que a excessiva familiaridade entre os homens gera falta de respeito, porque facilmente chegamos a ver os defeitos daqueles com quem vivemos muito unidos; o frequentar a Deus, pelo contrário, torna cada vez maior, cada dia, o respeito para Ele. Todos os que se aproximam dele estão obrigados a admirar e a reconhecer cada vez mais a potência, a sabedoria, a bondade, e gozando de seus dons, a amá-lo e reverenciá-lo mais intensamente. Porém, parece que já sinto a muitos de vós, abrasados para receber este Pão salutar, que me pedem que lhes sugira um horário fixo, que lhes dê uma regra precisa para nutrir-se da Eucaristia. Não a posso dar. Isto é competência dos pais espirituais de vossas almas: eles conhecem melhor o que é mais conveniente para cada uma delas. Contudo, lhes indiquei a regra universal do bem-aventurado Padre Ambrósio: que vivam de maneira que possam comungar cada dia.

São Carlos Borromeu. *Homilia*, 12/06/1583.

# Sagrado Coração de Jesus
## Ano A

**Evangelho**: Mt 11,25-30
**Escritor eclesiástico**

Ó Coração tão amável de meu divino Salvador, coração cheio de amor aos homens, Coração único digno de reinar em todos os corações! Quem me dera por fazer conhecer a todos os homens o amor que lhes tendes e os favores de que cumulais as almas que vos amam sem reserva! Ó Coração amantíssimo, quão triste é o coração que não vos ama! Senhor, vós que morrestes na cruz por amor aos homens, sem alívio algum, como após isso, esses mesmos homens podem viver sem pensar em vós? Ó amor de Deus!... Ó ingratidão dos homens!... Ó meu Jesus! Quão poucos vos amam! Insensato sou, tendo vivido tantos anos sem pensar em vós, acumulando faltas sobre faltas. Meu tão amado Redentor, o que me faz gemer, não é tanto o ter merecido vossa cólera quanto o ter desprezado vosso amor. Ó dores de Jesus! Ó ignomínias de Jesus! Ó chagas de Jesus! Ó morte de Jesus! Imprimi-vos em meu coração; que vossa doce lembrança viva aí sem cessar, que me fira continuamente e me abrase de amor. Eu vos amo, meu Jesus; vos amo, meu soberano bem; vos amo, meu amor, meu tudo; vos amo sem reserva, e quero amar-vos sempre. Ah! Não permitais que eu tenha a desgraça de deixar-vos e perder-vos. Fazei que eu seja todo vosso, concedei-me esta graça pelos méritos de vossa morte: nela deposito toda a minha confiança.

Santo Afonso M. Ligório. *Hora santa do mês de novembro.*

# Sagrado Coração de Jesus
## Ano B

**Evangelho**: Jo 19,31-37
**Escritor eclesiástico**

Ó Coração abrasado e vivente de amor! Ó santuário da divindade, templo da majestade soberana, altar da divina caridade, Coração que arde de amor, e para Deus e para mim; eu vos adoro, eu vos amo, eu me fundo de amor e de respeito diante de vós! Eu me uno às vossas santas disposições; eu quero, sim, eu quero e ardo com vossas chamas e vivo de vossa vida. Que eu tenha a alegria de vos ver feliz e satisfeito! Que eu participe de vossas graças, de vossas dores e vossa glória, e de bom coração haveria de sofrer e morrer, em vez de vos ofender! Ó meu coração, não é mais necessário agir senão pelos movimentos do sagrado Coração de Jesus; é necessário, diante dele, expirar em silêncio tudo o que é humano e natural. Ó Coração divino, eu me uno a vós e me perco em vós. Não quero mais viver senão de vós, por vós e para vós. Então todo o meu emprego será permanecer em silêncio e em respeito, aniquilada diante de vós como uma lâmpada ardente que se consome diante do Santíssimo Sacramento. Amar, sofrer e morrer! Amém.

Santa Margarida Maria Alacoque

## Sagrado Coração de Jesus
## Ano C

**Evangelho**: Lc 15,3-7
**Escritor eclesiástico**

Ó Coração adorável de Jesus, o mais terno, o mais generoso de todos os corações; penetrado de reconhecimento à vista de vossos benefícios, eu venho consagrar-me a vós sem reserva e sem retorno. Eu quero servir-me de todas as minhas forças para propagar o vosso culto e para vos ganhar, se possível, todos os corações. Recebei hoje o meu, ó Jesus, ou melhor, tomai-o vós mesmo, mudai-o, purificai-o, para torná-lo mais digno de vós. Tornai-o humilde, paciente, doce, fiel e generoso, como o vosso, abrasando-o com todas as chamas do vosso amor. Escondei-o em vosso divino Coração, com todos os corações que vos amam e que vos são consagrados, e não permitais que eu jamais tenha de repreendê-lo. Ah! Antes morrer do que jamais contristar o vosso Coração adorável. Sim, Coração de Jesus, amar-vos sempre, honrar-vos, servir-vos, ser sempre vosso: é o voto de meu coração, para a vida, para a morte e por toda a eternidade. Assim seja.

Santa Gertrudis de Helfta

# Apresentação do Senhor no templo
## 02/02

**Evangelho**: Lc 2,22-40
**Escritor eclesiástico**

Oferece teu filho, Virgem sagrada, e apresenta ao Senhor o fruto bendito de teu seio virginal. Oferece para nossa reconciliação a vítima santa e agradável a Deus, e Ele aceitará a nova oferenda e preciosíssima vítima, da qual diz: *Este é meu filho muito amado, em quem deposito minhas complacências.* Porém esta oferenda, meus irmãos, parece bastante delicada, visto que só é apresentado o menino ao Senhor; depois é redimido com algumas aves e em seguida o levam. Tempo virá em que não será oferecido no templo nem entre os braços de Simeão, mas fora da cidade e entre os braços da cruz. Virá o tempo no qual não será redimido com o estranho, mas redimirá a outros com seu próprio sangue, porque Deus Pai lhe enviou para a redenção de seu povo. Aquele será sacrifício da tarde, e este é da manhã; este é mais gostoso, mas aquele será mais pleno. Este é no tempo de seu nascimento, aquele será na plenitude da idade. Contudo, tanto de um como do outro podes entender o que predisse o profeta: *foi oferecido porque Ele mesmo quis*, pois mesmo agora foi oferecido não porque tinha necessidade, não porque estava sob o édito da lei, mas porque quis; e também na cruz foi oferecido não porque o mereceu, não porque os judeus conspiraram contra Ele, mas porque Ele mesmo quis. Eu vos oferecerei voluntariamente um sacrifício, Senhor; porque foste oferecido voluntariamente por minha salvação, não por tua necessidade. Porém, o que ofereceremos nós, meus irmãos, ou que devolveremos por todos os bens que nos tem feito? Ele ofereceu por nós a vítima mais preciosa que teve – e não pode haver outra mais preciosa; façamos também nós o que possamos oferecendo-lhe o melhor que temos, que somos nós mesmos. Ele ofereceu a si mesmo; tu quem és, que hesitas em te oferecer?

São Bernardo. *Sermón en la purificación de santa María*, III, 2s.

# Natividade de São João Batista
## 24/06

**Evangelho**: Lc 1,57-66.80
**Escritor eclesiástico**

Muito perto da Fonte se erguia aquele nobre cedro – me refiro a João, primo e amigo do Esposo, precursor, batista e mártir do Senhor. Encontrava-se muito perto do Salvador; de fato, eles não eram unidos somente pelos vínculos de sangue, mas os da amizade tornava-os íntimos e, ademais, aproximava-se dele mais do que os outros mortais por causa de seu anúncio glorioso, pela originalidade de seu nascimento, por causa de sua santidade quase original, de sua pregação tão semelhante, de seu poder de batizar e, por fim, de sua corajosa paixão. Finalmente, ainda que faltasse todo o resto e todos os oráculos proféticos o passaram em silêncio, só a graça de seu nome que o anjo tinha assinalado antes de sua concepção, seria amplamente suficiente para dar testemunho da graça singular que Deus lhe tinha comunicado. Com efeito, era conveniente que a graça brilhasse de uma maneira extraordinária naquele que estava destinado a marcar o limite entre o tempo da lei e o tempo da graça. Em consequência, com toda razão o nascimento daquele menino, concedido a pais agora idosos e que vinha para pregar ao mundo decrépito a graça de um novo nascimento, com toda razão – dizia – este nascimento foi para muitos, como segue sendo até hoje, causa de alegria. Quanto a mim, não cabe dúvida que, com seu nascimento, me causa uma nova alegria aquela lâmpada feita para iluminar o mundo, visto que graças a ela tenho reconhecido a verdadeira luz que brilha nas trevas, mas que as trevas não acolheram: João, de fato, catequiza primeiro a Igreja, a inicia na penitência, a prepara com o Batismo e, disposta assim, a entrega a Cristo e a une a Ele; depois, após lhe ter ensinado a viver na temperança, lhe entrega, com o exemplo de sua própria morte, a força para dirigir-se à morte com valor.

Guerrico de Igny. *Sermón sobre san Juan Bautista*, I, 3ss.

# São Pedro e São Paulo apóstolos
## 29/06

**Evangelho**: Mt 16,13-19
**Escritor eclesiástico**

A leitura do Santo Evangelho que haveis acabado de escutar, irmãos, deve ser meditada com uma grande atenção e mantida bem na mente pelo fato de que demonstra a grande força da fé perfeita contra todas as tentações. Se queremos saber de que modo devemos crer em Cristo, nada mais claro do que aquilo que disse Pedro: *Tu és o Messias, o Filho de Deus vivo.* Se depois queremos aprender o que vale essa fé, nada é mais evidente que o que diz o Senhor sobre a Igreja: *E as portas do abismo não prevalecerão sobre ela.* Chegado Jesus ao território de Cesareia de Filipe, interroga aos discípulos dizendo: *Quem diz o povo que é o Filho do homem?* Respondeu Simão Pedro: *Tu és o Cristo, o Filho do Deus vivo.* Notai a maravilhosa distinção pela qual, ao ver-se obrigados tanto Jesus como seu fiel discípulo a expressar uma opinião sobre as duas naturezas de Nosso Senhor e Salvador, o Senhor indica a humildade da natureza assumida, o discípulo, porém, afirma a excelência da eternidade divina. O Senhor diz de si mesmo o que é menor; o discípulo diz dele o que é maior. O Senhor diz de si que tem sido criado para nós; o discípulo diz que é Ele quem nos criou. Assim, o Senhor costuma chamar-se a si mesmo no evangelho com muita mais frequência Filho do homem que Filho de Deus, para lembrar-nos a tarefa que assumiu por nós. Por isso é necessário que nós, com a maior humildade, veneremos a realeza de sua divindade; sim, de fato, sempre trazemos em nossa mente com uma intenção piedosa o poder da divindade pela qual fomos criados, também nós como Pedro seremos recompensados com o prêmio da bem-aventurança eterna. *E eu te digo que tu és Pedro e sobre esta pedra edificarei a minha Igreja.* Pedro, que antes se chamava Simão, recebe do Senhor o nome de Pedro porque adquiriu para si, com um propósito firme e tenaz, àquele de quem se escreveu: *A pedra era Cristo.* Sobre esta pedra foi edificada a Igreja, porque só com a fé e o amor de Cristo, ou seja, graças a assunção dos sacramentos de Cristo, graças a observância dos preceitos de Cristo, é possível conseguir a sorte dos escolhidos e a vida eterna, como diz o apóstolo: *Ninguém pode pôr um fundamento diferente do que está colocado, e este fundamento é Jesus Cristo.*

São Beda o Venerável. *Comentario al evangelio según Mateo I,20.*

## Transfiguração do Senhor
## 06/08

**Evangelho**: Ano A: Mt 17,1-9 / Ano B: Mc 9,2-10 / Ano C: Lc 9,28b-36
**Escritor eclesiástico**

*Doce é a luz* – diz Salomão – *e agradável aos olhos ver o sol.* Que significa, para os olhos, ver o sol? O Esposo é luz e *seu rosto brilhava como o sol*; em seus olhos, contudo, se reflete a fascinação de uma beleza surpreendente, que deslumbra com seu esplendor, como um astro de luz infinita. Então, porque não me aproximo para me aquecer? Oh, tumulto das preocupações humanas! Porque privais a minha pobre alma dos olhos de Jesus? Afastai-vos de mim, quem sabe se poderei buscar, de alguma maneira, como as escondidas, um pouco deste gozo, mesmo que seja um só instante. E se não me é permitido saborear plenamente esta visão bem-aventurada, que ao menos possa alegrar-me de tê-la desejado. Só o fato de desejar esta beleza é como despojar-se da própria fealdade, e revestir-se de seu esplendor. Aquele que busca ardentemente o rosto de Jesus já chegou, em realidade, a exaltar ao Filho do homem e já tem despontado para Ele o dia da glória. Este é, pois, para ti o sinal de que viste verdadeiramente a Jesus: se lhe tens glorificado com todo o coração no louvor e na bênção. Ó rosto mais desejável que qualquer outra coisa, que não privas de tua visão aos que te buscam e que glorificas com tua luz aos que te veem! Contudo, como disse o próprio Jesus, esta alegre glorificação dura apenas uma brevíssima hora e, ademais, rara vez é concedida. É esta uma hora feliz e grande é seu benefício. É a hora na qual Ele glorifica, por sua vez, aos que lhe dão glória. *Deus dos exércitos, restaura-nos, que brilhe teu rosto e nos salve.* Com efeito, a visão do rosto de Jesus é, em verdade, portadora de salvação e de vida, mas o homem não poderá vê-lo se antes não morre para si mesmo, para viver somente para ele. Bem-aventurados os olhos de todos aqueles que o tem visto!

Juan de Ford. *Sermoni sul Cantico dei Cantici*, XVIII 1s. passim.

# Assunção de Nossa Senhora
## 15/08

**Evangelho**: Lc 1,39-56
**Escritor eclesiástico**

Celebramos hoje, amadíssimos irmãos, a gloriosa festividade da bem-aventurada Virgem Maria, festa cheia de gozo e repleta de dons imensos por sua assunção aos céus. Solenidade ilustre por seus méritos, mas muito mais ilustre pela graça com que é ornada não só a mesma santíssima Virgem, mas também, e por seu meio, toda a Igreja de Cristo. Pois a gloriosa virgindade não só ganhou a graça por causa de seus méritos, mas, em virtude da graça, recebeu o prêmio dos méritos. Por isso, a presente celebração é tão mais gloriosa do que a festa natalícia dos demais santos, visto que a bem-aventurada Virgem e Mãe do Senhor é ornada com os inefáveis privilégios dos divinos mistérios, já que o crescimento dos méritos começa de sua original plenitude de graça. Por isso, me inclino a crer que não há ninguém capaz de pensar, nem mesmo imaginar, o quão grandes diante do Senhor são os seus méritos e seus prêmios, nem de falar adequadamente, mas que conseguisse estimar no que vale qual e quão grande seja a graça de que está cheia aquela por cujo meio veio ao mundo a majestade de Deus. Hoje subiu ao céu chamada por Deus, e recebeu da mão do Senhor, junto com a palma da virgindade, a coroa que não esvanece. Hoje foi acolhida e sentada no trono do reino. Hoje entrou no tálamo nupcial, porque foi simultaneamente virgem e esposa. Hoje, na verdade, tem escutado a acariciadora voz do que lhe dizia desde a sua sede: *Vem, amada minha, e te porei sobre meu trono, pois enamorado está o rei de tua beleza*. Ante tal convite, estamos convencidos de que, gozosa e exultante, desligou-se aquela ditosa alma e se dirigiu ao encontro do Senhor, e ali ela mesma se tornou trono, ela que, na carne, tinha sido templo da divindade. Tanto mais bela e sublime do que os demais, quanto mais refulgente brilhou pela graça. Esta é, certamente, irmãos, a recompensa divina, da qual se tem dito: *O que se humilha será exaltado*. Como estava fundamentada sobre uma profunda humildade e ampla na caridade, por isso hoje foi exaltada de maneira tão sublime.

Pascásio Radberto. *Sermón 3.*

# Exaltação da Santa Cruz
## 14/09

**Evangelho**: Jo 3,13-17
**Escritor eclesiástico**

Tomou a morte e a suspendeu na cruz. Desta maneira os mortais são libertos da morte. O Senhor recorda o que aconteceu em figura aos antigos: *E assim como Moisés levantou no deserto a serpente, assim também convém que seja levantado o Filho do homem, para que todo o que crer nele não pereça, mas tenha a vida eterna.* Grande mistério é este: quem o tem lido, o conhece. Portanto, ouçamos agora aqueles que não o tem lido ou o tem esquecido depois de lê-lo ou ouvi-lo. O povo de Israel caía no deserto por causa das mordidas das serpentes, e as numerosas mortes produziam uma carnificina. Era castigo de Deus, que corrige e flagela para instruir. Ali se manifestou um grande sinal de uma realidade futura. O próprio Senhor o indica nesta leitura, para que ninguém o interprete de forma diferente a como o faz a Verdade referindo-se a si. O Senhor ordenou a Moisés que fizesse uma serpente de bronze e a levantasse sobre uma trave no deserto, e que exortasse ao povo de Israel a que, se alguém tivesse sido mordido pelas serpentes, olha-se para a que estava levantada sobre a trave. Assim se fez. Os homens mordidos a olhavam e se curavam. O que são as serpentes que mordem? Os pecados da carne mortal. Que é a serpente levantada no alto? A morte do Senhor na cruz. A morte foi simbolizada na serpente porque procede dela. A mordida da serpente é mortal, e a morte do Senhor é vital. Olha-se à serpente para aniquilar o poder da serpente. Que é isto? Se olha à morte para aniquilar o poder da morte. Porém, de que morte se trata? Da morte da vida, se é que se pode falar da morte da vida. E é incrível como é possível falar assim. Acaso não se há de falar do que houve de se fazer? Duvidarei eu em falar do que o Senhor se dignou fazer por mim? Cristo não é a vida? E, apesar disso, esteve na cruz. Cristo não é a vida? Mas, apesar disso, morreu. Porém na morte de Cristo encontrou a morte a sua própria morte. A vida morta deu morte à morte; a plenitude da vida devorou a morte. A morte foi absorvida pelo corpo de Cristo.

Santo Agostinho. *Comentarios sobre el evangelio de san Juan 12,11-12.*

# Nossa Senhora da Conceição Aparecida
# 12/10

**Evangelho**: Jo 2,1-11
**Escritor eclesiástico**

Na Virgem tudo é admirável e prodigioso; pois concebida sem mancha fora da ordem comum, sem precedente foi Virgem e Mãe ao mesmo tempo, Mãe de seu criador, grávida sem incômodo, dando à luz sem dor, fecundada sem corrupção por obra, não de varão, mas do Espírito Santo; concebendo sem concupiscência; em uma palavra: maravilhosa em todas as suas obras e virtudes. São Dionísio a teria adorado como Deus se não fosse pela fé. Não deve nos maravilhar que não tenha sido tocada pelo mais ligeiro pensamento de pecado nem pelo mais leve movimento ou a mais insignificante insinuação, mas que permanecera toda pura, sem tentação interior, sem a menor instigação ou sentido do pecado. O que deve nos maravilhar profundamente é o fato de ser humana e não experimentar em nada as consequências da carne. Por isso, o salmista, assombrado ante sua inocência e pureza, livre até do mais leve pecado venial, exclama: *Vinde e vede as obras de Javé, os prodígios que tem deixado sobre a terra* aquela bendita, da qual *brotou a verdade*; mas acima de tudo contemplai uma assombrosa: *Ele é quem faz cessar a guerra até os confins da terra.* Esta é, portanto, a terra da qual se suprime até a mais insignificante discórdia; desta terra se desterra toda luta; nesta terra se encontra a plenitude da paz. As palavras da citada profecia devem ser entendidas da Virgem Maria, na qual, certamente, esta nossa terra de condição miserável conseguiu uma paz perfeita, livre do menor assalto dos vícios; porque a plenitude da graça não deixou nela enfermidade espiritual nem imperfeição alguma, e de tal modo a assentou em toda bondade, que não pudesse jamais recair sobre ela o mais leve defeito nem qualquer sombra ou pretexto do mesmo.

São Tomás de Vilanova. *Sermón 1,12 sobre la Virgen María.*

# Todos os santos
## 01/11

**Evangelho**: Mt 5,1-12a
**Escritor eclesiástico**

Na sagrada tenda do testemunho, que Moisés preparou para os hebreus segundo o modelo que Deus lhe tinha mostrado na montanha, tudo o que se encontrava em seu interior era sagrado e santo; o que havia ainda mais adentro recebia o nome de "santo dos santos": esta expressão dava a entender uma maior santidade e pureza. Ao mesmo tempo, penso que entre todas as bem-aventuranças proclamadas na montanha, sagradas todas elas, a bem-aventurança dos construtores da paz é como o "santo dos santos". Chegar a sermos filhos de Deus é, de fato, sem dúvida, uma felicidade superior a todas as outras. O homem ultrapassa a sua natureza: de mortal se torna imortal; de efêmero, eterno; em suma, de homem, Deus. Ó magnanimidade de tão nobre Senhor! Pois bem: pacificador é aquele que dá a paz, e ninguém poderia comunicá-la a outro se não a possuísse antes. Em consequência, o texto deseja que tu, em primeiro lugar, estejas repleto do bem da paz, para poder procurá-la depois aos que carecem dela. Em primeiro lugar, examinemos o que é a paz: Que outra coisa pode ser senão uma disposição de ânimo benévola a respeito do próximo? O que existe, então, em aberto contraste com a paz? O ódio, a ira, a inveja, o rancor, a hipocrisia, a desgraça da guerra. O Evangelho quer que tu estejas cheio da graça da paz, de maneira que tua vida possa ser a cura das enfermidades alheias. Aquele que com a benevolência e com a paz une a seu próximo e conduz os homens a uma amistosa concórdia, não faz, verdadeiramente, uma obra digna do poder divino, enquanto que limita os defeitos da natureza humana e introduz em seu lugar o gozo das coisas boas? Por este motivo diz a Escritura que o pacificador é filho de Deus, por ser imitador do verdadeiro Deus, que dá estes bens à vida humana.

São Gregorio de Nissa. *Omelia settima.*

# Todos os fiéis falecidos
## 02/11

**Evangelho**: Jo 6,37-40 ou Mt 25,31-46
**Escritor eclesiástico**

Compadecei-vos, Senhor, dessa vossa criatura, criada não por deuses estranhos, mas unicamente por vós, que sois Deus vivo e verdadeiro. Não me arruíne minha maldade, já que vossa infinita bondade me fez / Atendei, Senhor, Pai eterno, desde o alto trono do céu. Escutai a voz do sangue de nosso Irmão, que está clamando a vossos ouvidos desde a cruz. Ouvi, Pai eterno, a voz do sangue de vosso amado Filho / Fixai vossos olhos, Pai piedoso, nas mãos inocentes de vosso Filho, que estão vertendo sangue, e por elas perdoai meus pecados / Vede aquele sagrado costado, aberto com uma lança por meu amor; e em atenção a isto, renovai-me naquela sagrada fonte / Reparai, ó Pai celestial, aquele rosto ensanguentado, e aqueles membros de vosso amado Filho quebrantados; e pelos trabalhos e misérias que padeceu por meu amor, tende misericórdia de mim, pecador / Ah, meu dulcíssimo Redentor Jesus, por aquelas lastimosas e tristes palavras, que estando moribundo na cruz pronunciastes dizendo ao Eterno Pai: *Meu Deus, meu Deus, porque me abandonastes?* , vos suplico, que não me desampareis na hora de minha morte / Atendei, suavíssimo Jesus, a que me tendes rubricado em vossas santíssimas mãos, nos sagrados pés, e em todo vosso corpo; pois em tudo se vê esculpido o amor: lede, pois, Senhor, este escrito, e segundo seu teor salvai-me / Olhai-me com olhos de compaixão, ó meu Jesus, Rei eterno, Deus e homem crucificado pela salvação do homem. Ouvi meus rogos, pois espero em vós. Tende piedade de mim, que estou ferido de culpas e misérias, já que não permitis que deixe de manar um instante a fonte de vossa piedade e misericórdia / Lembrai-vos, Senhor, desta pobre criaturazinha, que redimistes com vosso sangue precioso. Eu sou a ovelha perdida, que volto a meu Pastor. Vossa voz quero ouvir, e a ouço e não a de todos. Será, portanto, possível, Senhor, em vossa bondade, o não fazer caso da voz de vossa ovelhinha que balindo corre ao vosso amparo? / Bem conheço que não mereço assistência nem socorro, se volto os olhos de minha consideração à minha desastrada vida, que mais que vida se pode chamar confusão: porém, porque volto humilde e com espírito contrito, recebei-

-me debaixo de vosso poderoso amparo, ó bom Jesus, minha salvação e minha vida. Recebei-me atento à vossa grande misericórdia, e não queirais que se frustre minha esperança / Abri-me, Senhor, a porta da vida; porque vou caminhando a toda pressa; e não permitais que os príncipes das trevas me saiam ao encontro. Vossa mão, meu Jesus, me coloque em lugar de refrigério, ainda que seja no último assento, dos que tendes preparados para vossos escolhidos, que vivem em vosso santo temor.

São Carlos Borromeu. *Suspiros en presencia de la imágen de Cristo crucificado.*

## Consagração da Basílica do Latrão
## 09/11

**Evangelho**: Mt 5,1-12a
**Escritor eclesiástico**

Também hoje, irmãos, celebramos uma solenidade, uma suntuosa solenidade. E se queres saber qual, é a festa da casa do Senhor, do templo de Deus, da cidade do Rei eterno, da esposa de Cristo. E quem pode licitamente duvidar que a casa de Deus seja santa? Dela lemos: *A santidade é o adorno de tua casa.* Assim também é santo o seu templo, admirável por sua justiça. E João também garante que viu a cidade santa: *Vi* – diz ele – *a cidade santa, a nova Jerusalém, que descia do céu enviada por Deus, enfeitada como uma noiva que se adorna para seu esposo.* Agora, detendo-nos um momento nesta espécie de torre, busquemos a casa de Deus, busquemos o templo, busquemos a cidade, e busquemos também a esposa. Pois certamente não o esqueci, mas o digo com temor e respeito: Somos nós. Insisto, somos nós, porém no coração de Deus; somos nós, porém por sua dignidade, não por dignidade nossa. Que não usurpe o homem o que é de Deus e cesse de se gloriar de seu poder; de outra sorte, reduzindo-o a seu próprio ser, Deus humilhará ao que se exalta. E recorda que o Senhor define sua casa como casa de oração, o qual parece enquadrar admiravelmente com o testemunho do profeta, o qual afirma que seremos acolhidos por Deus – por certo, na oração – para sermos alimentados com o pão das lágrimas e para *dar-nos a beber lágrimas a goles.*

Caso contrário – como diz o mesmo profeta –, a santidade é o adorno desta casa, de sorte que as lágrimas de penitência hão de ir sempre acompanhadas da pureza da continência, e assim, a que já era casa, se torne em seguida em templo de Deus. *Sereis santos* – diz Deus – *porque eu, o Senhor vosso Deus, sou santo*. E o apóstolo: *Ou acaso não sabeis que vosso corpo é templo do Espírito Santo? Ele habita em vós. Se alguém destrói o templo de Deus, Deus o destruirá*. Mas bastará a própria santidade? É também necessário a paz, como o garante o apóstolo quando diz: *Buscai a paz com todos e a santificação, sem a qual ninguém verá a Deus*. Esta paz é a que, aos de uma mesma disposição, os faz viverem unidos como irmãos, construindo a nosso Rei, o verdadeiro Rei da paz, uma cidade certamente nova, chamada também Jerusalém, isto é, "visão de paz". Portanto, meus irmãos, se a casa de um grande pai de família se reconhece pela abundância de alimentos, o templo de Deus pela santidade, a cidade do grande Rei pela recíproca comunhão de vida, a esposa do Esposo imortal pelo amor, penso que já não há motivo de corar ao afirmar que esta é nossa solenidade.

São Bernardo. *Sermón 5,* 1.8-9.

## CULTURAL
Administração
Antropologia
Biografias
Comunicação
Dinâmicas e Jogos
Ecologia e Meio Ambiente
Educação e Pedagogia
Filosofia
História
Letras e Literatura
Obras de referência
Política
Psicologia
Saúde e Nutrição
Serviço Social e Trabalho
Sociologia

## CATEQUÉTICO PASTORAL
**Catequese**
Geral
Crisma
Primeira Eucaristia

**Pastoral**
Geral
Sacramental
Familiar
Social
Ensino Religioso Escolar

## TEOLÓGICO ESPIRITUAL
Biografias
Devocionários
Espiritualidade e Mística
Espiritualidade Mariana
Franciscanismo
Autoconhecimento
Liturgia
Obras de referência
Sagrada Escritura e Livros Apócrifos

**Teologia**
Bíblica
Histórica
Prática
Sistemática

## REVISTAS
Concilium
Estudos Bíblicos
Grande Sinal
REB (Revista Eclesiástica Brasileira)

## VOZES NOBILIS
Uma linha editorial especial, com importantes autores, alto valor agregado e qualidade superior.

## PRODUTOS SAZONAIS
Folhinha do Sagrado Coração de Jesus
Calendário de mesa do Sagrado Coração de Jesus
Agenda do Sagrado Coração de Jesus
Almanaque Santo Antônio
Agendinha
Diário Vozes
Meditações para o dia a dia
Encontro diário com Deus
Guia Litúrgico

## VOZES DE BOLSO
Obras clássicas de Ciências Humanas em formato de bolso.

CADASTRE-SE
www.vozes.com.br

**EDITORA VOZES LTDA.**
Rua Frei Luís, 100 – Centro – Cep 25689-900 – Petrópolis, RJ
Tel.: (24) 2233-9000 – Fax: (24) 2231-4676 – E-mail: vendas@vozes.com.br

UNIDADES NO BRASIL: Belo Horizonte, MG – Brasília, DF – Campinas, SP – Cuiabá, MT
Curitiba, PR – Fortaleza, CE – Goiânia, GO – Juiz de Fora, MG
Manaus, AM – Petrópolis, RJ – Porto Alegre, RS – Recife, PE – Rio de Janeiro, RJ
Salvador, BA – São Paulo, SP